业主开发与建设项目管理实用指南

（原著第四版）

[英] 皇家特许建造学会　编著

李世蓉　毛　超　刘　琰　编译

中国建筑工业出版社

著作权合同登记图字：01-2013-4333号

图书在版编目（CIP）数据

业主开发与建设项目管理实用指南（原著第四版）/（英）皇
家特许建造学会编著；李世蓉，毛超，刘琰编译. —北京：中国
建筑工业出版社，2017.12

ISBN 978-7-112-21284-2

Ⅰ.①业⋯ Ⅱ.①皇⋯②李⋯③毛⋯④刘⋯ Ⅲ.①基本建设
项目—项目管理—指南 Ⅳ.① F284-62

中国版本图书馆CIP数据核字（2017）第239226号

Code of Practice for Project Management for Construction and Development, 4th edition / The Chartered Institute
of Building, ISBN 9781405194204
Copyright ©2011 The Chartered Institute of Building
Chinese Translation Copyright ©2018 China Architecture & Building Press

本书经英国 John Wiley & Sons Ltd 出版公司正式授权翻译、出版

责任编辑：董苏华 率 琦
责任校对：焦 乐 王 瑞

业主开发与建设项目管理实用指南
（原著第四版）

[英] 皇家特许建造学会 编著
李世蓉 毛超 刘琰 编译

*

中国建筑工业出版社出版、发行（北京海淀三里河路9号）
各地新华书店、建筑书店经销
北京京点图文设计有限公司制版
河北鹏润印刷有限公司印刷

*

开本：787×1092 毫米 1/16 印张：19 字数：425 千字
2018 年 4 月第一版 2018 年 4 月第一次印刷
定价：79.00 元
ISBN 978-7-112-21284-2
　　　（30921）

目　录

编译者序

当前，全社会固定资产投资在建设规模和增长速度上都呈现出迅猛发展的态势，伴随着国际上先进工程建设管理理念和成熟管理模式的影响，以及社会对工程项目管理工作要求的日益提高，项目实施过程中质量、进度、投资、安全等方面的控制效果被赋予的期望值越来越高，项目管理工作已然面临着一场不可回避的考验与挑战。进入 21 世纪以来，我们在建筑领域对工程项目管理的认识又一次发生了变化。项目管理现已成为建筑领域业主或承包商生存和竞争的必要手段。

该指南正是通过集合所有建筑行业（包括业主、设计方、工程师、工料测量师、施工方、特殊工种承包商和主要专业机构的所有范围）的工作实践和方法，为建设项目提供了一个跨边界的管理方法。本书结构大体上反映了项目管理的一般过程。内容结构的编排主要依据项目管理的以下过程环节：项目开始、可行性研究、策划、施工前准备、施工、调试、完工、交付使用、保修和项目结束。一个环节一章，而且每一章针对项目管理的一个特定阶段，都包括一系列的工程文件的范本、清单和典型文件。需要指出的是，这些样本格式、图表和清单不能被视作都具有普遍适用性。它们只不过是一些例子，只有在特定的项目环境下才具有价值。

该实用指南旨在为业主和项目其他成员提供一个项目管理和协调的明确指导。其目标是通过明确参与各方的职责分工使项目既满足说明书要求又能在预算内按时完成。业主希望有效的项目管理能使项目在规定的时间内、以合乎要求的质量和标准在合理的价格内完成。

需要强调的是，该实用指南（第四版）是面向业主的指导书，站在业主的角度，对业主方所关心的项目管理问题和方法提供了指导作用。无论业主是个体、联合体或是开发公司，也不论他们采用什么样的合同形式，该指南修订版都清楚地定义了业主的角色和责任。为满足业主的要求，本指南向项目经理推荐适当的合同形式，并明确规定与所荐的合同形式相对应的角色和内容。

对于"建设管理"，CIOB 的 2009~2010 年度主席李世蓉教授给予了前瞻性的新定义：建设管理是对建成环境实施开发、保护和改善的管理；是多层次的管理，包括从现场、项目、企业内部组织、业主直至社会整体；从项目概念提出直至项目再利用，涵盖整个建设项目的生命周期，重点是实现可持续建设这一理念；包括了广泛的各类专业服务；以肩负人类和地球未来责任的价值观体系为指导；与一门独立学科相联系，相互支持，共同面对挑战。本书的修订是对该新定义的详细分析和深入描述，以实用指南的形式验证了这一定义。

参与本书第四版修订工作的人员比前三版具有更广的代表性，包含了工程项目各阶段专家的贡献，而且和前三版一样，它也融和了建设工程各领域成果。如同许多文献书籍，本书在建筑环境这个框架内为学科间不同专家的合作提供了平台。

同时，本实用指南在第三版的基础上修改和增加了很多内容，比如，在概念阶段删除了"对人员的管理"部分中一些多余、冗长的内容，并增加了"项目经理和合同管理员"、"思考可持续性"等内容，强调了合同管理和可持续性的重要作用。在第四版中，可持续性是贯穿全书，这也说明了随着时代的发展，项目管理也在朝着科学化、和谐化的方向前进。在可行性研究阶段增加了可持续发展的相关内容，包括了"建筑环境的可持续发展"、"面向可持续发展"、"政府控制碳排放的前景"以及"实现可持续发展"；并且第四版对于"策划阶段"和"施工前准备阶段"的内容有较大的调整，在原先第三版中"招投标程序"是属于施工前准备阶段的内容，而在第四版中将其内容放置在策划阶段；在策划阶段对"信息技术"的内容进行了补充，同时还增加了"建筑信息模型 BIM"的内容；第四版对"设计＋施工"的部分内容进行了删减，也补充了"项目团队的任命"的相关内容，并且还添加了"供应链采购"、"伙伴方式"等内容。而在"施工前准备阶段"中将原本的"规划审批"和部分"规划许可"的内容删除，增加了"避免常见的项目管理陷阱"、"公用事业对项目计划/进度的影响"，并将原本在"施工阶段"中有关"合同安排"、"建立现场"、"控制和监督系统"、"承包商的工作计划"、"价值工程"、"供应链的管理"等内容放到了"施工前准备阶段"中。在施工阶段的环境管理系统部分，新增加了"2008 建筑垃圾管理计划的执行"，在"运行以及操作和维护手册"部分也对"竣工报告"部分进行了删减。原本第三版中"合同安排、建立现场、控制与监督系统、承包商的计划、价值工程、供应链的管理、风险登记、标杆技术、变更控制"是属于施工阶段的内容，而在第四版中将其内容放在施工前准备阶段。在附录部分，第四版相较于第三版新增加了"建筑信息模型"、"商业方案的开发"、"可持续性的关键因素"以及"环境可持续性评价方法"等详细说明。除了在原有的 20 节基础上新增12 节以外，根据最新的法律法规和科技发展，作者对原有的附录也进行了不小的改动。如在第 2 节 CDM 中比第三版更加明确了业主、承包方、设计者的角色与责任。在第 3 节里，项目计划管理突出强调了对风险的管控和应对策略。在第 4 节里的现场调研部分对环境的影响更为关注。此外，在第 5 节欧盟项目发包指令中，作者不仅介绍了新的条令内容，同时与旧条令内容进行比较，从而指出改变了的关键点，并对私人工程造成的影响进行了探讨，更有助于指导我们的工作。

本书第四版是工程开发、建设领域，项目管理原理与实务的一本优秀、权威的参考书，为工程建设、开发的项目管理原则和实践提供了权威性指导和参考。它对业主、项目管理实施和教育机构/学生以及一般的建筑单位都具有普遍的意义，不仅适合那些必须自始至终对项目给予支持的职能经理和高层管理者阅读，也适合想要了解和提高项目管理技能的本科生和研究生阅读。此外，本书包含的大部分信息对其他商业领域的项目经理亦有参考价值。

就目前国际建筑市场的发展动态来看，代表业主的工程项目管理正在成为一个日益受到重视和迅速发展的领域。在英国，代表业主的工程建设项目管理这一职业资格被列入英国国家职业资格体系的最高级，许多建筑业的从业人员，包括承包商、建筑师、结构工程师、测量师等，都积极地申请该职业资格。随着国际化和标准化趋势的发展，我国也会掀起工程项目管理新的浪潮。在新浪潮之前，本书旨在于能给未来这一新职业领域的从业人员提供一个系统的实践指南。

编译者
2017 年 1 月

前 言

公正地说，自从 1992 年英国皇家特许建造学会 CIOB 编著出版了第一版《项目管理实用指南》以来，该书就成为一部开拓性的著作。

尽管自从人类文明之初项目管理的概念就已经伴随我们，然而现代项目管理却才刚刚诞生几十年。在规定范围、进度和成本下完成大型工程项目已经不再是新的想法。项目管理方兴未艾，造就过去辉煌工程的同时，也必将对未来的伟业产生深远影响。

作为一个在不同复杂程度下生产大量定制项目的行业，当建筑业遇到项目管理时，便无可厚非地成了世界上的顶尖行业。我们的产品以及交付产品的方式也成了其他行业学习的范本。我们引领潮流，因为我们挑战自我从而不断提升技术、追求创新，制定更高标准。

尽管本指南是针对英国建筑市场量身定制的，但其价值也在其他国家得以验证，因此之前的版本在世界范围内有着稳定的销量，第二版和第三版也已被翻译成中文并在中国出版。

本指南的第四版继续推动了行业实践向前，更重要的是其反映了当下建筑行业所面临的挑战。充分利用目前可行的软件和电子发包系统，变得越来越重要。利用得当的话，这些软件和电子系统产品甚至将能够与最复杂的网络和流程相互连接。

构成现代项目管理的元素也认可了紧密沟通的重要性，它能够创造与多方有价值的联系。例如可持续性这类重要议程在项目管理中占据日益重要的地位。本书为读者提供了横跨多个领域致益致新的知识。对于业主、承包商和其他从业人员来说，本书在各不同规模和不同类型的项目中都会成为关键参考。

愿本书能帮助您提升能力，增加经验，拓展知识。愿本书能为那些想要实现目标的人们提供最新的思想和指导。

李世蓉教授

主席

英国皇家特许建造学会

致　谢

借此机会，我要感谢帮助英国皇家特许建造学会完成本实用指南的第四版的所有同仁。与第三版一脉相承，我很欣慰地看到，第四版也全面地再现了建筑行业，既代表了建筑领域凝聚的贡献，也体现了建筑业专业人士间的合作成果，从而一批业内人士和机构的真知灼见得以在本书中体现。

尤其要感谢 Sue Belbin 协调复审实用指南的所有元素，维护了信息流畅。

新版本得益于 CIOB 建筑创新与发展部主任 Saleem Akram 出类拔萃的项目管理技能和管理能力，他为校对和修订本版本做出的努力值得由衷敬佩。

我也要感谢 Arnab Mukherjee 在交付书稿中对于技术编辑、校对和管理信息流方面的贡献。

Chris Blythe
执行总裁
英国皇家特许建造学会

第四版工作小组

Saleem Akram〔BSc Eng (Civil) MSc (CM) PE MASCE MAPM FIE FCIOB〕——CIOB 工程创新和发展主任

Alan Crane (CBE CEng FICE FCIOB FCMI)——CIOB 主席，工作小组副主席

Roger Waterhouse (MSc FRICS FCIOB FAPM)——工作小组副主席，英国皇家特许测量师学会，英国项目管理协会

Neil Powling〔DipBE FRICS DipProjMan(RICS)〕——英国皇家测量师学会

Gavin Maxwell-Hart (BSc CEng FICE FIHT MCIArb FCIOB)——英国土木工程师学会

John Campbell〔BSc (Hons), ARCH DIP AA RISA〕——英国皇家建筑师学会

Martyn Best (BA Dip Arch RIBA MAPM)——英国皇家建筑师学会

Richard Biggs (MSc FCIOB MAPM MCMI)——英国建筑业议会

Paul Nash (MSc MCIOB)——CIOB 理事

Ian Caldwell (BSc BARch RIBA ARIAS MCMI MIOD)

Professor James Somerville (FCIOB MRICS MAPM MCMI PhD)

Professor John Bennett (DSc FRICS)

David Woolven (FCIOB)

Artin Hovsepian〔BSc (Hons) MCIOB MASI〕

Eric Stokes (MCIOB FHEA MRIN)

Dr Milan Radosavljevic (UDIG PhD MIZS-CEng ICIOB)

Arnab Mukherjee〔BEng(Hons) MSc (CM) MBA MAPM MCIOB〕——技术编辑

以下人员也对第四版作出了贡献

Keith Pickavance ——CIOB 前主席

Howard Prosser (CMIOSH MCIOB) ——CIOB 健康与安全小组主席

Sarah Peace〔BA (Hons) MSc PhD〕 ——CIOB 研究经理

Mark Russell〔BSc (Hons) MCIOB〕 ——CIOB 进度管理小组联合协调员

Andrzej Minasowicz (DSc PhD Eng FCIOB PSMB SIDiR) ——华沙工业大学土木工程学院工程管理研究院工程事务副主任

John Douglas (FIDM FRSA) ——Englemere 公司

Dr Paul Sayer ——牛津 John Wiley & Sons 国际出版公司 Wiley Blackwell 出版社

概　述

项目管理

自从 20 世纪 50 年代末被引入建设项目中以来，项目管理历经了漫长的发展变迁之路。现在，项目管理作为一门特定专业，其覆盖了整个开发过程的管理执行，即从业主的资金规划和配置协调，到取得法定许可、可持续性分析、设计交付，再到招投标、建设实施、调试运行、竣工交付、审查及最终的设施管理。

该实用指南将项目经理定位为业主的代表，虽然其责任可能因项目而异，但是项目管理本身都可以定义为"在限定的时间、限定的成本、规定的质量标准范围及安全保证下，为满足业主需求并达到项目经济与功能可行性要求，从项目开始到完成所进行的总体规划、协调和控制的过程。"

第四版实用指南是建设开发领域中项目管理原则和实践的权威指导和参考。它对于业主、项目管理实践方、教育机构以及学生，乃至整个建设开发行业都具有非常重要的价值。指南中包含的大量信息也与其他商业领域使用的项目管理息息相关。

提高标准

项目管理中包括战略规划、详细规划和监控、资源分配和有效的风险管理在内的原则，被广泛用于各种规模和不同复杂程度的项目中。然而，许多项目并没有达到所需的绩效标准，有时延期交付、超过预算，有时甚至不"适用"。这些问题可以通过提高建设开发行业中的项目管理标准来直接解决，具体而言，通过提高项目经理在管理进度、质量、成本以及功能（用户需求）等关键约束之间平衡的技能，进而在建设环境中实现可持续性（图 0.1）。

经济、社会和环境，作为可持续发展的三个方面，已成为当下项目管理的核心，因为更加考虑世界气候的要求越来越赋予所有业主和项目团队成员更多的责任，以实现碳减排和可持续发展的要求。

过去的报告，比如 Egan(1998、2002) 和英国建筑业协会 CIC、建筑业研究与信息协会 CIRIA，建筑业最佳实践推进项目 CBPP 和建设战略论坛 SFC 等跨行业代表组织的报告，同欧盟相类似地，共同产生了较大影响。然而，报告可持续性方面的信息仅仅是开始，知会、培训或教育所有利益相关者直到最高水平成为当务之急。有效的项目管理可以协调、传播、建议和实施所需的更改，这个过程涉及整个供应链，必须先行提高业主的意识。

作为项目团队的执行领导人，项目经理有责任为项目思维的重大转变做好准备，因为成本是与节约能源、减少碳排放、降低浪费、实行回收以及在全生命周期内通过改造和智能转换来构建灵活的建筑物与设施相互平衡的。

经验丰富的项目经理和项目团队可以鼓励使用现代材料和方法，减少运输和提供更好的选择建议，包括：

- 材料的选择
- 施工方法
- 通过使用更高效的设备减少账户赤字
- 更好的绝缘材料
- 更多的回收材料

持续专业发展CPD或者终身学习的意义不仅仅是跟上时代；如果我们要通过共同提高满足我们的工业和环境需要的标准，来迎接新的挑战，那么专业人员、供应商、公司员工和最终用户都需要提升其技能和知识。

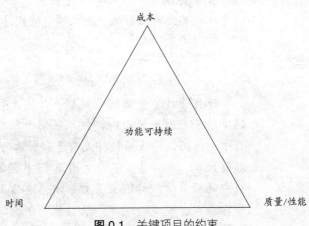

图 0.1　关键项目的约束

增加价值

标准的提高应该导致价值的显著增加。该意识的进一步普及会带来更好的设计、改进的方法和流程、新的材料选择、更少的浪费及更低的运输成本，最终获得更有效率的建筑，所有这一切都能给整个开发过程带来更多附加价值。

项目管理的任务

建设和开发项目通过许多不同的专业人士和专家的协调行动来实现既定的目标。项目管理的任务是在正确的时间把专业人士和专家引入到项目团队，让他们有效地做出最好的贡献。

专业人士和专家会带来有利于决策的知识和经验，这主要体现在项目信息上。不同的知识和经验体系都有可能有助于在项目的每个阶段决策中做出重要的贡献。建设开发项目涉及众多的专业人士和专家，要在每个阶段将他们凝聚在一起才能更好发挥作用。这样造成了一个两难困境，实践中可能出现阶段性关键知识和经验体系的忽略问题，而任何阶段忽略关键的知识和经验体系都可能导致重大问题和额外成本。

解决这个困境的实际方法是仔细安排专业人士和专家给项目团队带来知识和经验的方式。最有效的结构由本实用指南的描述项目管理的八个项目阶段构成。

图 0.2 总结和比较了整个行业普遍使用的常用术语所确定的项目全生命周期的不同阶段。

CIOB 建设开发项目管理实用指南	英国商务部 OGC	英国标准 BS6079-1：2000	英国地产联合会 BPF	英国皇家建筑师学会 RIBA
1 概念阶段 2 可行性研究阶段	门槛 0 战略评估 门槛 1 商业判断	1 概念 2 可行性	1 概念 2 业主任务书准备	A 评估 B 设计任务书 C 概念
3 策划阶段	门槛 2 发包战略		3 设计	D 设计 E 技术设计
4 施工前准备阶段	门槛 3 投资决策	3 实施	4 招投标	F 产品信息 G 招标文件 H 招投标 J 动员
5 施工阶段			5 施工	
6 调试 / 试运行阶段	门槛 4 业务准备	4 运营		K 施工直至完成
7 竣工、移交与交付使用阶段		5 结束		
8 施工后评价 / 项目总结报告阶段	门槛 5 效益评估			L 完工后期

图 0.2　项目全生命周期

在许多项目中，业主机构的知识和经验体系必须在正确的时间结合专业人士和专家的专业知识。

项目的每个阶段过程都是由广泛的知识和经验体系主导，这也反映在每个阶段的命名上。如上所述，如果想要实现最好的整体，知识和经验的基本特征需要在初期阶段考虑到位。在初期阶段，掌握知识和经验的专业人士和专家如何参与到项目团队是一个需要在策划阶段决定的问题。

每个阶段的结果影响到其后一阶段，而且可能需要涉及在初期阶段参与的专业人士和专家进行解释或评论他们的决定。另外，专业人士和专家被雇佣的方式原则上也应该在策划阶段决定。

每个阶段涉及特定的关键决策。因此，许多项目团队会在每个阶段结束时召开关键决策会议来确认是否已经采取了必要的行动和决定，项目才能开始下一个阶段。在进入下一阶段之前，整理定稿文档交由业主审核是个非常好的惯例，它可以作为一个广泛用于已经采取的步骤的参考标记和工具。

考虑到社会、经济和环境问题，项目始于概念阶段，由业主对可能需要的新建设开发项目进行商业决策建议。从本质上讲，概念阶段包括了任命项目经理，进行可行性验证再进入下一阶段。可行性研究阶段是一个关键阶段，各种各样的专业人士和专家可能需要将多种知识和经验带入一个广泛范围来评估可行性。它建立了广泛的目标和项目的可持续性方法，所以可以在后续阶段产生影响。

下一阶段是策划阶段，始于任命的项目经理带领项目团队开展项目。这个阶段需要制定项目的目标，一方面制定一个总体战略和程序来管理可持续和环境问题，另一方面需要选择被认为是具有高度交互特性的关键团队成员。策划阶段吸引了许多不同的知识和经验体系，对于项目的成功是至关重要的。除了通过选择一个总体战略和关键团队成员实现项目的目标，策划阶段还决定总的发包方法，建立控制系统，指导项目直到最后竣工后审查和项目竣工报告阶段。相比项目质量、进度和成本的处理，策划阶段控制系统目标的建立显得更为重要。他们提供一致的手段控制价值，从业主的角度来看，控制影响项目成功的进度和金融模型、风险管理、决策、召开会、维护项目的信息系统，以及所有其他项目有效地进行所必需的控制系统。

完成策划阶段后，施工准备阶段就万事俱备只欠东风了。这时，设计完成，关于进度、质量和成本管理的主要决策也已经做出。这个阶段还包括法定审批，考虑水和电等基础设施，监测环境绩效目标，将制造商、分包商和他们的供应链引入项目团队。就像初期阶段，施工前准备阶段通常需要许多不同的专业人士和专家创造性地工作和高度交互。因此重要的是，这一阶段需要使用策划阶段建立的控制系统精心管理，为每个人的决策提供有关、及时和准确的反馈。这一阶段的完成为建设开始提供了所需的所有信息。

施工阶段是业主需要的建筑或其他设施正式建造阶段。在现代实践中，这是一个实行快速和有效的装配并且提供高质量建筑的过程。它对控制系统要求相当高，尤其是关于进度和质量。现代建筑和其他设施的复杂性质及其与特殊现场独特的交互性意味着，实践中问题不可避免且亟待解决。信息系统需要完整测试，设计变更需要处理，建设和装配团队必须团结一致并有效工作。成本和工期必须控制在项目目标之内，项目也应按照之前设定的质量和规范要求进行交付。

施工阶段会无缝地进入现代建设开发中的一个重要阶段：调试／试运行阶段。现代工程服务的复杂性和精细度使得它必须留出时间测试和微调每个系统。任何环境绩效目标，如英国建筑研究院环境评估方法 BREEAM 认证，将用来衡量项目的绩效。因此，这些活动形成一个独特分离的阶段，主要应在竣工、移交与交付使用阶段业主接管建筑或其他设施之前完成。在某些情况下也可能有一些竣工后调试和测试。

业主调试需要如同其他阶段一样仔细管理，因为它可以对于项目的成功和环境的整体性能产生决定性影响。新用户总是需要学习很多关于新建筑或其他设备所提供的内容。他们需要通过培训和协助来充分利用其新建筑或其他设施。在初期阶段考虑到新用户的利益和需求，在业主结构还未交接时为其入住做好准备，使他们满意，是一项良好的实践。

最后是施工后评价／项目总结报告阶段，它为项目团队提供了机会来考虑如何满足项目的目标，应该吸取什么教训。一份正式描述这些问题的报告具有突出的知识贡献。对于有项目固定程序的业主，和同时运作多个项目的项目团队来说，这样的报告提供了直接相关的反馈，即使没有相似案例，每个项目团队成员，包括业主，很可能在详细客观回顾他们的共同表现中受益很多。

第一部分　项目管理

第1章　概念阶段

前　言

投资项目通常是比较复杂的，项目业主或管理者需要突出其管理能力，协调众多具备不同技能的人员，并确保在商定的工期、费用和必需的功能要求下完成项目。因此，在建设与开发项目的概念阶段，业主需要决定如何使潜在项目以最佳的方式来满足设定的需求。

在对建设需求进行评价时，需要确定以下关键性问题：

- 为什么需要该项目？
- 如何体现可持续性，以及业主的公司责任已经明确了吗？
- 如何才能最好地满足需求（例如，新建、改造、还是现有建筑的扩建）？
- 合理的预算成本是什么？
- 从概念阶段到竣工完成的合理工期是多少？
- 投资或资金来源渠道是什么？
- 在该阶段能够预见哪些与开发相关的风险？
- 项目完成的预期收益是什么？

业主的目标

业主在概念阶段的主要目标是就拟建设或开发的项目投资做出决策。在决策之前，业主应当准备一份商业方案（资金使用方案），其中应包括对业务情况、组织、现有设施以及未来需求的详尽分析。经验丰富的业主通常具有所需的专业技术，由内部团队自己来制定商业方案。而缺乏经验的业主就需要咨询有关的专业人士，因而许多项目经理在这一过程中就开始发挥作用。这一过程会产生出一份确定项目需求的报告。业主的目标是最终获得能够完全满足这一特定要求、具有完备功能的物业，应注意不要将业主的目标与根据业主需求所制订的项目目标相混淆。

此阶段可行的商业方案应当：

- 由需求驱动。
- 基于可靠的信息和合理的预测。
- 包含合理的步骤。
- 考虑到相关风险。
- 具备机动性。
- 资源价值的最大化利用。
- 利用以前的经验。
- 体现可持续发展的成本效益。

业主内部团队

投资决策人： 这通常是由高层管理者及董事组成的共同体，他们审查潜在项目并监督其进展。但是，他们很少直接参与项目实施过程。

项目负责人： 通常是业主组织内的一名高层人员，负责项目进程及变更的关键性决策。项目主办人需要具备充当业主角色的领导力和管理才能，有权力做日常决策并与进行重大决策的人员保持联系。

业主顾问： 项目主办人可以指定一名独立的业主顾问（也可以称为建设顾问或项目顾问），他将在需要的时候，在建设的必要性以及发包方式的决策中提供专业性建议。如果建议来自于咨询人员或者承包商，既得利益就不仅仅是确保业主的要求，还包括出售产品或服务。

业主顾问可在如下方面提供支持：

- 商业方案的开发（进一步的阐述见附录 30 页）；
- 投资方案评价；
- 设计和规划的可持续性；
- 明确项目需求；
- 确定满足需求的项目类型；
- 形成并评价方案（在适宜的时候）；
- 选择合适的方案（在可行的时候）；
- 风险评估（在适宜的时候）；
- 提供可选择发包方式的建议；
- 选择并任命项目团队；
- 监测并控制项目实施情况（在适宜的时候）。

业主顾问应当了解业主的目标与需求，但除了向业主提供专业建议之外，他在项目中不应该有其他既得利益。业主寻求独立建议的其他可能领域包括：财务、税收与法律、市场研究、城镇规划、工料测量、投融资等。

项目经理

项目经理可以是来自不同背景的人员，但是应当具备管理从概念阶段到完工过程的项目各个方面的必要技术与能力。该角色可能由业主机构内的一名成员担任，也可能外部委托。

项目经理的目标

项目经理在工作中既代表业主的利益，也要为业主提供服务，其职责包括：以合理的收费向业主提供独立的服务，对各个不同专业和有关技术进行选择、协调、整合管理，使项目满足业主的目标，即满足从项目概念阶段直至项目完成各阶段的要求。项目经理所提供的服务应当使业主满意，始终维护其利益，在可能的情况下还应考虑项目最终用户的需要。

项目经理的核心职责是激励、控制、协调和保持所有项目团队成员的士气。这种领导职能本质上是对"人的管理"，这方面的重要性是不言而喻的。对其他所有项目管理工具和技能的再熟悉也无法弥补这一方面的缺陷。关于项目经理角色方面的领导能力的进一步阐述见附录21页。

在与项目团队进行工作中，项目经理应了解并尊重其他专业的各种专业规范，尤其是各专业涉及的有关社会、环境和相互关系方面的责任。对不同项目而言，项目经理的职责、权力和称呼都是不一样的，因此项目经理、项目协调员和项目管理者几个词都在使用。

要确保提供有效的、费用合理的服务，关键就是项目应当在有能力的管理者的指导和控制下实施，这个人必须是经实践证明在建筑或相关领域中具有良好的项目管理业绩。他将被委派为业主的项目经理并对项目总负责。在项目概念阶段被赋予权限以后，项目经理将与项目团队一道，在项目实施的全过程中履行管理职能。

项目经理的职责

项目经理的职责将根据业主自身的经验和要求、项目的性质、委托的工期以及其他一些类似因素的差异而不同。如果业主对建设过程不熟悉，项目经理可能需要自己来制订其工作职责。不论在项目各阶段项目经理的职责有何差异，对项目的工期、费用和实施情况进行控制是其贯穿始终的基本职责。这种控制的成效是通过预测和收集准确的信息，并以此作为业主和项目经理决策的基础来实现的。表 1.1 列出了所建议的业主要求与项目经理职责的对应关系。

建议项目经理应承担的职责　　　　　　　　　　表 1.1

职责 *	业主要求			
	业主内部的项目管理		独立的项目管理	
	项目管理	项目协调	项目管理	项目协调
作为合同当事人	●		+	
协助制订项目建议书	●		●	
制订项目经理的职责	●		●	
对项目预算 / 融资 / 计划 / 风险管理安排提出建议	●		+	
对土地征用、转让和规划提出建议	●		+	
安排可行性研究和报告	●	+	●	+
编制项目总体策划方案	●	+	●	+
编制项目手册	●	+	●	+
制订对专业顾问的要求	●	+	●	+
设计项目实施程序	●	+	●	+
选择项目团队成员	●	+	+	+
建立组织机构	●	+	●	+
协调设计过程	●	+	●	+
任命专业顾问	●		●	+
安排保险和担保	●	●	●	+
选择项目发包方式	●	●	●	+
准备招标文件	●	●	●	+
组织对承包商的资格预审	●	●	●	+
对投标者进行评审	●	●	●	+
参与对承包商的选择	●	●	●	+
参与对承包商的任命	●	●	●	+
建立项目控制系统	●	●	●	●
对项目实施过程进行监督	●	●	●	●
安排项目会议	●	●	●	●
确认工程款的支付	●	●	●	+
建立项目沟通 / 报告系统	●	●	●	●
承担项目总体协调	●	●	●	●
建立项目安全 / 健康管理程序	●	●	●	●

续表

职责 *	业主要求			
	业主内部的项目管理		独立的项目管理	
	项目管理	项目协调	项目管理	项目协调
处理有关环境方面的问题	●	●	●	●
协调与有关政府部门的关系	●	●	●	●
监督项目预算和变更指令	●	●	●	●
编制项目最终决算	●	●	●	●
安排试车／投产	●	●	●	●
组织办理移交／使用	●	●	●	●
对市场营销／使用提供建议	●	+	●	+
组织编制维护手册	●	●	●	+
编制维护计划	●	●	●	+
编制维修程序／组织人员培训	●	●	●	+
制订设施管理计划	●	●	●	+
安排对反馈信息的管理	●	●	●	+

＊职责及相应的责任和权力因项目不同而不同

图例:(●)——建议应承担的职责,(+)——可能的额外职责

项目经理的工作描述范例详见附录 1。其具体职责会因业主的目标、项目的性质和合同的规定而作相应调整。

当管理的职责和权限仅涉及项目的一部分,如施工准备、施工和移交阶段时,也可以使用"项目协调者"这一称呼(出于专业责任担保的考虑,应对项目管理和项目协调加以区分,当由项目经理聘请其他专业顾问时,这种管理服务可以称为项目管理,当由业主聘请其他专业顾问时,这种管理服务可以称为项目协调)。

项目经理的任命

在概念阶段就指定一名项目经理无疑是明智的,这样,项目经理可以在概念评估过程提出建议,并参与进来。确保项目从概念阶段开始就获得专业、足够的管理协调、监督与控制,从而按照业主要求圆满完成任务。然而,依据项目性质和类型以及业主自身的经验,项目经理的任命可以延后,但是这样一来可能剥夺了他或她获得重要的项目背景信息的机会,因此一般不推荐这样做。

项目经理和合同管理人员

为了项目的建设阶段和后续阶段,可能任命一位合同管理人员(有时也被看作雇主的代理人或监管人员,这取决于特定合同的使

用）。这个岗位对业主有一个直接的合同责任。项目经理和合同管理人员的角色有一些区别。本指南对项目经理这一角色有全面的描述，并且清楚地定义了在各种参与条件下项目经理的角色，涵盖从项目概念阶段到执行阶段和项目竣工阶段。然而，这个角色，在项目的各个阶段都有可能包含管理的元素在里面，这程度取决于他或她被任命的职位。合同管理人员的功能是在许多形式的建筑合同下特定的任命，因此涉及专门施工、调试和竣工阶段。这个功能保持不变了至少 200 年，尽管职位的头衔可能会改变以适应时代潮流。项目经理与合同管理人员的角色可以是分离的，也可以（或经常）是整合的。

对人员的管理

对于建设项目管理来说，常常需要根据项目特征采用不同的管理方式和系统，但无论采用何种方式，最主要的是对人的管理。而且要从项目一开始就要抓起这项工作，建立各个参与者之间的共同目标。

项目管理，尽管要随情况变化而采用不同的管理方式和系统，但最主要的是对人的管理。它要解决的问题是如何对项目管理团队、中层管理人员和工人进行激励，以确保其履行他们的职责。这也包括现实有效的相互联系的形式，以保证组织内形成一种相互合作的氛围。

人才：最重要的资源

尽管研究新技术以保持技术领先地位并获得竞争优势是非常重要的，但各家公司最终都将拥有类似的技术。因此，人力资源方面的差异会最终形成竞争优势。这就像计算机系统的水平取决于其设计者和使用者的能力一样，人员始终是我们建筑行业中最重要的资源。

要在人员组织、激励和协商上取得成功，需要一些特殊的技能。尽管某些人在这些方面比其他人更有天赋，但只要通过恰当的教育和培训，任何人都可以提高在这方面的能力。

对于人员的组织，项目经理需要考虑下面一些因素：

- 这个人能做什么：其所具备的技术、能力。
- 这个人能完成什么：其工作成果、工作表现。
- 这个人的行为如何：其个性、态度、智力水平。
- 这个人知道什么：其所具备的知识及经验。

在项目实施过程中，项目经理需要运用的技能包括：

- 沟通：能够使用各种途径，这是最重要的技能。

- 组织：运用系统化的、良好的管理技术。
- 计划：依靠准确的预测和规划。
- 协调：通过交流、默契和理解。
- 控制：依靠监督和反馈技术。
- 领导：通过以身作则。
- 授权：以信任为基础。
- 协商：以理服人。
- 激励：通过适当的奖励措施。
- 主动性：以实际行动作表率。
- 判断：通过经验和知识。

确定项目成员各自目标

项目团队成员各自目标是不同的，有时甚至相互冲突，了解这一点是确保项目团队能够作为一个整体有效运作的第一步。由于业主的目标非常明确，因此，需注意的是要克服各成员之间的目标冲突。目标的表述、成员的选择、工作环境、责任、权利的界定以及沟通程序，都会对项目成员能否把他们自己的目标与项目成功实施结合起来产生影响。

项目经理应致力于建立一种能使业主和所有的团队成员把个人目标与项目目标统一起来的环境。毫无疑问，当项目团队成员能够及早发现并解决问题时，其效果是最佳的。在项目经理的领导下，形成一种开放的、对不同意见不予责备的氛围，也会有助于克服沟通障碍。

可持续性思维

在本章的前面部分已经提及了可持续发展和业主的企业责任。认真考虑关于三重底线 – 环境（地球）、经济（利润）和社会（人）的信息在发展过程的初期阶段是非常重要的。

项目需要的融资和设计应在比较初期的时候，并且已经将如何维持较高的可持续性原则的问题提到议程上，因为这是在这个阶段当计划可以制定整体的，可以派生最大的成本效益。这里的想法是，不只是实现最低的环境要求和社会标准，还要提前促使它们达到最大资本和最低全寿命成本。

尽管该项目尚未达到可行性，但在可行性研究阶段，下面的想法应该加入他们的介绍中去：

- 哪种类型的能源？
- 什么样的机械和电气系统，哪家制造商可以实现最高的效率？

- 可以得到多少局部最小化的运输（碳）消耗?
- 什么样的标准在目前是不大可能需要，但是在可预见的未来是非常需要的?

这可能只是一个项目的"想法"阶段，但目前思考可持续性是降低成本和增加价值的一个方法。

一旦参与者进入现场，最终需要通知和邀请所有参与者加入来帮助实现项目的目的、程序和减排目标。同时需要准备信息手册和入职课程，为用户展示健康和安全的做法。

需要认同和考虑相关措施，以便在现场和非现场可以确定能源消耗并记录，这样碳和成本消耗可以被监控，有效的新的保存方法也可以确定下来。在所有监控能源消耗的程序中，不管是化石燃料还是可再生燃料，不管是直接的还是间接的，都可以变成现场能源计划和碳记录的一部分，这样可以达到项目的最低排放目标。这些概念在这里可以这样被考虑，虽然细节要到后面的阶段才会实现。

第2章　可行性研究阶段

业主的目标

项目目标是建立在项目构思和概念的基础之上的。在可行性研究这一阶段中，业主的目标是详细确定项目目标，列出可能的方案，并通过价值和风险评估选择最佳方案。针对所选方案确定项目实施计划是本阶段所要得出的成果。

项目总纲要

对大多数业主来说，建设项目只是实现其商业目的的途径。业主的项目目标可能非常复杂，如在工厂中引入并推广一种新技术或者新建一个公司总部大楼；业主的目标也可能非常简单，例如只是利用所拥有的资源建设一幢写字楼以希望获取最大的回报。

业主的目标通常由企业的董事会或决策制定机构（投资决策人）做出，同时包括在工期、费用、性能和地点方面的一些限制条件。业主的目标必然包含建筑物或其他设施的功能及质量。

如果考虑到项目的目标比较复杂，需要项目经理参与进来，则应尽早任命项目经理，比较合适的工期是在概念阶段确立了项目需求之后。这将有助于在项目目标的确定以及制订和评价实现目标的各种可能途径的工作中充分发挥项目经理的专业经验。

此外，应当向项目经理提供有关业主的目标和其他限制条件的准确信息，或者邀请项目经理参与到目标的制订工作中来。项目目标设计必须根据业主的要求和特点进行，也就是最初的项目总纲要，项目经理将以此作为开展后续工作的依据。

图 2.1 显示的是一个典型的项目总纲要范例。

可行性研究报告

项目的决策过程，首先要经过项目的构思和总体目标设计，然后在此基础上进行项目的全面分析和论证（可行性研究）。项目构思和项目总纲要（总体目标设计）是项目可行性研究的前提和依据，同时，在项目的分析和论证过程中，又需要对初步的项目构思和目标进行优化和调整，再在进行项目的分析和论证，经过上述过程的反复，才能为项目总体决策提供依据。项目总纲要也可以作为是对项目构思的进一步细化，是进行可行性研究的直接依据。

项目名称：
项目编号： 顾主（内部 / 外部）： 项目投资人： 项目经理：

目的 在此需要表述明确，并且包含项目的合理性理由 表述形式：何时完成何项工作
目标 在此需要说明项目预期的最终成果，并且能够做到： 明确具体：清楚并且联系密切 可衡量的：当其发生时能够发现 可实现的：有助于使用积极的语言以实现目标 现实可行的：取决于三个因素：资源、工期、成果或目标 工期限制：有工期限制以便考核
步骤 项目计划应当设置里程碑事件，用以检查，即设定一个目标日期来就项目大纲达成一致，并为项目各个关键阶段的完成设定目标日期
范围 这就是设立项目边界，从而能够有助于发现没有包含其中的内容 这可以作为项目实际进行过程中出现变更的参考点
约束条件 在此可以设定项目开始时间和结束时间 对于实现最大价值，在此处设定真实的限制条件比预先设想解决方案要重要得多
依赖条件 在此需要明确不是由项目经理控制的因素，一般包括： ■　信息的提供 ■　正确的时间做出决定 ■　其他辅助项目
资源需求 包括项目工期及费用的估计
同意 签字：　　　　　　　　　　　　　　　日期： 项目经理： 项目投资人：

注：以上项目总纲要范例仅用以参考

图 2.1　项目总纲要范例

要实现业主目标的可行方案通常不是唯一的。因此，项目经理的任务就是要在业主的指导下，确定能够在限制的目标条件下选择实现业主目标的最优方案。在与业主沟通的基础上，项目经理将考虑多种可行的方案并进行可行性研究，以确定采用哪一个方案。为了有效地进行可行性研究，所使用的信息应当尽可能的全面、准确。其中的大部分信息需要由专业人士和各方面的专家来提供。一部分专家可能是业主自己的人员或有工作关系的，包括：律师、财务顾问、保险顾问等。另一些专家则需专门聘请，如：建筑师、工程师、计划人员、规划人员、土地测量师及地质工程师。在一些情况下，施工人员也会参加（如，若是框架合同或者是设计、施工合同时）到可行性研究的准备阶段和完成阶段。

可行性研究报告应当包含：

- 投资范围（依据项目总纲要），包括确定设施目标和财务目标；
- 必要条件和风险的研究。
- 公众咨询（如果需要）。
- 咨询利益相关者以及第三方。
- 地理条件研究（如果需要）。
- 环境性能指标（如英国建筑研究院环境评估方法，即可持续住宅和生态住宅的规范请参阅附录31和附录32）。
- 环境影响评价（请参阅附录11）。
- 健康与安全研究。
- 法规/规章/规划方面的要求或限制。
- 风险管理策略。
- 投资与运营费用估算（如果需要，包括拆除费用）。
- 潜在融资渠道评价。
- 可能的场地的评估（如果需要）。
- 项目实施进度。

业主将委托专业人士进行可行性研究，从而确定项目在建造与财务上是可行的。此阶段业主应当已经指定了项目经理，他/她将共同参与可行性研究报告的编制并检查各方咨询人员的工作。

项目经理将代表业主聘请不同的专家进行可行性研究，向他们提出基本要求，整理所得到的信息，对不同的方案进行评价，并将其结论和建议提交业主。可行性研究报告中应当包括对各个方案的风险评价，通常也包括将要采用的发包方式及总体计划。业主也可能会要求在报告中应包括对不同方案的"项目全寿命周期费用"的比较。无论是在新建项目还是翻新项目中，可持续性的问题现在都可以说是项目开发过程中一个十分重要的部分，并且环境、经济和社会这三个因素是我们在每个项目的最初阶段必须考虑的问题。商业案例中可行性研究报告的编制，请参阅附录 30。

在此阶段，必须对开发项目的最终价值或者成果进行评估。必须在咨询专家和评估专家的专业帮助下，准确而全面地评估收入现金流以及预期资金价值。如果提交的项目不能够通过这类评估检验，就必须进行修改。在这一点上，项目经理扮演着至关重要的角色。值得一提的是，应当适当关注价值方面的费用 / 价值平衡问题的专家意见。当业主拥有自己的评估团队，就可以认为他们能够对项目的财务可行性做出决策。

项目可行性研究过程中，项目经理将召集可行性研究小组举行会议并做好记录。他将向业主汇报可行性研究的进展情况，当批准的预算可能被突破时，应向业主提出建议。项目可行性研究是项目全过程中最重要、同时不确定性也是最高的阶段。在这一阶段对工期和费用的付出对于确保项目成功是完全值得的。可行性研究阶段所聘请的专家通常是按工作时间计算其费用，他们无需在项目可行性研究结束后继续履行其义务，但有时部分甚至全部可行性研究组成员会被邀请参与项目的设计。

可行性研究结束后，业主需就项目实施中采用何种方案做出决策。可行性研究经过批准实际上是对项目总纲要的批准，这时，项目经理根据业主的决策制订出项目大纲。从业主目标到得出项目大纲的过程见图 2.2。

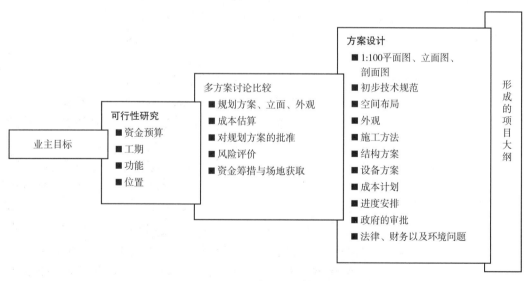

图 2.2　从业主目标到项目大纲的形成过程

为了顺利的实现项目目标，在进行项目可行性研究时，项目经理同时要关注以下几个重要问题：

建筑环境的可持续发展

目前建筑及其相关活动对于环境的影响引起了广泛的关注，世界各国政府正在面临施工过程、施工方法、施工中的惯例和规范的挑战，并正在监测行业的产出。这样做的目的是为了找出现代建筑行业在建设过程以及运行过程中的问题并且进行改变。这些施工流程的改变以及其他的一些情况将会对具体能源和建筑物能源需求产生十分显著的影响，不管是既有建筑还是新建建筑，而且也对控制全球温室气体的排放有十分积极的影响。但是，改造建筑流程，设立适应未来人类需求和政府目标的建筑标准和规范，并非一帆风顺。

面向可持续发展

现在很多人都更倾向于认为"可持续发展"就只是代表了"环境"，这或许是因为有很多文章是关于气候变化以及强调要减少温室气体的排放和减少污染。正是这些因素引导了可持续发展的进程。然而，"三重底线"中除了"可持续发展"这一条之外的其他两个重要因素就是社会（人）和经济（利润）方面。在这些里面，经济方面被认为是更加重要的问题，因为许多人觉得保护环境会使成本上升，大多数利益相关者自然是想维护他们自己的利益。

斯特恩调查认为由于全球气候变暖所导致的极端天气将会至少减少全球 GDP 的 1%，预测更糟糕的情况下全球人均产出将下降 20%。尽管有一部分人会以相关费用将减少利润为理由，不愿意采用能够减少碳排放量的预防措施，但是"不采取保护措施"最终导致的费用可以说是远远超过因采取减少碳排放的有关措施而发生的费用。

然而，许多咨询已经成功证明如果能够使用具有现代化的材料和系统的整体性设计，达到整体上的可持续发展，这就可能实现创造一个既具有可持续性又具备经济可行性的建筑环境。此外，大多数行业专家认为我们实际上别无选择，地球需要环境的调节，实现这个目的的唯一方法就是通过改变我们的建筑环境、能源消耗、运输系统和生活方式来减少碳排放量。但是在当今政界环境以及有限资源的条件下，需要我们从整体上考虑环境、经济和社会这"三重底线"，这就意味着要把利润和人的关系作为整体解决方案的关键考虑因素。

就社会（人）认可方面而言，建筑业要尽量不对外部环境产生不利的影响，而对环境的不利影响主要是通过污染、建筑面积过大、建筑设计不美观、建筑拥挤、养护过度以及材料和资源的滥用。同时，住宅必须是人们能够负担得起的并且能够得到的，并且要有一定面积的公共绿地，所在环境光线、声音、密度较为舒适，以及距离工作场所的距离适当。交通是大气污染和自然资源消耗的主要来源，因此缩短上下班的交通距离是能够起到保护环境的整体目标的一部分。

办公室以及商店应该同样遵循这些社会公认的指导方针，这个建筑环境内要包含安全、方便的交通以及各种设计优良并且适合群体参与的娱乐设施，这些娱乐设施是为了能够培养大家健康的生活方式以及丰富大家的精神生活。

关于经济（利润）部分，在保持环境友好的前提下使建筑以及设备具备财政上的可行性，这是建筑业的最终目标。除非能够将设计、安装、材料和规格的选择、建设和运营效率协调起来，不然要在真实预算内创造一个环保的、符合社会需求的建筑是十分困难的。这尤其适用于开始进行装修阶段的情况。

回到环境的话题上，正如前文所指出的，如果我们希望保持当前的生态平衡，那么保护地球就是必需的了，我们就必须抛弃那些浪费资源的生产活动，而选择那些可持续发展的、社会可接受的并且能够保护我们自然资源使环境免遭破坏。然而，创造一个舒适的室内环境是很重要的，这种环境的构建和运行也十分高效，同时产生的财务回报也是可持续发展的。为了创建这个和谐的环境，遵守国家和国际公认的标准是十分重要的，例如：BREEAM，LEED，Green-Star 等。这将会减少消费者对于高污染产品和服务的需求，为了实现大幅减少碳的排放量，到 2050 年为止，推广清洁能源以及交通系统所需能量的至少有 60% 是来自利用非化石燃料的。

政府控制碳排放的前景

预计最终政府部门可能会规定每个项目阶段碳排放量的测量值，这考虑到较多的项目是需要花许多年来完成的。如混凝土和钢筋这类材料的选择，这类材料生产过程中通常会有大量的碳排放以及潜在的高运输成本，这样我们很可能需要有替代它们的材料出现。在选择供应商时，如机械电子设备等系统以及电镀可以很容易进行碳排放评估，并且它们的制造地点、在运输过程中包含的间接碳排放以及动态的碳排放量也同样会经过评估并与初始成本相比较。

负责任的可持续发展因此逐渐成为国家和国际上的共同问题，项目经理和业主应该协调以确保在每个项目的初始阶段整个供应链都了解各自的责任。项目经理尤其应该确保业主在设计上的正确决策,施工团队收到项目和施工过程中可持续的部分,所以最终建筑会将对自然环境的不利影响降到最小。为了实现这个目的,项目团队需要采用创新性的方法以及最优方案。因此,高效地使用先进的管理工具和系统(如下)来控制施工过程,应该考虑从项目开始到完成整个建筑的施工过程中的碳排放量,尽管高效使用这些管理工具需要大量从事相关工作的经验。

典型的管理工具和系统包括以下几种:

- 详细的施工现场废弃物的管理计划(SWMPs),这些计划强调最大程度上减少废弃物的产生,特别是金额超过300000英镑的项目;
- 使用先进的信息通信技术ICT,自上而下地通过交互软件系统来管理分包商;
- 使用具有安全的数据库的电子文档管理系统;
- 在项目的初期阶段与设计结合起来的建筑信息模型(BIM)系统;
- 电子招投标和电子商务解决方案在项目管理的施工前和建设阶段的使用;
- 安装高效的无线技术和RFID数据收集装置;
- 使用即时通讯、虚拟办公和会议设施能够有效地减少项目团队成员之间的出行需要;
- 确保精确的全寿命周期成本在工程建设中的使用,这样业主就能够在所有阶段保证决策的正确性。

实现可持续发展

预计最终监管部门可能会规定每个项目阶段碳排放量的测量值,这考虑到较多的项目是需要花许多年来完成的。如混凝土和钢筋这类材料的选择,这类材料生产过程中通常会有大量的碳排放以及潜在的高运输成本,这样我们很可能需要有替代它们的材料。如机械电子设备系统以及电镀经过碳排放的评估,并且它们制造的地点、在运输过程中包含的直接或间接的碳排放以及动态的碳排放量也会经过评估并与初始成本相比较。

在设计和施工方面的可持续发展强调整个项目的从开始到完工的各个阶段的责任,然后通过整个项目过程来实现(然后再次开始)。

在项目的每一个阶段关于可持续性的关键问题以及措施的详细内容请参照附录31,关于建筑研究所环境评估法、可持续住宅标准以及生态住宅的详细资料请参照附录32.

多数业主和政府相关部门积极参与并致力于可持续发展。这就需要建筑的相关行业对日益迫切的在社会、经济和环境方面改善的需求做出回应，需要我们合理利用地球的环境资源以及保持物种的多样性，确保一个强大、健康以及能为所有人提供均等机会的和谐的社会，建立一个繁荣稳定的经济环境，使用健全的科学理论促进发展，促进良好的治理。

可持续发展（或可持续性）在 BS 8900（可持续发展管理指南）中解释为："一个持久的、均衡的经济活动的方法、环境责任以及社会进步"。在英国皇家注册设备工程师协会（CIBSE）中关于可持续发展是这样介绍的："世界各地所有的人们应当满足自己的基本需求并在不影响后代人生活质量的前提下适当提高自己的生活质量"。世界环境与发展委员会报告：我们共同的未来（Brundtland 报告），说这种发展是"在不影响我们后代人满足自身需求的能力的前提下满足当代人自己的需要"。

可持续发展常定义为社会、经济以及环境（生态）的相互作用。如下图 2.3 中所示。

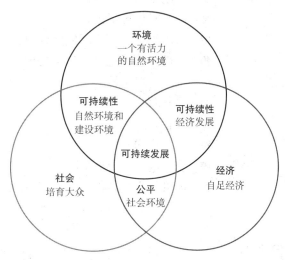

图 2.3　可持续发展的一个总结　选自 CIRIA C571："可持续性的建设发包：
提供环保项目的指导"

选址与获取场地

当业主本身没有场地供开发利用时，场地的选择和获取就是项目开发期内的一个重要阶段，应该尽早开始。较为理想的是与可行性研究同步进行（这里需要注意的是可行性研究的正确性取决于场地的主要特征）。这项工作由专业顾问和律师负责实施，并且涉及大量尽职的调查。项目经理负责监督。

开展这项工作的目标是根据拟建的项目确定对场地的要求，确保获得的场地能够满足这些要求，并且能够在项目规定的期限内使业主在风险最小的情况下获得场地。

要达到这些目标，需要进行以下工作：

- 编制有关设施／建筑物及场地的目标／要求文件，并经业主批准。
- 根据目标／要求来制定选址规则和评价标准。
- 确定总体资金安排。
- 确定项目团队内部各成员的职责（业主／项目经理／地产代理人）。
- 委派团队成员，制定选址和获取场地的实施计划，并按照计划对过程进行监督和控制。
- 寻找场地，收集有关资料，包括当地的规划要求，以便与已确定的评价标准进行对比。
- 根据评价标准评估场地，确定 3～4 个可选方案，并同业主一起对其进行权衡。
- 进行初步方案设计和费用估算。
- 与规划管理部门就供选场地进行讨论。
- 取得供选场地的粗略市场价。
- 从中确定场地。
- 委托代理人进行价格谈判，委托独立代理人进行土地价格评估。
- 在需要的时候委托律师。
- 确定具体的财务安排。
- 如果就有关条件和其他相关的一些问题达成一致，如地质调查、规划批准等问题，则签订土地转让合同。

详细的项目大纲

详细的项目大纲是在项目设计团队与业主代表共同努力下形成的。项目经理负责对这一过程进行管理，解决产生的矛盾，及时了解业主的想法，做好记录并最终获得业主同意。花费一定时间进行业主代表的管理，以确保项目大纲的内容来源正确，这是十分重要的。这就确保项目经理要知道并了解业主本身的说话方式，文化水平以及性格特点。最好在初期阶段在项目的各个方面上确立业主所有权以及项目支持者。表 2.1 列出了对详细的项目大纲建议的内容。

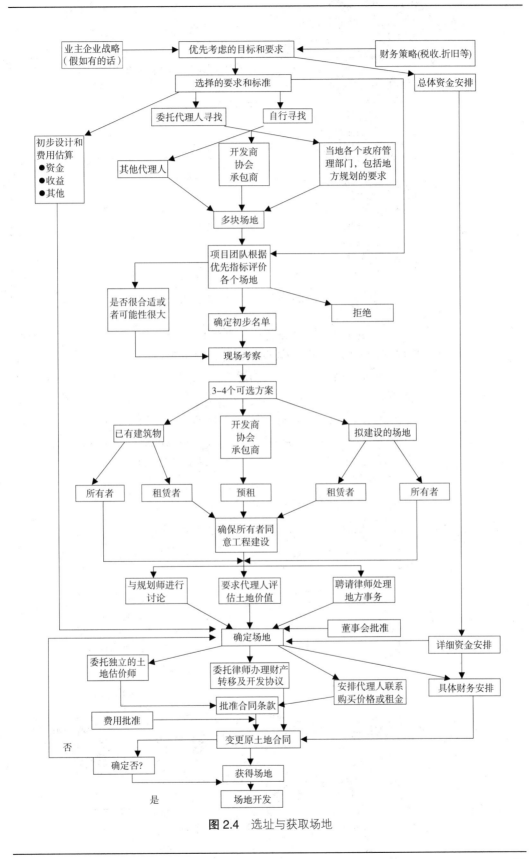

图 2.4 选址与获取场地

对详细的项目大纲建议的内容	表 2.1

以下为建议编写的内容清单，可以根据每个项目的要求和环境选用。

■ 项目背景

■ 项目定义，说明项目应当达到的要求。通常包括：

  1. 项目目标

  2. 项目范围

  3. 所交付项目的概况和／或预期成果

  4. 不包含的内容

  5. 限制因素

  6. 分界面

■ 商业大纲

  1. 描述该项目是如何支持商业战略、计划或进程的

  2. 选择该方案的理由

■ 顾客的质量预期

■ 验收标准

■ 风险评估

如果初期工作已经完成，详细的项目大纲可以参考一些含有有用信息的文件，例如详细的项目大纲的概况。在这一阶段，业主通常会在多方面对其原项目构思进行调整，也还存在着一定的调整机会和余地。图 2.5 说明了随着项目建设阶段的变化，"可调整余地"与由此引起的"成本变动"之间的关系。从图中可以看出，两条曲线的交点位于策划阶段的末期。因此业主应注意两者之间的这种关系，以及及时确定项目大纲和合理的设计给项目带来的好处。

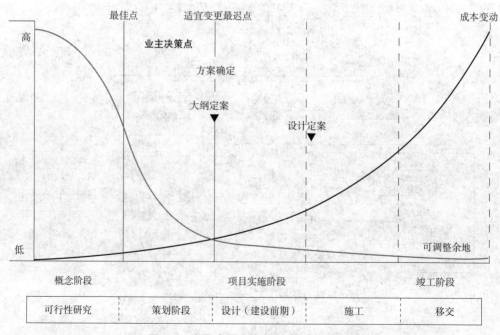

图 2.5 方案变更和费用变动之间的关系

业主需要重点去了解与确定有关项目开发的最终需求和目标的相关信息。这一点非常重要。为了尽量减少将来对项目大纲的调整，项目经理应对业主的要求和目标进行仔细的分析和研究。很多业主都不太熟悉项目建设的过程，同时对在材料发包和施工开始前确保设计正确的重要性认识不足。因此，项目经理应当尽最大努力帮助业主去了解设计变更对工期和成本的潜在影响，从而尽可能准确地掌握业主的要求。这项工作可以由项目经理承担，但在 Latham 报告及英国建筑业战略论坛（SFC）中建议另行任命一名业主顾问，由其负责向业主提供独立的建议，直至最终确定项目的建设。

详细设计大纲

详细设计大纲的汇总编制通常由设计负责人、项目经理共同负责，必要时还包括业主和建设者。项目经理应当监督详细的设计大纲的编制，以保证其与项目总纲要、项目预算和总体计划相一致。

根据采用的发包方式和项目总体计划的不同，项目详细设计大纲的编制可能与其他一些工作同时进行，如方案设计和场地准备。详细的设计大纲某些方面的最终决定甚至可能被业主推迟到项目开工以后。这是充满风险的，只有当业主时间充裕时才能进行。这也就是说必须要对最先开始实施的那部分设计内容进行详细的设计，使之能够尽可能的涵盖后续业主可能会提出的要求。在项目施工开始以前就完成大纲和设计是最好不过了（紧急情况下除外）。这就需要一个好的项目管理。

项目经理应当向业主阐明对详细的设计大纲任何方面的推迟可能对成本、工期和风险产生的影响。项目经理将监督详细的设计大纲的编制过程，并向业主说明对初步设计大纲的变更在成本、工期、质量、功能和财务可行性方面产生的影响。

融资及投资评价

在所有的开发项目中，必须建立一个成本和价格之间的平衡。项目的财务评价可以通过计算总的成本费用来评估价值，或另外着眼于计算产品的最终价格并根据价格得到项目成本。在其他一些情况下，业主会期望价格高于成本，并且在一些开发商主导的项目中，业主会在项目的起始阶段根据可预见风险的要求决定利润水平（或盈利）。一个全面的风险分析，特别是要对潜在收入、利率变化，项目延期产生的潜在影响进行分析，先前出现过的相似的案例，其结果通常会对决策的产生起到一定的帮助作用。通常，开发商和很多有工程发包经验的业主在这个方面不需要项目经理的专门帮助，但应该让项目经理始终清楚项目的财务安排，以便让项目经理在决策时充分考虑财务问题。另一方面，那些不熟悉项目建设的业主可能需要项目经理或独立顾问在这一方面提供帮助。不管是哪一种情况，项目经理均应具有项目融资的相关知识，能够在资金来源方面提出建议。专家顾问或者业主自己应当安排银行融资，在所有与拿地和项目开发融资相关的方面获取税务和法律建议。项目经理应对工程建设有关的税务、财政预算系统、成本和现金流方面提出建议。项目经理也应当知道，在什么时候、什么地方需要听取专业人士的建议，以弥补其自身或业主在某一方面专业知识的不足。

项目 / 市场适合性

项目成功的关键是将各种要素综合到一个有效可行的整体中。为了使项目在商业市场上有立足之地，良好的市场意识，能够判断业主需求，以及预测投资市场发展趋势等能力是非常重要的，而在这一阶段的关键问题就是确保场地的选择能够满足以上要求。

决策

业主在审查完该阶段产生的文件后，需要重申决定，继续实施项目，这是为了：

■ 授权在项目全过程实施财务管理与控制。
■ 在证实合理之前，要确保不增加项目的巨额支出。

表 2.2 所示为业主的付款决策清单。

业主的付款决策清单 表 2.2

■ 是否拥有足够的项目资金？
■ 详细的项目大纲能否证明有项目存在的价值，从而判定所做投资的合理性？
■ 是否需要外部协助，所需要的能力是否具备？
■ 为了实现最大的资金价值，是否已经采用了最佳标准？
■ 是否分配并接收了担保安排？
■ 是可持续发展的吗？

在一个项目的开始阶段很难预计将要发生的实际成本。检查已经得到各方认可的财政拨款（包括工期，成本和意外风险）的需求是十分重要的。下一阶段的预计项目成本在大多情况下与最初估计的不一样，这就要求对该阶段的支付能力重新进行考虑，以保证有充足的资金使用。

项目实施计划（PEP）

项目实施计划（PEP）是项目管理的核心文件，是由项目业主所确定的政策与程序的陈述，有时则由项目经理根据业主意图而制定。它以结构化形式提出了项目范围、目标及相关次序。

这是一份规定了条目与计划的实时文件，比项目设计团队所做的工作要广。它作为以下行动的基础：

- 在可行性研究与策划阶段末尾，由业主签署。
- 融资的内容说明书。
- 项目团队的惯用方法
- 为潜在承包商提供了信息与相关文件。

一些原本的业主机密信息，此时可以公开提供给其他参与方。

项目实施计划检查清单

- 是否包含项目实施及监控所需要的计划、程序及控制程序，以及汇报程序？
- 是否确定了所有项目参与人员的职责与义务，以及是否能确保每个人都能理解、接受并执行其职责？
- 是否设立了检查、评价及反馈机制，以及独立的外部检查标准？

基本内容

项目实施计划的大部分内容都是标准形式，但针对每个项目的特殊情况需要对此进行修改。尽管有些内容由于避免交叉引用而出现在许多标题下面，但一份典型的项目实施计划可能包含以下所列条目：

- 项目构思与大纲。
- 目标表述。
- 涉及成本、收益以及现金流计划的经营计划，包括借款利息与税款计算。
- 关于收入与回报的市场预测和假定。
- 功能与审美要求。
- 业主管理内容以及项目经理的权限。
- 财务程序以及其他方面的授权。
- 开发策划及发包程序。
- 法定许可。
- 风险评估。

■ 进度与调整。

■ 委托咨询的范围和内容。

■ 调整的方案设计与预算。

■ 方法说明，包括技术设计、包装设计和招标、施工、调试、交付和试运行的声明。

■ 安全与环境问题，例如建筑设计和管理规则、二氧化碳排放和能源目标。

■ 信息系统的管理，包括文件管理系统。

■ 质量保证。

■ 项目后评价。

随着项目的进展，经过设计与施工阶段，项目实施计划将会变化。它应当是不断更新的动态文件，用作沟通工具以及控制参考。

第3章 策划阶段

业主的目标

本阶段业主的主要目标是通过明确项目目标、评估与管理项目风险以及制定形成项目计划，从而建立项目组织结构、确定发包策略以及项目试运行与移交事项。

与可行性研究的内在联系

可行性研究和策划阶段的任务和工作区分通常是不很清晰的，这是因为在其中一个阶段的考虑和结果对另一阶段有着一定程度的影响。两者的任务与工作需要互相联系，从而使两者都达到有效的结果。图 3.1 中所示的两者之间的相互反馈关系是非常重要的，以便为业主在项目构思阶段提供一个可靠的决策基础，同时，这也有助于决策的有效实施。本章所给出的各工作之间关系的顺序并不是唯一的，不同项目这些工作的顺序可能会有所不同。

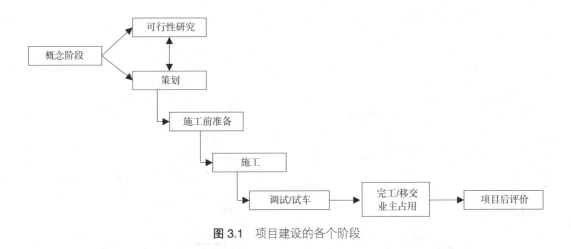

图 3.1　项目建设的各个阶段

这仅仅是工作和任务之间的联系，但是作用上来说，建设项目策划和可行性研究还是有着本质的区别的，建设项目可行性研究的结论往往都作为项目投资者是否进行投资的依据，项目策划主要是为项目建设实施提供科学依据。

项目团队的结构

在这一阶段中，项目通常是由一个在项目经理全面领导与监督下的项目团队来实施的。该项目团队通常包括：

- 业主内部人员（合适的业主代表）。
- 项目经理（业主自身组织内的或外部聘任的）。
- 设计团队：建筑师、结构 / 土木 / 设备与电气（M&E）工程师以及其他技术专家。
- 咨询，涉及工料测量、规划、法律事务、评估、财务、保险、设计审查、健康与安全以及环境保护、通行、设备管理、交通规划、施工管理以及其他专业领域。
- 承包商与分包商。

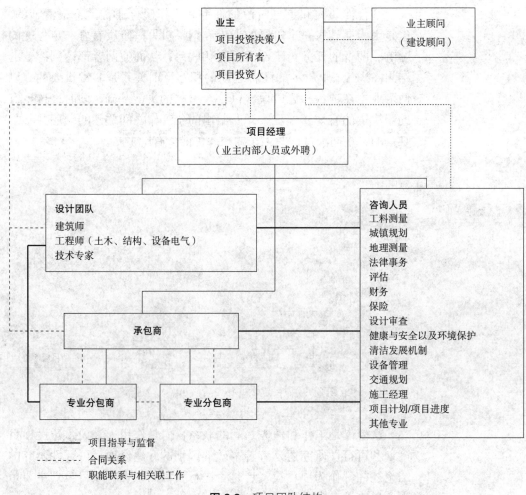

图 3.2　项目团队结构

项目团队的组织结构如图 3.2 所示。该结构是理想模型，在实际应用中，要根据项目性质、合同设置、项目管理类型（外部或内部管理），尤其是业主要求，来进行变动。针对特定的项目，向业主建议采用最合适的项目团队组织结构应当作为项目经理的职责之一。

有效的项目管理必须时刻全面关注质量保证、时间和财务控制、健康与安全以及环境保护问题。这些方面在本指南规定的各个相互联系的工作中都需要加以着重综合地考虑。

项目团队人员的选择

在确定项目团队时，需要考虑采用不同的方法。在选择人员过程中，项目经理需要考虑以下因素：

- 项目团队应对实现项目目标做出承诺，项目目标应是清晰的和可衡量的。
- 具备团队精神，包括分享完成目标的奖励。对项目实施过程中可能出现的问题，应争取提出一个双赢的解决方案。领导力，交流能力以及团队协作组成了项目成功完成的最重要的条件。详情见附录 21。
- 项目团队的成员应能提供令人满意的证明其能力的证据，诸如：合理的进度计划、财务计划和具备充足的资源，以表明他们对实现项目目标能发挥作用。
- 在选择项目团队各个成员时，正如第一章所说，应特别关注以下内容：
  - ○ 相关的工作经验
  - ○ 技术资格
  - ○ 对项目目标的理解
  - ○ 可利用的后备资源情况
  - ○ 创新和改革的能力
  - ○ 积极性与责任心
  - ○ 积极的团队精神
  - ○ 交流沟通能力
- 资金实力及重要资源实力也是非常重要的。
- 明确各个项目团队成员之间的联系沟通方式。
- 通过对创新建议的奖励，促使形成一种鼓励交换意见的工作氛围，这将最终有利于项目的实施。
- 项目团队成员实施定期的业绩考核。
- 确保项目团队成员工作场所的合理安排，并确定沟通协议（特别是电子信息的共享），以方便各成员互相之间以及同其所在单位之间进行有秩序的联系。

■ 明确项目团队各成员的责任和权限。

■ 确定每个成员的助手，他们应当非常熟悉该项目，并能在必要的时候接替该工作。

■ 规定项目团队中的各个成员定期与外界进行沟通。

策划大纲的形成

一个典型的项目策划阶段的主要构成要素如图 3.3 所示。

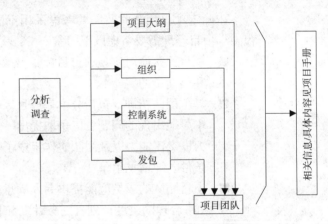

图 3.3 策划阶段的主要构成要素

项目经理在这一阶段需完成下述几项工作：

■ 与业主和项目团队中现有成员一道对项目大纲进行审查，确定其能够满足业主的目标要求。编制正式大纲的书面文本，也包括辅助大纲的一些事项的通用做法的附录。

■ 通过与业主和专业顾问协商，建立项目管理组织结构，确定各参与方的作用和责任，包括与业主联系的方式和途径，以及在哪些阶段需由业主做出决策（详见第二部分）。这应当列在项目文件中，提供给项目各方参考。

■ 与业主、健康／安全工程师、设计顾问和已确定的总承包商一道，确保做出合理的安排以满足有关建筑方面（包括设计和管理）（清洁发展机制）法规的要求。建筑法规中的主要规定已归纳在附录 2 中。

■ 制定业主关于环境的可持续发展方面的功能简介，包括经过认可的评估指标，如建筑研究所环境评估法 BREEAM，LEED 认证和 能源管理（Energy Performance），这决定了将如何评估，是否在该阶段由专业咨询人员（如建筑研究所环

境评估法 BREEAM 评估员）建立起符合价值管理评审中环
保措施的投资标准。

- 确保从设计阶段最初的大纲准备到设计完成过程中，有效地
运用"风险和价值管理模式"方法。其重点是要使投资物有
所值，在不缩减项目规模或降低标准的前提下，建造和运营
费用应尽可能最低。设计团队和专业顾问应当鼓励设计团队
和专业顾问不局限于常规的建筑 / 设施成本控制，而要通过
优化设计和施工方法来寻求成本的降低。也就是说，在设计
的各个阶段，整个设计团队都应按"高质量、低成本"的思
路进行设计。价值管理的进一步说明可以参看第 4 章以及附
录 10。

- 就雇用和委托其他专业顾问和设计团队成员向业主提出建
议，即：
  - 恰当地定义角色与职责
  - 编制和发布招标文件
  - 进行评标、提供评标报告和建议
  - 协助业主准备合同文件、做出选择和委托

- 提醒业主注意项目全面缺陷责任保险的好处，协助其评估项
目的风险，并在项目预算中加入适当的不可预见费。制定项
目实施中的风险管理程序，并将其作为一项连续性的工作。
项目风险评价清单（见附录 9）可以作为该程序的一部分。（这
些风险不要与清洁发展机制条例中的风险相混淆，清洁发展
机制条例中提及的风险只是整个项目风险管理体系的一个
子系统）

- 确定和编制与项目目标和成本、工期、质量、功能和财务等
参数最为适应的合同形式。

- 协助业主进行场地选择、现场调查和获得土地。

- 决定某些工作，如：安装、设施占用 / 移交等工作，是否构
成独立的项目，并据此进行处理。

- 提醒业主关注项目交付中的相关法律文件提交以及其他咨
询事宜。

项目组织和控制

项目管理组织结构详细描述了在整个项目过程中相互作用的各
方如何履行其各自的职责。这应当包含在项目手册中。同时该组织
结构也阐明了监督和控制有关具体管理工作的程序和步骤。在项目
寿命周期内，它随着环境变化而调整，并应要求项目各参与方就项

目目标进行沟通，从而取得一致意见，以促进形成有效的团队精神。

在项目各方的协助下，项目经理应制定在监督、控制和管理中处理相互关系和工作安排的程序和方法，这些程序和方法应覆盖项目各阶段，并包括有关工期、成本、质量、报告 / 决策等各个方面内容。

项目管理组织结构应当清楚地表明业主及其所属的组织应扮演的角色和承担的义务。

信息和通信技术（ICT）

大多数建设项目都或多或少采用了电子通信。实际上，我们现在几乎难以想象不在某种电子流程形式下，使用电子设备来控制、处理、操作以及管理数据、文档、信息系统以及供应链。

ICT 的主要目的是支持高效的工作实践并促进知识的循环交流。然而，ICT 系统在其本身操作和理解的方面变得越来越复杂，需要更高规格的硬件以及专业运营商来针对各个方面（如软件、硬件和运营知识）的需求持续升级更新。理想的软件是既直观又复杂的，当一个表面上看起来简单的请求要在电脑之间传递信息，同时软件的各自部分之间不相互影响。在一项管理者协会和戴尔电脑的研究报告(中小企业：从创新走向成功发展之路,商业与科技报告 2007 版)中发现数据安全性和业务的连续性是在 ICT 的使用中需要特别注意的问题。同时，他们也发现 95% 的建筑业和制造业的企业都认为他们的首席执行官的领导能力对于 ICT 系统发生重要的改变是十分必要的。

计算机程序被广泛地作为辅助进行项目管理工作的工具。项目经理有必要了解这一领域的最新进展情况，以便能就项目选择和推荐适当的解决方案。最为重要的是，要确保项目团队各成员使用的系统相互兼容，以便能够进行电子信息的交换。电子邮件、项目专门网站、项目数据交互程序以及电视会议就是项目经理可能会需要的新型通讯方式，而项目经理需要确定选择使用哪些工具，以及如何对信息的流通进行管理与监控。成功使用与传递信息的技术 ICT 的示例与进一步指南可以从 IT 建筑最佳实践（ITCBP）出版社和 IT 建筑论坛出版社的出版物中获取。项目管理软件相关信息详见附录 12。

建筑信息模型

在 20 世纪 70 年代第一次提出时，建筑信息模型不仅仅是建筑、工程及土木工程（AEC）在建筑设计方面的新工具，而且能够产生 3D 模型，形象的体现视觉属性，如颜色和纹理。高水准的集成化系统现在能够在四维（增加了进度方面）在真实时间线下进行模拟。

大量深入的工作都投入到创建"nD"具有多样的数据项目的整体建模系统（n维—多维），例如绘图、进度、图形化以及非图形化的文件。这使 ICT 系统具有很高的工作效率，能够使在任何文件的某一个方面发生任何改动的时候被其他用户"看到"并对此及时做出反应，因此解决了常年影响项目的通信问题。

保护并维持建筑行业的自然环境要求其进行控制并逐步采用其他行业的优秀方案。集成 ICT 系统在一些行业开始应用，比如汽车和航空航天制造商使用的集成系统。关键评估和建筑业实例应用中的操作指南中的变更现在就会表现出来。通常认为建设项目都具体有其"独特性"，这在项目超过工期和预算时也是主要影响因素。然而，必须认识到严格的施工生产过程的检查以及汽车和航空航天制造业的复杂供应链中的比较，在校准中，比与过去被普遍认可的情况更接近。如果要成为项目管理中可持续发展的核心要素，这些系统的适应和扩展是需要经过认真的设计。像以前一样，如果工程项目的结果达到预期要求并令业主满意，这种系统的互相联络的功能是十分重要的。更多的关于建筑信息模型的信息请参照附录 29。

项目计划

项目经理应当制定出项目总体计划，并经业主和有关的专业顾问同意，一旦必要的参数确定下来，就应该制定出项目各阶段的详细实施计划（见附录 3）。

一旦完成了项目总体计划，就需要考虑在申请与获得法律许可、外部咨询、条款与资金谈判以及其他第三方协议等工作中可能出现的延误（包括对初始收入的影响）。

项目经理应根据总体计划和各阶段的详细计划监督项目的进展情况，并在出现偏差时采取必要的措施。

其他项目进度安排方面的指导详见 CIOB 关于复杂项目时间管理方面的刊物。

成本计划

开发预算研究是用来确定一个项目的总成本及项目预期回报的。成本计划是用于归集所有的建设成本和其他一些成本开支的，包括专业费用及偶然性费用。开发预算应当包含成本计划中的所有成本费用，此外还包括开发商的回报以及其他外部费用，比如项目保险、审查员或其代理人以及其他专业顾问的费用。

成本计划的目标是对将项目预算分配到项目主要工作中，从而提供成本控制的基础。"预算"（budget）和"成本计划"（cost plan）这两个词通常被认为是同义语。然而，两者的区别在于预算是为项目确定成本界限，而成本计划是对资金在何时使用以及使用在哪些方面做出的计划。因此，成本计划应当尽可能对项目的现金流量做出准确预计，并确定建筑物未来的运行成本。成本计划应包括项目的各个阶段，并就项目成本的管理提供参考。

在项目的不同阶段，预算的方法各不相同，但随着各阶段情况变得越来越确定，预算的准确程度将不断提高。预算应当建立在业主的经营状况基础上，并只在经营状况变化时才改变预算。成本控制的目标是在预算范围内尽可能建造好的建筑物。

成本计划是现金流计划的编制基础，该计划根据项目总体计划、业主各财政年度的分配开支和收入来编制。开支应分别根据基期价格水平和预测通货膨胀率确定的价格变动水平编制计划。图3.4给出了以柱状图表示的现金流量和费用累积曲线图。

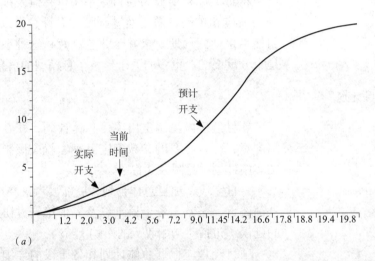

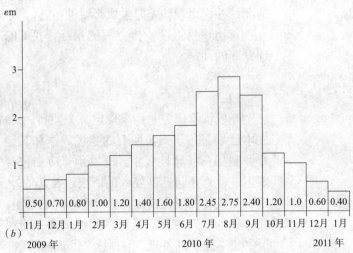

图3.4 实例：（a）施工费用图；（b）柱状现金流量图

应当确定与建筑物相关的不同类别运行费用的成本目标。这将与固定资产成本计划一并包括在向专业顾问提供的项目大纲中。税收和补贴等重要因素也应当结合考虑。

当成本计划确定后，它就成为贯穿项目全过程的成本监督和控制的基准。它将为制定项目各阶段详细的成本控制计划提供帮助。

成本控制

成本控制的目标是确保项目在批准的预算内完成。在项目的各个阶段，成本报告将有助于对以下几个方面做出尽可能准确的评估：

- 目前为止的项目成本
- 预计的项目最终成本
- 未来的现金流

此外成本报告还包括以下资金的估计；

- 持续的成本风险
- 竣工后的使用成本
- 可能的节约

仅仅通过监测已经发生的成本并不能控制未来的支出，因此对整个项目的成本开支也无法进行有效的控制。有效的成本控制只有在所有的项目团队成员对成本控制有正确的态度时才能实现，也就是说，任何人都要尽力实现业主的目标。

有效的成本控制需要采取以下一些措施：

- 确保所有在设计和施工过程中的决策都是在考虑了不同方案的成本预测的基础上制定的；对于使总预算超支的决策方案不应被采纳。
- 鼓励项目团队成员在成本计划内进行设计，并对各个阶段实施必要的变更和设计改进控制措施。通常，设计能够确定成本的 80%，而施工只能左右其 20%。项目团队中的任一成员均无权在它那一部分工作中增加成本。一项工作所增加的成本必须在另外的一个工作上得以节约以达到平衡。
- 定期修正并重新发布成本计划，以及相应的变更指令。
- 根据目标成本、总体计划以及预测通货膨胀情况的变化，调整项目的现金流量计划。
- 随着设计和施工的进展，在有关专业顾问的协助下，对成本计划进行不断的优化。在任何时候，成本计划都应包括对项目最终成本和未来现金流量的最佳可能估计。保持在设计所确定的总成本范围内将有助于成本控制（成本计划优化意味着随着有关工作更多信息的收集而对计划进行补充和修改，用更准确或实际的成本信息代替预测的成本信息）。

■ 作为风险管理的一部分，定期对不可预见费及风险准备金进行审查并汇报也是必要的。成本计划的优化过程应避免增加总成本。

■ 在项目的各个阶段，检查变更控制程序是否得到了严格执行是非常重要的（见附录13）（只有在施工阶段，当表现出由于等待有关方面对某些建议做出答复而可能造成明显的工期延误、成本或危险增加时，才可以对该程序予以相应调整。在这种情况下，必须对其工作进行尽可能充分的讨论，并发出相应的现场指令）。

■ 为了减少索赔，应当使承包商及时获得准确的信息。任何索赔要求都应当向业主汇报，并记录到日常成本报告中。

■ 风险准备金只能用于支付未能预见或不能预见的事件的开支。它不能用于由于技术规范、业主要求变化以及由于错误和遗漏而引起的变更所导致的额外开支。当专业顾问认为没有其他方案可弥补而必须超过预算时，必须向业主提交书面报告。这份报告应包括以下内容：
  ○ 有关变更的详细情况
  ○ 证实这一变更是必要的
  ○ 证明在不对项目功能造成影响的前提下，通过节省来补偿超支是无法做到的

■ 提交统一的、最新的和准确的成本报告，使业主清楚地掌握项目的当前成本和预算情况。

■ 确保项目各参与方都清楚成本报告中每一个条目的含义。要避免在成本报告中包含不准确的数据，以及由此推导出不正确的结论。

■ 确定成本报告始终是对照最初批准的预算而进行的。在成本报告中，必须清楚地表明对最初批准预算的任何调整。

■ 利用图表以清楚地表明实际开支与预计开支的对比情况（参见图3.4）。

发包

在本实用指南中，发包的含义是指选择与确定项目建设过程所需要的参与各方的过程。选择不同的发包方式反映了不同的组织方式和合同安排，以便对各方职责进行恰当的分配，并保证业主的利益。

不同的发包方式反映了与不同项目的特征相称的风险和责任承担上的基本差异。因此，必须仔细考虑对发包方式的选择。项目经

理应当根据特定的项目情况，站在业主利益的角度，提出各种发包方式的优劣。

最终发包方式的选择必须根据项目的特征、业主及其要求做出。发包方式的选择也应考虑对设计和其他专业顾问的委托情况，因为每个方案在任命项目团队成员时都会产生不同的影响。

可以采用的发包方式大致可以分为四类：

- 传统方式
- 设计＋施工方式
- 管理承包方式
- 管理咨询方式

每种方法各有其特点，没有哪种方式在各种情况下都是最好的。它们对项目的建设与开发都带来了不同程度的确定因素与风险。

传统方式

承包商在一个确定的价格总额下和一段确定的时间内从事范围明确的工作。根据建造合同，业主仍然需要对设计和咨询人员的绩效负责。业主委托一个设计方负责设计，其中包括一名负责财务和合同管理的工料测量师。通常在投标以后，基于标准合同条件与一个承包商签订施工合同，进行施工。招标工作是在具备了完整的设计信息的基础上进行的，如果要求施工工作能够较早展开，也可以根据部分设计信息加临时性的指南进行招标。

一些传统的合同也允许由总承包商负责项目中某些部分的设计责任，有时也被称为承包商设计部分。特别需要注意的是由专业分包商负责设计和安装的项目中的特殊部分也是作为总承包商工作的一部分。

设计＋施工方式

业主通常根据提供的标准合同来选择一家承包商，在规定的时间内在认同的成本与计划下完成整个项目。该承包商按照一份称为"业主要求"的正式文件负责设计和施工，在文件中，在适用的技术和责任心方面，通常要求承包商和设计顾问承担相同的责任，但是通常不会要求承包商保证项目实用性。承包商的委托可以通过招标投标综合考虑后确定，也可以通过谈判确定。业主可能委托一名咨询工程师代表他进行全面监督。这种方式使承包商承担了最大的风险，并通常要求其具有较好的控制进度与成本的信誉。但是，设计方案将是承包商用以回应合同条件的最重要的资料。

设计和建造承包商可以在部分设计完成时任命，在这种情况下，该设计团队就可能正式转变（合同更换）为设计与建造承包商。这种变更的目的是确保业主的设计师延续设计意图、技术设计的质量以及在承包商指导下工作的产品信息。但是，研究表明这种做法通常会导致潜在的冲突和低质量，所以不可取。

总承包是设计与建造方式的扩展。总承包商应当和具备信誉的供应商组成的供应链建立良好的关系。总承包商在设计与建造阶段进行全过程协调与管理，提供符合规定功能的产品，并满足预计的全寿命周期成本。业主要支付承包商在测量和设计费用方面的实际成本加上利润；只有在涉及其成员以及准备工作的时候存在一定风险。

管理承包方式

业主委托一个设计方履行传统方式下的设计职责，他同时还作为管理承包商，对整个项目实施过程进行管理。施工由专业分包商完成，专业分包商按经过合同管理人员批准的合同条件与管理承包商签订承包合同。管理承包商对专业分包商的委托通常采用标准合同形式。管理承包商报销其所有成本，并以保证利润或保证费的形式支付项目成本的一定百分比。

管理咨询方式

管理咨询方式要求各专业承包商直接与业主签订合同，而工程管理经理（通常作为设计团队的领导者）则作为项目团队的成员，开展咨询集中精力进行施工组织和管理。项目团队，包括工程管理经理，负责所有与工程相关的财务事宜。业主按照已约定的费用支付给工程管理经理，然后工程管理经理以支付员工以及管理费用的成本。我们通常认为这是最不易引起矛盾的合同的形式，并且常常在设计需要试运行的时候使用这种合同方式。这种方法最大的优势是在于业主能够具有实际操作性，并且能够根据实际情况尽快反应，从而提高了决策的速度。在另一个方面，这种方式也存在缺点，就是业主如果想在做出决策前向全体委员会咨询问题，这时候就相对不便。

相关问题

上面描述的几种方式之间的差别可能是引起混淆的潜在根源，将会导致无法全面实现项目的目的。在应用某一种具体方式之前，首先应当根据最重要的几个标准来确定发包方式。只有在此之后才能确定适用何种方式，并通过在整个项目采用的发包方式的框架下特定的合同安排和文件来予以实现。关于选择发包方式的更多信息请参照附录 28。

无论采用何种发包方式，认识到建设项目的实施过程是类似的这一点是非常重要的。这一过程包括四个阶段：

1. 制定对建筑物的详细、具体要求（项目大纲）。

2. 准备设计、施工图纸和技术规范，确定项目组成部分和详细的施工方案。

3. 项目各部分和所需专门技术的发包。

4. 对项目施工以及调试。

可选发包方式的特征

在附录 15 中，对四种可采用的基本发包方式的特征进行了详细的解释。此外，在框架合同中有关项目团队合作伙伴的发包的进一步内容详见附录 22。

项目团队的任命

在与业主协商后，项目经理将确定对项目参与方的选择程序并予以实施，然后代表业主选择项目团队成员。如果实行的是项目设计＋施工总承包方式，程序将会有所不同。

项目团队的选择有两种安排方式：

■ 分别委托各独立的专业顾问。

■ 委托一个专业顾问团队或一个负责安排所有设计咨询服务的专业顾问。

要使项目尽可能地取得成功，项目团队成员之间的风格和工作方法的协调是非常重要的。因此，项目团队的选择要考虑到质量、协调、进度和价格。

项目团队通常是包括了咨询和承包商（在供应链中可能是或者不是供应商），项目团队的成员可以通过预审和面试方式或竞争性招标来确定。这可能需要通过欧盟的发包程序，并且政府资助项目是需要根据项目规模（详情见附录 5 关于欧盟项目发包的规定）来强制执行的。项目经理需要充分了解发包程序中的所有相关问题，并且据此给业主提供可靠的建议。

预审结果的确定应征求业主的意见，并邀请其参加所有的面试。表 3.1 中给出了以流程图表示的项目团队确定程序。

在通过预审确定短名单的方式中，项目经理要提出短名单，组织和主持面试，记录和评价面试结果并为业主最终决策提出报告和建议（在选择程序中的更多内容，请参照第一部分的附录 14 以及第二部分的附录 B）。

项目团队的任命   表 3.1

活动	注意事项
项目经理的选择和任命	在项目初始 / 可行性研究阶段任命
在团队选择标准上达成一致	专业范围的类型
	预算费用
	合同发包策略
说明每项任务的细节	所需服务的范围
	与其他专业之间的协调统一
说明任务和责任	工作范围
	任务和责任
在雇佣的条款和条件上达成一致	业主的标准雇佣条件
	计划，职业责任保险，保证书
选择邀请招标的对象	利用相关数据库
	确定顾问的名单
	确定选择标准
	规范所需提案格式
	确定内容和费用
进行选拔程序	确定面试小组
	确定使用的信息
	安排面试
	使用评分系统
协商任命条件	为业主提供分析和选择方面的建议
	协商最终条件
就最终任命提出建议	发出任命通知
	发出拒绝通知
监督与职业责任保险，保证书以及建筑缺陷保险相关的正式手续	正式的法律部门
	财务部门费用
	发布的法律文件

在英国，绝大多数专业顾问公司均是某一学会或协会的成员，这些学会或协会会出版有关委托的标准条件和成员的行为规则。通常可以按照这些标准条件来进行委托，这一条件较好地平衡了各参与方的风险和责任。标准条件可以通过双方协商予以修改（但是任何修改在做出之前都需要经过认真考虑，一种常见的惯例是与律师修改的条款不一致），但项目经理应当根据标准条件，指出经过这种修改以后，对专业顾问方可能造成的不能予以保险的风险或者不能定量估计的成本方面的影响，以及与其专业职责和行为规范可能产生的冲突。

项目经理应当向委托的项目团队成员发布项目手册、项目大纲、项目总体计划和预算或成本计划。在项目团队任命之后，要尽可能向项目团队成员提供更为详细的内容。

供应链发包

当选择关键承包商时，业主不仅应该尽快任命关键承包商，而且应该在项目初期阶段就将承包商引入到设计团队和设计阶段中，而这取决于项目采用的发包类型。

这种做法能够：

■ 在设计阶段就可以决定项目是否具备可建设性。

■ 选择最有效的材料使用。

■ 向业主提出成本方面的建议（按实际工程量计算，而不是按比例计算）。

■ 协调"设计承包商"与主要设计团队。

■ 承包商可以更全面地了解业主的需求，有助于施工阶段的顺利进行，同时进一步的改进质量和其他因素以满足业主要求。

■ 突出并结合相关健康和安全方面的问题，这是承包商在项目设计阶段就需要考虑的问题。

招投标程序

招标计划中要说明规定的进度，还要说明有关的活动，如投标人资格审核、投标和评标；随后就要编制投标计划，它要求将范围、发布时间、审批阶段、成本核算等编入投标文件中。这些活动可能包含以下部分（也可看图 3.5）：

■ 检查招标文件是否及时完成，内容是否包括正式施工所需的前期准备工作（例如：拆迁、场地清理、通道和临时围墙等问题），确保业主的各种要求均包含在其中。与相关的专业顾问一起，确定将被邀请作为工程总承包商或分包商参与投标的企业名单（资格预审阶段）。取得名单中所列企业将在规定的时间内提交投标文件的确认文件，并与相关的专业顾问一起，对潜在的投标人进行面试。

■ 确保有关健康和安全计划以及《建筑设计管理条例》（清洁发展机制）的有关要求已经包含在对总承包商的招标文件中，并包括一些其他的法律法规。

■ 其他项目团队成员一道，检查分包合同条款与总承包合同条款的一致性。特别应注意对由承包商负责完成设计的部分，确认其提供了适当的担保。

■ 接收投标文件和施工方案。

■ 必要时，与最优的投标者进行答疑以澄清问题，并会见其主要领导。

■ 协助安排对最终中标者的确定，并发出相应的中标通知书。

■ 要在合理的质量、工期和价格均衡的基础上进行评标。

■ 如果投标价超出预算，采取相应的必要措施。

■ 确保业主明确施工合同中的有关条款，特别是关于占有权和支付方面的条款，以及在招标书中确定的应将场地占有权交承包商的日期。

■ 安排签订正式合同。

确定投标者名单

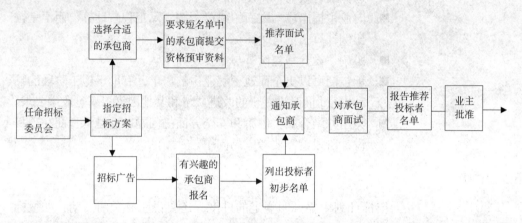

招标安排

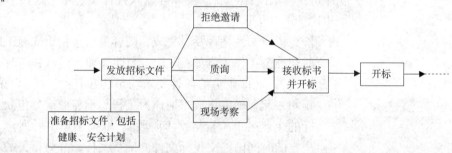

评标：时间、质量和价格

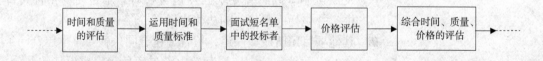

授予合同

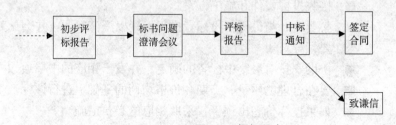

图 3.5 招标程序

考虑到欧盟发布的关于发包的指令性文件，议标可作为一种可以确保资金合理利用价值的选择方式。有关欧盟发包规定请参见附录 5。

伙伴制

伙伴制被认为是一种可以使风险均摊、使冲突最小化的发包方式。合作伙伴制的目的是实现合同两方的"双赢"。这种方式通过定期召开项目团队关键成员的研讨会来建立和促进工作中的协作，从而实现工作效率的提高。从广义上来讲，伙伴制的团队有共同的目标，这个目标是考虑了各方的共同利益的；建立包括迅速解决问题程序的具有合作性质的决策方法；确定特定的改进方法以实现标准功能。这种在项目进行中举办的研讨会通常是需要在独立的伙伴服务机构的指导下进行的。

有大量资料证明，这种方式在降低成本、保证质量、缩短工期等方面具有优势。然而，这些优势包括了为了确保选中的项目团队的成员能够共同合作而产生的传统的成本的以及举行合作研讨会的费用。传统成本一般发生在项目初期阶段，而利润是在之后的阶段逐渐积累的，该利润依赖于合作的成功。业主需要考虑伙伴制的成本以及利润。这很有可能使业主在阶段性项目或者是相似项目的进度安排中获得利润，但是在一次性项目中也可以提供效益。供应链中的主要部分的伙伴制应该全面考虑除了那些极小和极其简单的项目（参照附录 8）。CIOB 的建筑行业中的伙伴制：战略协作工作的实务守则提供了详细的指导和建议。

符合欧盟发布的指令性文件的发包

英国政府（《公用事业公司合同规定 2006 版》，《公共合同规定 2006 版》，2006 年 1 月 31 日执行）颁布的欧盟指令（指令 2004/17/EC 和 2004/18/EC，2004 年 3 月 31 日颁布）规定，对于在特定货币门槛以上的公共发包，合同必须刊登在欧盟官方杂志《欧盟官方公报》上，并且要遵守其他一些详细规定。这与发包方式选择无关。更多内容请参照附录 5。

电子发包

电子发包是使用电子工具和系统的便捷的并且能够精简发包过程中的节约成本的一种方式。欧盟统一指令和欧盟进销存指令中提供了电子发包的清晰指导，包括支持只要通过在线的过程就能够完成合同的招投标。除了关键的公共部门的业主，比如国防部、国民医疗保健制度或当地的其他部门，其他的私营部门业主也越来越多地使用这种发包类型。更多关于电子发包的信息请参照附录 23。

框架协议

一些规模较大的业主更愿意与他们选择的供应商建立框架协议，而不是在每个项目中都单独对产品或者服务进行招标。框架结构形式的协议既可以按照预定和指定的条款提供产品和服务，也可以提供选定数量的供应商（比如咨询、设计师以及承包商）的合同条件。框架协议既包括集合一定数量将要投标项目的供应商的机制，也包括安排特定的供应商定期取得业务，作为他们持续改进交付产品的回报。有一系列的框架发包合同可供使用。发包和框架协议合同管理的简要说明详见附录 22。

第4章 施工前准备阶段

业主的目标

在此阶段，业主希望同项目部就项目细节达成最终意见，协商确定实施方案及适宜的价格，并确保详细设计能够有效地用于对成本、工期及质量的预测。

与前几阶段的内在联系

一旦业主确定了项目，批准了可行性研究报告和方案设计，项目便进入了下一阶段，我们称之为施工前准备阶段。然而，各个阶段之间会有重叠的情况，此时只需要明确开发过程所包含的各个工作的范围，并确定特定的先后顺序。

"施工前准备阶段"包括详细设计、招标文件的准备以及招投标过程（包括邀请招标）。但是，这些工作的多少很大程度上取决于发包方式以及合同类型与形式的选择。

在本阶段值得注意的是，项目进入了一个法律程序阶段，很大程度上受到了法律法规、协议和欧洲法令和指南，还有少数股份持有人施加的压力，进一步可持续发展和处理废弃材料的限制条件等方面的制约，名义上有很多限制，但实际工程中却很少。

因此，在施工前准备阶段一开始，下述一些关键的问题应已确定并付诸实施，包括以下内容：

- 详细说明项目目标的业主项目大纲已经确定，相关的详细设计已经基本完成。但是，尽管会期望在项目实施过程中，详细的项目大纲不会有大的变动，或者尽可能少的变动，但是一些不可预见因素仍会在项目期内对大纲造成影响。
- 已确定合适的场地和所有交通运输工具的范围，并随时可以使用。
- 环境与能源审查已经获得通过。
- 通过风险分析完成风险因素登记。
- 测量工作：地质、地形、有害物质、垃圾处理与循环利用方式，已经完成。
- 准备并经相关的政府部门批准的关于可持续发展、残疾歧视等方面所需的报告。

■ 已经符合相关法规要求。

■ 就与现场施工所需的有关服务、交通和基础设施方面的情况，已经与有关的政府部门、公共团体和公用事业单位进行了接触，已获得了相应的资料。

■ 已制定明确的项目进度计划。

■ 已制定项目成本计划。

■ 已为施工前期准备工作分配了相应的费用，包括正式施工前的准备、所需的基础设施、建筑、安装和设备等的开支。

■ 就项目的规划已经与规划部门进行了协商，能够实现项目预定的目标，并已经取得了对总体规划方案的批准。

■ 任命项目团队以及相应的专业顾问。该团队包括了业主、项目经理、总承包商以及主要分包商或某些工作团队的代表。他们是推进战略决策进程的主力军。

■ 可行性研究阶段制定的项目实施计划草案在本阶段要进一步完善并付诸实施。它是一份操作性很强的文件，它包括了实施战略、组织、控制程序、项目参与方各自的责任等方面，以及其他更多的内容，诸如：

○ 业主项目大纲；项目功能、外观；商业计划

○ 限制条件和风险评估；收益假定／标准

○ 资金成本控制：预算；花费过程；存量

○ 进度：期限时间；里程碑

○ 组织和资源：责任、代理职权

○ 项目策略和发包细则

○ 项目团队成员的角色和职责

○ 交付使用计划：试运行；设备设施管理／维护策略

此阶段，项目经理已经准备好项目手册（见第二部分）草案，并已提交给业主和有关各方以听取建议和获得批准。项目手册将由项目经理进行审核和更新，而"健康与安全文件"的审核和更新由计划监理工程师负责。项目手册不同于项目实施计划，因为手册为整个管理目标制定了相应的过程和程序，而项目实施计划仅仅涵盖第二章以及前面所述的小部分内容。

业主要批准项目予以实施，并要意识到其实施过程中必定会有一笔数目可观的费用发生。为了保持每个月项目发生费用的稳定性，应提供足够的现金作为预备金。这些费用包含了专业服务咨询费用，如支付给项目经理、设计师、工料测量师、结构和机械设备工程师等的咨询费，以及规划费用和现场勘察费、拆迁费、现场清理费和废弃物填埋费用等等。

施工前准备阶段就是为了建设阶段所做的最后的准备。

这个阶段的成功很大程度上取决于前期策划的程度以及在此阶段或者更早的阶段所做的准备。

设计管理

项目经理将召集项目设计团队和其他咨询 / 专业顾问举行会议，对项目当前各方面的情况进行检查。相关文件应事先分发给与会各方。会议的目的是要形成一份设计管理方案。

该设计管理方案至少应当包括以下内容：

- 进度、行为主体及工作内容。
- 图纸的大小及格式。
- 每个专业的设计进度计划安排。
- 各方使用的 CAD 系统的相互协调。
- 如何利用信息技术进行数据传递。
- 预计设计单位在项目各部分将花费的人工工时。
- 根据估算，对设计开支进行监控。
- 信息需求和资料发布的日程表。
- 启动设计变更程序的方式以及其预期结果。
- 在设计进度计划中应加入若干关键日期，以对设计在以下几方面的情况进行检查：
  - 战略和技术选择与可持续的大纲相适应
  - 服从于大纲
  - 成本的可接受程度
  - 价值工程分析
  - 健康和安全问题
  - 是否满足招标文件编制的要求

批准的设计管理方案将作为项目经理对设计过程进行控制和监督的基础。当项目经理需要组织设计团队，召开会议时，设计团队负责人有职责协调和召集所有的相关咨询顾问和专家。由于项目某些特定的部分，需要任命不同的专业顾问对其进行指导。但是，为了协调项目任务，这些角色通常都在设计团队负责人的指导下来确定的。

对设计团队负责人任务的建议

- 确定整个设计风格、质量等。
- 为基本方案建立相关坐标 / 参照系统。

- 审核设计进度。
- 指导设计过程。
- 与业主商议项目重要的设计问题。
- 为设计人员和专家准备足够的项目信息，听取他们给出的建议，将这些建议进行整合并融入整个设计方案中去。
- 提出任命设计人员和专家的需求建议，并任命相应的咨询顾问和专家。
- 建立一个信息传递系统和软件自我修复检查能力的系统。
- 调整指令性文件。
- 建立一个设计审核和确认系统。
- 批准成本计划实施和后续工作管理的依据。
- 对在清洁发展机制条例下业主的角色和职责提出建议：包括确保唯一的初步设计已经进行直至一个清洁发展机制统筹人被指定。

项目经理在此阶段的职责

- 选择并确定业主方在此阶段的工作人员，这些人选有助于项目大纲细节的完善，同时他们能够承担为了顺利签收设计团队所准备设计相关方面内容的工作。
- 协助详细项目大纲的准备和最终版的确定。
- 准备设计管理计划并且和清洁发展机制统筹人取得联络以确保此阶段清洁发展机制规则一致。
- 安排其他设计人员和专家的任命。
- 组织通信和信息系统。
- 制定设计、调整计划以及监督程序。
- 确保由业主任命的多个如 IT、声学、饮食、景观和美学艺术等方面的技术专家在合适的时候引入设计过程中来。

项目协调与进程会议

为有助于对设计过程的控制，项目经理将定期召开项目进度会议，以对项目的资源和生产力等各方面的进展情况进行检查，促进相应各方采取行动以确保按设计管理方案执行，项目经理应该制订应急计划和缓和/恢复策略并着手重新开始。项目经理向相关的各方分发会议记录也是后续工作中的必要一环。

设计团队会议

　　设计团队会议由设计负责人召集、主持和记录。项目经理不必参加所有的设计会议，当然他有权参加。所有的设计会议记录均将提供给项目经理，并由他向业主进行相应的汇报。

对设计团队活动的管理

　　重要的专业承包商可能需要和设计团队一样在初期阶段就介入并进行管理（见图 4.1）。

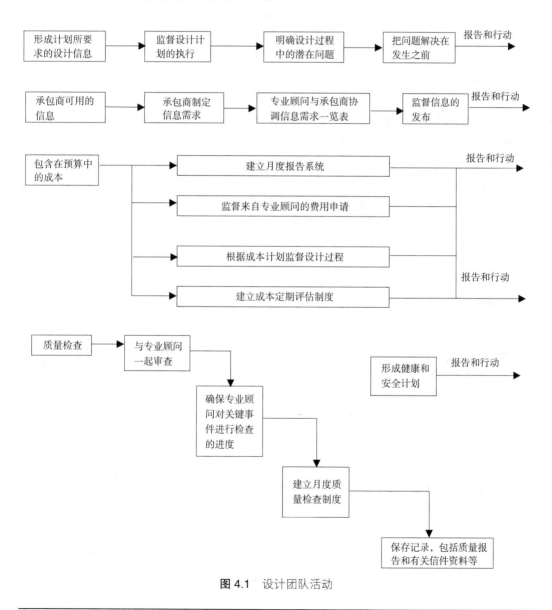

图 4.1　设计团队活动

项目经理有以下几项职责：

■ 与设计团队一道按设计管理方案监督设计进度、资源和生产力。考虑到他们的相互关系，这种合作是必要的。然而，只有在所有的设计团队成员已被业主委托，并掌握了有关项目情况及其复杂性后，才能形成有效的合作关系。

■ 对设计团队负责人订立的具体的、完整的设计团队工作要求提出建议，要求其提交一份综合性的设计计划，以供项目经理进行协调。

■ 在项目实施计划中，综合考虑设计提交的日期和对它们进行审查和批准的工期。

■ 提出有关专项报告，必要时也可安排设计团队来提供此类报告，如：与场地、土地征用权有关的法律问题及其他类似问题的报告。

■ 根据建筑法规的需要，确保任命一位有能力的专业顾问作为法规专业顾问。

■ 提请业主和设计方注意按建筑法规要求明确各自所应承担的责任，并对是否满足法规的要求进行监督。

■ 负责安排设计团队从业主处获得必要的信息，以便设计方履行其义务。在整个过程中，协调各参与方（有时数量会相当多）的活动是项目经理的一项重要职责。健康／安全专业顾问、律师、会计师、税收专业顾问、开发专业顾问、保险经纪人和其他专业顾问都可能会涉及项目施工前准备阶段的工作。

■ 与设计团队负责人合作，向业主提交初步设计建议、报告和方案设计图（原方案设计），供业主批准（见图4.2）。

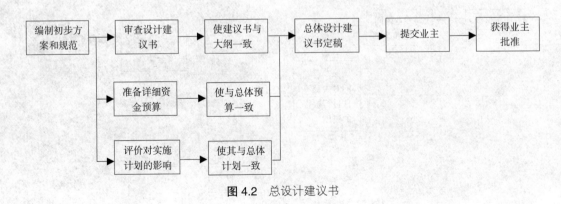

图 4.2 总设计建议书

■ 向设计团队转发业主的批准意见，继续后续各阶段的工作。
■ 定期获取财务／成本报告并根据预算／成本计划进行监督。

如果成本报告显示预算可能超过时，应在大纲范围内采取补救措施。如果不能在批准的大纲内解决问题或者可能实际支出与预算相比差别较大的话，应当向业主提出建议。在项目前期阶段确定一个固定的预算是非常重要的。在某些情况下，它可能导致业主需要对项目大纲进行修改。

■ 准备"批准计划"以及与之配备的活动时间、提交文件、项目情况等内容，并监督整个过程。

■ 确认已经购买专业赔偿保险保单，并随时更新与约定情况相一致的条款。

法定许可

尽管为了获得法定许可需要由设计团队和其他专业咨询顾问完成大量的具体工作，比如计划许可和建筑法规的批准，项目经理在关键的项目活动中有一个至关重要的促进作用。

规划许可

规划顾问

如今，方案的规划过程的复杂性在于，项目经理可能会任命一位规划顾问，规划顾问负责在最可能获得规划许可的方法上提供建议，其中有为了支持申请所需的方案连同信息，包括含有可持续发展评估、交通评估、绿色出行计划与生态报告的环境影响评价。规划顾问会协同设计团队的其他成员一起策划重要的会议，并邀请规划部门和路政部门等其他部门的官员来参加会议。

法律

主要规定规划过程的法律是包含在国会法案中的。规划的许可并不代表着免除其他所必需的批准的获得，也不意味着这些批准一定会通过。

规划许可

如今，方案的规划过程的复杂性在于，项目经理可能会任命一位规划顾问，规划顾问负责在最可能获得规划许可的方法上提供建议，其中有为了支持申请所需的方案连同信息，包括可持续发展评估、交通评估、绿色出行计划与生态报告。

规划顾问会协同设计团队的其他成员一起策划重要的会议，并邀请规划部门和其他部门，比如路政部门，来参加会议。

进度

在地方规划管理部门做出决定之前，规划能否被批准是无法确定的。项目经理在编制项目总体计划时，必须认识到这一点，并在发展计划大纲中考虑不可预见费。

谈判

项目经理通常要协助设计负责人与地方规划管理部门的官员进行谈判，并就任何特殊规定可能会对项目产生的影响向业主报告，或者提醒业主根据政府部门的要求应提供哪些规划资料。业主的法律顾问在这方面也相应地为业主提供服务。

介绍　　如果需要的话，项目经理将安排会议向地方规划管理部门或地方公共团体介绍项目规划情况。他还将组织业主与有关公共团体和新闻媒体举行有关会议。

拒绝　　如果规划未被批准，项目经理应征询有关专业顾问的意见，并采取相应措施，如对规划进行修改或对政府规划管理部门的意见提出申诉。

申诉　　如果提出申诉的话，项目经理应安排对有关专业人士和律师的委托，并对申诉过程实施管理。如果是规划许可被地方规划管理部门拒绝，或者是授予了许可而该许可中规定的条件申诉人不能接受，或是在合理的时间内没有确定他们的申诉，那么申诉人可以向国务秘书提出申诉。申诉将送往规划检查部进行审理。

强制执行权力　　当违反规划法规的情况发生时，政府主要强制执行的权力包括：

- 发布强制性通告，该通告要说明在一定时间内对于违反规定的规划的补救措施（有权利向国务秘书提出申诉）。
- 发出禁止通告，大多数情况下，该通告立即阻止任何与强制性通告规定有关活动的进行（无权利向国务秘书提出申诉）。
- 发出违反条件的通知，如果有发生违反通知中的行为，将会对取得规划许可产生负面影响。
- 向高级法院或县级法院申请指令来阻止对规划控制的实际或可能破坏。
- 由于强制性的一些目的可以进入私人所有地域。
- 由于土地所有者违反规定，有权进入土地，根据强制性通告采取补救措施，并可以向土地所有人收取相应的罚款。

在强制性通告生效以后，或禁止通告发出以后，不遵守强制性通告或者与禁止通告相抵触的行为，都将构成犯罪。

其他政府许可

确保设计满足其他所有政府有关法规的要求，如建筑法规以及对人员疏散、危险品储藏、烟雾和扩散、污染等方面的规定，是设计团队的义务。通常，法律规定项目业主或用户要对与法律许可相关的后续义务负责。项目经理应从设计团队和／或其他相关各方获得所有与此有关的信息，对这些后续义务向业主提出建议。为了自身的生产和运转，其他方如专家和分包商要提交并获得建筑条例的批准文件。

公用事业对项目计划／进度的影响

为了较长的时期所需的公用事业供应商，即，水、煤气、电，项目经理在开发过程的初期阶段应该确保识别有关转移或增加现有设施或新增设施的需求。应严格监控这些公用事业设备的发包，以确保其不影响整个项目的完成。项目经理也应该意识到，供应往往在施工完成之前就需要，以确保建筑设备安装的调试顺利进行。

详细设计及生产信息

项目经理控制和协调作用的发挥需要项目团队成员的广泛配合，项目经理在本阶段的任务如图 4.3 所示。后面将对此进行更详细的介绍。

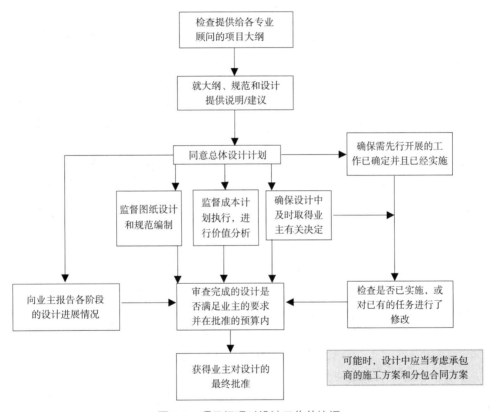

图 4.3　项目经理对设计工作的协调

- 对需要由专业承包商和 / 或构件制造商进行的设计进行控制，明确划分其与设计团队之间的责任。
- 审查项目策略、控制系统和程序，在必要时，修改项目手册。
- 如有必要的话，在设计过程中细化设计大纲。
- 与项目团队一道制订详细设计和生产信息阶段的具体进度计划，确定各方的任务及相应的责任。

■ 制订设计团队为下述工作提供相应信息的进度表：
  ○ 成本检查
  ○ 业主批准
  ○ 招标准备
  ○ 施工过程
■ 在设计管理中，协调业主和项目团队的活动。
■ 通过与专业顾问磋商，就有关质量控制系统向业主或所有权人提供明确建议，包括：
  ○ 现场和现场外工作检查安排，确定是否满足技术规范的要求，以及对原材料和工艺的检查。
  ○ 性能测试和需采用的评价准则。
  ○ 有关日程表的编制，包括需要提供的样品或模型的时间、更新和批准程序，相应的月报表中应提供的日程表份数。
■ 列出在业绩基准方面的主要标准，将在所有设计的领域明确设计将如何判断，如，空气的变化或最新设备的故障。
■ 根据风险表、成本计划和发展计划对详细设计实施监督。
■ 与业主、项目团队、地方政府、公用事业供应商和其他政府机构保持联系，以及时取得他们的同意或批准。
■ 评估由于业主要求的变更对工期和成本的影响，将业主已批准的内容纳入设计过程中。
■ 监督设计进展情况，更新发展计划，并定期提供包括下列信息的报告：
  ○ 项目的当前状况
  ○ 进展过程中的事项及其影响
  ○ 实际成本与预算／成本计划的比较，包括应采取的措施
  ○ 对项目总成本和完成时间的预测
  ○ 风险表和预防性计划
  ○ 减轻损失和恢复计划
■ 取得业主对详细设计和生产信息的批准。
■ 和清洁发展机制协调员联系和协作确保安排健康和安全的规划和设计工作，以满足风险管理的层次（消除—减少—通知—沟通）
■ 开始安排实施批准的设计和生产信息，确保满足承包商合理的信息需求。

开工前会议

与承包商、专业顾问（项目团队）举行施工前会议是为了通过

合同建立开工前工作安排、角色和责任分配、沟通渠道，确定有关程序。如果要求履约保证的话，在移交场地前承包商必须提供。总承包商的健康和安全措施必须在现场施工开始前到位。

表 4.1 是开工前会议的一个示范议程文本。

开工前会议的议程

概述	■ 介绍经常会出席进度会议的代表以及他们的角色和职责。业主、承包商和专业顾问要做自我介绍。
	■ 简单描述项目情况和它的重点和目标，以及相关的独立合同文件（准备事项、业主自己的承包商等等）。
	■ 介绍由业主任命的专家，如质量控制、试运行、合同管理方面的专家。
合同	■ 描述有关准备阶段的情况和合同的签订。
	■ 移交所有重要的生产信息，包括任命指令、变更指令。对要签发的各个重要信息进行情况审核。
	■ 要及时获取保险文件，并检查相关要求，这可以提醒承包商检查专业分包商的保障险。检查是否需要对专业项目发出指令。
	■ 如果有信息发布计划的话，要确认信息发布计划的存在、作用和使用。必要的话，还应建立计划的批准和调整程序。
承包商的相关事宜	■ 检查承包商的总计划是否按照要求格式编制，并检查提供给专业分包商的总计划是否满足要求。它必须： 　○ 包含有足够多独立的工作单元来评价他们的进度和设备安装的整合 　○ 安排专业分包商工作各个专项所需的时间，包括信息的供应、现场操作、调试和试运行 　○ 提供公共设施等。
	■ 建立一个程序使承包商可以向设计师要求提供他所需的而未包含在信息发放计划中的信息。这个可能包含在承包商信息需求计划中，与承包商的工作计划有关，并需要随时更新和定期检查。它应包括信息、数据、图纸等等，并由承包商 / 专业分包商向设计团队提出。
	■ 对关于现场通道、组织、设施、限制条件、服务等方面在合同中规定的专用条款细则进行检查，以确保没有遗留问题。确保承包商有一份有规划审批的复印件。承包商还要提供与合同配套的场地周边区域情况的合法图纸。
	■ 质量控制是承包商的职责。在工作的实施过程中提醒承包商的合同义务以监督承包商工作标准和质量。

开工前会议示范议程 表 4.1

1. 概述
任命，人员
角色和职责
项目描述
2. 合同
优先顺序
信息的移交
开工日期和竣工日期
保险
担保（如果有的话）
标准和质量
3. 承包商的有关事宜
资信
进度
健康与安全文件和计划
现场组织机构、设备设施和组织计划
安全和保护
现场限制条件
承包商的质量控制方针和程序
分包商和供应商
法律法规执行者
高空作业和地下作业的设备
临时设施
标志牌
4. 现场工程师／设计师／工作人员的有关事宜
角色和职责
设施
联络
指示
5. 专业顾问的有关事宜
结构方面的咨询
机械方面的咨询
电力方面的咨询
其他方面
6. 工料测量师的有关事宜
投标数据的调整
程序的评估
重新测量
增值税
7. 通信和程序
信息需求
信息分发
有效指令
交流渠道
处理疑问
建设控制通告
通知毗邻的业主和住户
8. 会议
会议形式和程序
会议内容
发布范围

■ 确定需要由承包商提供来满足可持续发展战略的信息，如木材证书和废物管理的报告。
■ 许多其他事宜也需要涵盖进来，如：
○ 检查总承包商是否需要采取直接调用专业分包商和供应商的行动。
○ 强调从总承包商或专业分包商处获得（未经批准）的图纸、数据的准确性由最初提供方负责直到批准为止。
○ 检查提供给承包商或来自承包商的重要的信息需求与专业的工作有关。
○ 确定承包商有责任协调和执行专业工作，对他的工作团队、材料负责，协调现场尺寸和允许偏差。
■ 承包商必须要有能力按照合同中规定提供设备调试和试运行，必须保证安排用于试运行的时间不会影响后续工作而导致合同规定进度的延误。
■ 承包商分包出去的任何项目都必须获得设计师的书面同意。

现场工程师 / 设计师 / 工作人员的有关事宜

■ 明确要定期检查现场情况，包括与承包商的主要负责人会面。
■ 解释具有支持性质的各种角色，以及协作的必要性以确保监督人员和现场工程师履行他们的职责。
■ 提醒承包商要为现场居住的工作人员提供足够的生活设施和通道，以及现场工作人员、设备和操作的基本信息。
■ 确定质量控制的检查程序，例如可以通过以下几个方面的内容进行：
○ 证书、签证等所需要的
○ 提交的样本材料
○ 在开工前提交的工艺样品
○ 在工程量清单中列出的调试程序
○ 充分的保护措施和储存方案
○ 现场考察供应商 / 制造商的工作

专业顾问的有关事宜

■ 强调专业顾问与专业分包商的任何交流都只能通过总承包商进行。指令只能由设计师 / 合同管理者发出。总承包商有责任对专业分包商进行管理和协调。
■ 对专业图纸的设计和估算（尤其是设备）所需数据的搜集等工作进行安排，以保证与整个时间进度吻合。目的在于能够对可以加快进度的工作予以批准。这部分的工作做不好通常都会造成一系列的延误和耽搁。

工料测量师的有关事宜

■ 估算程序的批准；这必须满足业主规定的特定进度，以确保证书顺利授予。

明确：
- 这个过程和程序能够处理可见和不可见的变化
- 关于增值税的征税程序和承包商的地位
- 施工规范、图纸和工程量清单的优先顺序。

沟通和程序
- 信息的提供和传递取决于最开始制定的计划，如果能满足以下情况，它将进行得很顺利：
  - 定期检查信息计划
  - 更多的信息需求必须要有书面说明，不能采用电话形式
  - 设计团队要能尽快地解决疑问
  - 技术疑问要由施工办事员（如果有的话）在第一时间内提出来
  - 政策疑问直接向设计师/合同管理者咨询
  - 信息偏差由设计师/合同管理人员来解释
- 收到指示以后，承包商应该检查是否与现有文件之间存在偏差；检查所使用的文件是否是最新的。
- 无论是发送给专业分包商的信息，还是由专业分包商提交的信息要求，都必须通过总承包商进行。
- 所有由设计团队发布的信息都要有专门的形式、证书或通知等等。鼓励承包商使用标准格式和类型。
- 所有的形式都必须体现是专门用于发放的；同意发放接收者所要求图纸和指令的副本。
- 明确由业主和专业顾问发出的指示都是没有合同效力的，承包商和任何分包商都不应该采取行动，而是应立即提请合同管理人员来决定；由设计师/合同管理人员以书面形式向承包商发出的指示才是有效的，所有口头指示都要有书面证明。解释合同中的相关程序。承包商应该迅速地对设计师/合同管理人员发出的指示做出书面回函，确认其已收到该指示。
- 所有通知、申请或索赔的程序均要严格遵守合同条款；在所有的事故发生时，要及时汇报可能会有哪些项目相关情况发生或是变得更严重。
- 提前确定一个沟通计划是非常明智的，这样以便给相关的各方提供一个清晰的方向，尤其是在有多个利益相关者的复杂项目中。进一步关于沟通计划的制订指导见附录25页。

会议

检查格式、程序、进度、参与方的情况和下一阶段的目标：
- 会议，如现场（进度）会议、政策/重要会议和承包商实施情况汇报会议，以及

■ 现场检查

费用支付

根据项目经理委托合同中的要求，项目经理应负责接收费用报表，以及专业顾问或项目其他相关方面所提供的发票，审查其正确性，并根据相应的协议或合同的有关条款安排费用支付。

质量管理

建立适当的质量管理程序并予以实施是项目经理的重要职责。从项目大纲中确立质量方针开始，项目经理的质量管理工作还包括制定质量策略及在此基础上确定设计方和承包商的质量控制标准。然后，依据确定的质量计划进行质量控制成为承包商、分包商和供应商的责任。质量计划将规定独立质量检查的类型和范围（尤其是对现场以外构件的生产）、检查的时间以及"签收"完成工作的程序。

根据相关的英国标准、实施规范和董事会协议标准或其他适当的标准，指定项目中要使用的货物、材料和服务是设计团队和有关专业顾问的责任。

能否达到这些标准的要求取决于项目总承包商。在投标前期阶段调查承包商时，项目经理应考察其是否对质量控制具备相应的、主动性的质量管理方针，该质量方针应反映在所有现场工作中。

争议的解决

伍尔夫的改革建议中诉讼被视为最后的手段和替代争议解决方法，积极鼓励如仲裁和其他解决争议的方法。不参与仲裁的一方必须向法官证明他们的立场。

根据 1996 年制定、2009 年修改的住房支出、新建和改造法案的判决，可能用来解决争端（见附录 7）。

虽然希望非对抗性的方式和增加替代发包选项和合作的选择可能导致争议减少，然而，项目经理应该尽一切努力防止任何可能出现的争端，努力缓解和解决问题。仲裁是一种可以适用在判决之后和启动诉讼程序前的程序。适用于解决合同争端的程序的大纲在附录 16 中已给出。

避免常见的项目管理陷阱

当碰到以下情况时，需要特别关注和考虑，以避免其发生：

■ 项目与战略重点之间缺少明确的链接，包括确定的成功的方法
■ 支持、所有权和领导力的缺乏
■ 缺少实际的利益相关者的参与
■ 缺少有效的项目管理和风险管理的技能
■ 工作的排序和进度不成比例
■ 过分强调最初的价格而不是长期的货币价值
■ 缺少对供应链的理解（和沟通）
■ 缺少对业主、项目团队和供应链的整合

进一步关于项目管理中好的例子详见附录 26。

合同安排

项目经理要确保所有的法规和正式的合同要在项目现场开工以前到位。换句话说，即项目经理要确保其他各方已接到相关的通知。若有必要，其他各方要收到有关的批准文件。可以用日志来跟踪相关的通告和批准以及工作范围的所有人。

这些内容包括：
■ 规划审批
■ 第三方协议（如业主的批准，各方的围墙和使用灯光的权利）
■ 清洁发展机制通告
■ 保险（如专业责任、雇主责任、项目保险和第三方保险）
■ 建设规范下的开工通知
■ 防火规范的遵守
■ 履约保函

同样，各种关于工程实施的标准也是必要的，在专用技术说明中已有规定，包括：
■ 防火规范的遵守
■ 电的使用标准
■ 制造和安装的检测标准
■ 吊梁的测试和标记
■ 建设规范的遵守
■ 高压容器和锅炉标准

对于专业的建造或过程，必须要有专门的许可和标准来支撑；例如，核能项目，药物工程、石油和天然气工程、铁路工程等。若有任何疑问，可以向设计团队咨询后，再对实施过程进行管理。

建立现场

一旦设计已经完成、合同已经签订以后，项目就要开始进入现场。

在施工主要工作开始前，要以最有效的方式实施和完成现场的建立，这点是非常必要的。在这一阶段项目经理应该意识到一些问题，以便对承包商进行管理，这些问题不仅包括实际操作和机械操作，同时也包括参与各方所接受的管理监督的计划和过程。项目经理监督管理现场的建立范围包括：

■　确保承包商能够清楚地识别现场边界。

■　建立承包商的安全计划。

■　建立发生火灾或其他严重事故时，承包商的紧急事件应急措施计划。

■　建立承包商对现场住宿的提案，尤其是适用的福利设施。

■　对现场和毗邻场地的现有条件做一次调查。记录任何有关的问题。

■　建立对承包商的管理程序，如信息邀请书、口头指示、每日报告、每日记录、传真、邮件、图表等。这项活动尤为重要，因为它能够贯通整个项目过程，成为所有参与方之间的交流平台。项目经理有责任记录与承包商之间的会谈、协商，并将这些记录分发给所有涉及的专业人员。

■　确保承包商能够意识和注意一些问题，这些问题可能是因为离现场太近引起的，包括任何一方围墙的判定或灯光的使用权的问题。

■　确保承包商能够识别现场潜在的健康与安全方面的风险。

■　确保所有信息指示牌的正确摆放。

以上问题要与承包商共同协商。项目经理部不能口头指示承包商如何建立现场。项目经理的作用只是提出建议，监督承包商是按照双方达成的协议来执行任务的。

控制和监督系统

控制和监督是项目经理的主要职责，确保合理地建立所有项目必要的控制和监督系统，并由承包商负责实施。

项目经理必须确保这些系统能够在定期、及时的基础上产生最适用的信息和报告，以便使项目经理可以通过这些系统来监督和管理项目，直至项目顺利结束。

项目经理通过对这些系统进行审核和检查，必须保证产生的数据的精确性，保证在任何情况下都能够及时地了解是真实情况，若有需要，还要对项目最终的定位进行精确的预测。

通常，承包商控制和管理系统有（并不局限于以下几类）：

■　质量管理系统

■　进度管理系统

- 质量控制系统
- 成本控制和管理系统
- 健康、安全和福利管理系统
- 环境管理系统，包括消耗管理
- ICT 系统
- 文件管理系统

对项目经理来说有一点尤为重要，项目经理要能明确地了解和认识这些系统产生出来的相关信息。项目经理要通过定期的管理议会，主动地运用这些信息对承包商和项目团队进行管理。目的不仅在于了解项目在哪里、项目最终要去哪里，而且要在项目初期就能够识别潜在问题，便于调整程序或采取规避措施，最终保证项目顺利移交。

承包商的工作计划

对业主来说，项目经理有责任协助业主对承包商的行为进行管理。为了充分的履行该职责，项目经理需要保证承包商已准备了详细的施工组织计划（工作计划），以确保更好地管理施工工作。

在所有施工活动开始进行以前，项目经理需要获得并审核承包商的施工组织计划，目的在于：

- 审核该计划与业主进度要求相一致
- 审核该计划已将施工过程中一些约束性条款考虑进去
- 确保其中的细节层次适用于工作进度的说明
- 确保该计划适合于监控施工进度
- 确认计划的顺序和逻辑性

为了确保在规定时间内按时完成计划任务，承包商需要了解一些重要的设计信息时，施工组织计划需要有一个信息要求计划来支撑，也就是那些应该按实际情况通知项目经理的信息。项目经理要从承包商处获取按照计划对实施过程进行记录的定期报告，并与承包商共同探讨施工过程的一些情况。

项目经理要对承包商任何由于工期延误等情况提交的新计划进行接收、审核和批准。除了详细分析项目实施过程中的细节问题，项目经理还应该从一个更高的角度来监督项目过程，从全局来把握项目实施情况。这就包括用绘图法将计划情况与实际完成情况进行比较。通常，合同要求承包商准备合同计划，这将成为合同的一部分。该计划并不包括全部的细节，因为进度安排、附属条件和分界面都是需要由分包商和总承包商来进行协商的。项目经理需要获得施工组织计划，以及覆盖专业分部工程的详细计划。由于变更或延期等原因，有必要重新拟定计划，包含进度计划的重新设置，以及可能对竣工日期造成的影响。

项目经理不仅要监督承包商的施工过程，还要监督和管理其他顾问、供应商以及在该项目上承担某项独立工作的公司等的工作。对这些工作的监督，目的是要能够实现业主总的计划、各个阶段里程碑和目标。项目经理就是要对业主的整个项目进行管理，使之能够顺利移交。

价值工程（与施工方法有关）

价值工程（Value Engineering）是一种应用技术，它通过选择最优的成本效用方案，确定项目开发中项目团队的功能。但是，价值工程以一个更广的眼光来寻求和选择材料、机械、设备和过程，以了解是否存在更优的成本效用替代方案，使项目同样能够达到相同的目标。

在项目初期就应该开始运用价值工程的理念，这样的话收到的效益会更大。如果必要的合同变更不会影响到工程进度安排或竣工日期，或者导致额外的费用不比节约的费用更大的话，则承包商在其中有重要的贡献。然而，这对于价值工程仍是一个很好的定位，尤其是在建设前期。价值工程工作计划（见表 4.2）的运用要保持一致性，但是，可获取的细节显然更多地体现在设计和初步设计阶段。"成果加速器"仍然在施工阶段对价值工程有着一定指导作用（见表 4.3）。所有这些中最重要的是认识成本与价值的关系：价值是其对象所具功能与获得该功能的全部成本之比值。

重视项目或产品的功能至少可以避免成本效益的削减。

价值工程工作计划	表 4.2
信息	
功能分析	
专业说明	
评估	
开发	
推荐	
执行	

成果加速器	表 4.3
避免普遍性	
获取所有可取成本	
通过最优来源使用信息	
轰炸法、创新以及提炼精华	
保持创造性	
识别和处理道路障碍	
雇用建筑业专家	
价格宽容法	
使用标准产品	
采纳（和购买）技术专家的建议	
运用专门的程序	

项目经理不论是在指导还是领导价值工程的过程中，都必须扮演主动角色，但是要确保时间和所做的努力都不会浪费，并且不会对项目实施过程造成损害。附录10中包含一个价值工程结构的例子。

供应链的管理

承包商承担所有关于供应链管理的责任，以履行其合同义务。项目经理的责任就是保证该供应链能够被有效地管理，避免任何潜在延误、不必要的成本或任何可能对项目移交产生不利影响的情况发生。这是一个重要的问题，因为类似的情况经常发生，像一些问题会影响到合同供应链，会造成长期的延误，破坏关键线路后甚至会造成整个供应链的延误。这些可能还会潜在地破坏与承包商之间的关系，不仅对承包商的活动产生冲突，还会影响整个项目团队的工作或活动。

项目经理责任和职责包括：

- 获取并了解承包商供应链的细节和管理它的控制方法。
- 建立供应链的关键成员和联络员。
- 获取并审核承包商关于如何开展工作的报告，包括采购经理和采购特派员提交的任何报告。
- 实行定期监督系统，对关键供应商和分包商（根据承包商移交进度）的程序进度活动进行监督，因此，对那些可能会对项目实施过程和资金的稳定性产生负面效应的潜在的延误或失败，提出及时的警告信号。
- 与承包商协商合理的补救措施，用以纠正存在的问题。

风险登记

风险登记（参见附录9）是一份必须在项目前期就准备好的文件，里面包含了对整个项目潜在风险的识别。这份记录应该根据项目环境和合同的各个阶段不断地检查和更新。在施工阶段要对风险登记重新审核，使之将新的建设风险包含进去。

除了对先前项目风险登记中识别出来的相关建设风险进行监控外，项目经理还需要确保承包商自己也建立风险管理系统，对那些可能会影响其实际施工的风险进行管理。项目经理要确保承包商能够：

- 建立完备详细的施工风险清单。
- 决定每个风险可能发生的概率和影响程度。
- 检查项目团队的风险。
- 准备如何应对和规避、管理风险的方法措施和行动计划。

　　■　识别并通知相应人员所负责管理的风险。

　　■　关于那些具有重大影响的风险，应制定应急计划。

　　■　定期检查和汇报风险状况。

标杆管理

　　在某些情况下，特别是在组织结构和合作协议已经确定时，有必要引进一家本行业内最好的承包商的行为经验作为标杆。施工中，标杆管理的主要难点是如何找到一个具备借鉴价值的基本参照数据。自 1998 年以来，作为从承包商处收集到年度生产率统计信息的一部分，政府收集了主要行为指标的衡量方法。这些提供了最广泛信息的比较方法，目前可以用来作为衡量个体公司是否能够达到行业职业行为的平均水平。

　　很多建设业主委托他们自己的研究机构来从其他类似的组织机构搜集有借鉴意义的经验数据等信息，从而能够对自己所雇用的公司进行基准评价。

　　标杆管理与持续改进的概念密切相关，应该随着时间的推移不断地对一家公司的行为更新管理，以确认推荐的标杆企业的改进方法的有效性。

变更控制

　　项目经理需要进行下述工作以对变更进行控制：

　　■　监督和控制因项目大纲变化引起的变更，这种对项目大纲的修改应尽量避免（见图 4.4），或因方案／计划调整（如业主要求、建筑师要求或场地制约）所引起的变更，变更应按以下程序处理：

　　　○　明确变更引起的所有后果。

　　　○　考虑相关的合同条款。

　　　○　确定成本界限，在此界限之上，必须征得业主的认可。同样的，如果变更对标准和完成时间也造成影响的话，也应取得业主的批准。

　　　○　只有通过适当的变更程序，所有的变更才能生效。

　　■　与项目团队磋商，确定实际和潜在问题，在满足业主的要求以及工期和成本范围内，提出相应的解决方案，与业主就解决方案进行讨论并取得业主批准。

　　■　检查从项目团队成员处收到的定期和／或专门报告、信息和进度资料。

　　索赔或变更的减少最主要的影响是能确保明确地定义大纲，合同文件和图纸能准确完整地反映细节上的问题。

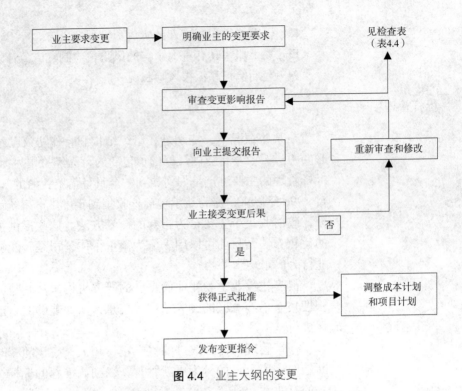

图 4.4 业主大纲的变更

业主大纲的变化：工作清单   表 4.4

	工作内容	执行者
1.	收到业主要求变更的通知	项目经理
2.	业主要求的澄清和文件化	项目经理
3.	向项目团队传达详细情况	项目经理
4.	技术、健康和安全影响评价	专业顾问与项目经理
5.	对计划影响的评价	计划部门职员与项目经理
6.	成本影响的评价 / 计算	工料测量师
7.	检查工程设备的调试	试车经理
8.	变更影响报告的准备	项目经理向专业顾问咨询
9.	向业主提交报告	项目经理
10.	业主接受或不接受的后果	项目经理
11.	不接受——进一步依照 4 ~ 6 项和行动项 7 和 8 来审查 / 考虑	项目经理依靠专业顾问协助
12.	进一步向业主报告并与业主就最终成果协商	项目经理依靠专业顾问协助
13.	达成协议并取得最终批准	项目经理
14.	纳入项目计划和成本计划（预算）	项目经理与工料测量师
15.	发布变更指令（见附录 16）	项目经理与业主

在项目设计开发阶段对变更控制进行管理，要比在施工阶段对其进行管理更有效果。在大多数情况下，因环境因素造成的变更、错误或额外活动所需付出的代价要高于材料变更。因此，要对这些情况进行有效的控制。要达成一些被认可的专用格式（在资金范围内），以便于可以直接发布通知，而不用每次变更都要反馈给业主审核。

项目经理要做好每一次变更的记录工作，前后对照承包商的要求和指示通知，并进行可能的合同索赔。该记录应该包括以定期方式向业主报告的预算成本和最终成本。

准确地说，每天都要坚持做好详细的记录，包括设备、劳务和材料供应，以保证清楚地了解因此发生的费用。

在处理变更造成的影响和费用的问题上，若有可能的话，项目经理需要在发出指示以前审核并同意该费用。有可能的话，项目经理较明智的做法是，该变更工作的实施不会对项目总计划造成影响时，才予以批准。重要的是能在变更发生当时，就能够及时地记录事件和情况。

程序上，项目经理应该通知设计专业顾问和总承包商，所有的变更说明必须以正确的书面形式提交，并且只能通过项目经理来发布该通知，除非他／她是总合同中任命的合同管理者。在同一变更中，为了避免混乱，仅通过一种途径来发布变更指令是非常有必要的。设计专业顾问必须要按说明向项目经理提出要求（书面形式），然后由项目经理将该指示转发给承包商。所有变更必须要有一个变更说明（书面形式），使之能够被评估。

第5章 施工阶段

与前几阶段的内在联系

从建设前期准备阶段到施工阶段的过渡意味着施工前准备的所有工作终于可以付诸行动,即实际工作在现场开工。随着工程的推进,项目经理的职责也随之变化,项目经理应该监督和管理整个施工过程和最后项目的移交,在这个前提下,这一部分制定了项目经理的任务。

这一转变应该平稳地过渡,必须识别和制定重要的政策和战略决策,这些将在项目周期的前期就会予以实施和执行。包含以下几方面的决定,如业主的主要需求、规划要求、全生命周期约束、价值工程、发包方式、初期承包商或专业分包商 / 供应商的参与、健康、安全与福利、环境问题等等。所有这些方面的程序和职责在实践指南前面的部分已经规定了,而现在的任务则是在项目这一动态阶段有效地实施这些程序和职责。

理想情况下,建设将按照预先确定的详细的施工进度进行施工。这种理想情况的前提在于拥有优良的设计。然而一些使用创新技术和设计的项目,要求进一步的倡议和项目发展才能达到。需要从项目经理和项目团队所有员工那里获得一种主动权,去寻求和发现项目进一步的改良,以增强最终产品的价值和性能。

要有力度地、主动地领导整个团队,是项目经理在这一阶段扮演的重要角色。他 / 她监控着整个项目的实施直至项目竣工,通过对项目进度、质量和成本执行情况的实时跟踪和度量以及必要措施的采用,确保项目团队能够顺利地移交项目,不仅要求能满足业主要求,还能超过预期的目标。

本阶段业主项目经理的职责

项目的主动"驱动者"

项目经理必须要表现出自身所具备的软素质和硬素质:

■ 硬素质通常包括制定计划、进度安排、组织能力、报告写作、信息收集、成本控制、创新能力、决策能力以及优先识别能力。

■ 软素质包括领导能力、动机、沟通能力、人际关系、个性、团队建设能力、诚信、集体荣誉感、幽默感。在对这些软素质的批判性要求越来越高的背景下，例如领导力、动机和团队建设能力等元素的进一步指导参见附录 21。

建立项目目标

项目经理有责任定义项目的主要目标。这样一来，项目经理就可以逐步通过个人目标、团队目标和项目总目标的实现，以达到主要目标。只有这样，项目经理才能与团队成员进行有效的沟通和相互承诺，最终实现项目目标。

这些目标包括：

■ 满足合同中业主的目标
■ 公平对待项目各个参与方
■ 以顾客为中心
■ 保证业主的满意度

确保目标的实现

项目经理必须遵照项目成功的标准。项目经理应该要对项目过程进行持续监督，并做出主动控制，以确保项目的成功。

获得业主的满意

这是项目经理最主要的职责。

项目团队成员的角色

虽然项目各个参与方在合同中各自的职责根据项目所选发包方式的不同而有所差异，但是项目各参与方必须承担和发挥某些基本的职能和作用。

业主

通常，业主在项目建设工作中是一个名义上的参与实体，随着越来越多业主项目团队由具有建筑背景的人组成，项目经理在管理业主期望的作用也在增大。建设阶段有投入较多的业主主要的相关利益是：

■ 确保质量条件下，适当听取项目经理建议。
■ 该工程的进度符合日程安排和逻辑方式。
■ 了解业主更改对施工阶段进展的潜在影响。
■ 管理内部利益相关者的决策来帮助选址。

- 确保安全，不仅对环境友好，而且工作做法安全。
- 自我满足，即承包商要按照合同履行义务。
- 确保他们能够履行所有支付证书规定的责任，向专业顾问和承包商的支付款项。

项目经理

项目经理在这一阶段所扮演着这样一个角色，即主要是对总承包商的行为和施工过程进行管理，包括以下活动（部分活动在前阶段就已经完成）：

- 确保合同文件的准备并分发给承包商。
- 确保合同的签订。
- 安排业主将现场移交给承包商。
- 审查承包商施工进度和施工方法。
- 确保程序的制定和可操作性。
- 确保现场会议的召开和存档。
- 管理和控制施工现金流量。
- 检查承包商实施的过程。
- 监控承包商的行为。
- 确保健康与安全文件的持续改进。
- 确保专业顾问向承包商提供其所要求的设计信息。
- 建立进度、成本和质量的控制系统。
- 确保有现场检查。
- 确认保险内容涵盖了所有工作范围。
- 控制项目成本计划。
- 确保业主能够履行合同中规定的职责（如支付）。
- 向业主提交报告。
- 管理变更说明。
- 确保获得法律法规的批准。
- 确保获得所有相关的合法文件（例如间接担保、履约保函等）。
- 检测建设风险。
- 建立处理任何索赔的机制。
- 在潜在问题发生之前，对其进行预测和处理。

设计团队

设计专业顾问的职责是：

- 提供建设产品的信息（如建造要素的细节）。
- 批准由专业承包商提供的施工图。
- 回答承包商提出的现场疑问。

■ 检查施工工作，确保其过程遵守图纸和技术要求。

■ 检查施工工作，确保其达到一个可接受的质量标准。

大多数建设合同中都涉及一个合同管理者，通常是设计团队的领导或是项目经理，他是整个项目团队和承包商之间沟通的桥梁，在合同责任中他有责任向承包商发布正式通告或指示，包括：

■ 发布设计信息。

■ 发布变更通知。

■ 关于施工标准和施工方法的说明。

■ 对合同问题做出判断。

■ 支付中期款额和颁发其他证书。

■ 颁发实际竣工证书。

工料测量师

工料测量师的职责是：

■ 计算总承包商完成的工程量。

■ 审核总承包商的月报表。

■ 审核总承包商的最终支付款项。

对业主来说，工料测量师具有较独立的责任，通常是通过项目经理向业主汇报项目整个资金方面的状况。

承包商

必须明确承包商的相关法定和合约的责任，以保证该项目建设的执行。根据合同的具体形式，这些责任将会发生变化，但一般包括以下内容：

■ 执行雇主和承包商之间的合同协议。

■ 提交必要的卫生和安全文档。

■ 遵守 2007 年清洁发展机制规章的要求（见附录 2）。

■ 根据站点 2008 年废物管理计划条例执行该站点废物管理计划（见附录 27）。

■ 根据合同的要求书写有关保险政策的文档留底。

■ 颁布所有母公司担保、保证、担保、赔偿金及第三方权利按照合同的要求。

■ 转送任何法定公告和预售等规划要求囤积牌照，牌照支架。

■ 转送任何第三方通知、牌照及同意，如塔式起重机过度使用的协定。

■ 转租工程的任何部分都要获得雇主同意。

■ 提供工程计划与所有的相关方法的声明和活动时间表。

■ 组织所有生产部门，分包商、材料、设备和工厂，根据合约展开建造工程。

总承包商

总承包商的职责是：
- 动员所有劳动力、分包商、材料和设备供应商依照合同文件来履行建设施工。
- 确保施工处于安全生产状态。
- 保护现场施工人员和公众的安全，避免施工造成事故伤亡。

施工现场经理

业主应该拟定一套施工现场管理的方案，直接雇佣一名施工现场经理代表业主在现场做专业顾问，施工现场经理的职责是：
- 决定项目的最优分解。
- 制定详细的施工进度计划。
- 决定什么时候需要开展不同分项工作。
- 管理实施过程。
- 管理所有的现场设施（例如：通道／车道，材料存放，生活福利等）。
- 监督分项工作承包商的施工工作。

管理承包商

在合同管理的安排中，管理承包商扮演的角色是一名负责人，他对分项工作承包商的行为负有额外的直接的合同责任。

分包商和供应商

分包商具备专业知识，通常与整个施工中某一部分的供应和安装有关（如机械和电缆的安装、电梯安装、木工、拆迁等）。

分包商可以由专业顾问指定或任命，或者由总承包商选定和任命，作为自己内部的分包商。如果指定了分包商，业主就要承担分包商行为可能带来的风险。

供应商提供某些材料、构件，或者其他需要安装的设备。

劳务分包商提供的只有劳务，对由总承包商提供的材料、构件和设备等进行安装（如木匠、砖匠、泥水匠）。因为分包商具备专业的知识，对于与他们安装相关的详细设计，分包商越来越具有关于设计方面的职责（包括安装细节、构造细节、与其他安装部分的衔接问题等）。

对所有参与方的一个共同的职责是：要确保现场具备安全生产环境，尽管在建设（设计与管理）规范（清洁发展机制规范）中这属于总承包商的职责。

其他参与方

在项目建设施工阶段还涉及许多其他参与方，他们包括：

- 建设控制官员
- 公路管理机构
- 环境健康办公室
- 消防办公室
- 健康与安全执行机构
- 计划办公室
- 考古学家
- 交易联盟
- 土地所有者代表
- 基金代表
- 警察

团队建设

按照传统的方式，通过合同规定各方专门的职责和义务，能够很简单的履行合同和完成项目。但是在承包商和业主设计团队之间博弈的关系下，这种呆板的方式却不适用。

建设施工本身就是一项以人为主的活动，因此，沟通交流成为项目成功的关键。这涉及项目经理对专业设计和施工团队（包括承包商）的领导，以及所有参与方之间信用的建立。项目经理要对最终的项目负责。因而，项目经理很注重建立一个具有共同目标的团队。在有关管理的很多文献资料中，介绍了有关团队建设的多种方法。但是，项目经理若是要在整个团队中树立领导的形象，最有效关键的阶段就是在项目初期，那个时候正是设计师、专业顾问和承包商一起刚刚参与到项目的时候。

例会和会议（正式和非正式的）都能够加强和整合团队各个成员之间的集体感。特别是在施工阶段，团队必须要有一个应急部门来解决、辅助、缓解施工顺利施工过程中可能存在的问题。

无论是在建设前期准备阶段，还是在施工阶段，施工活动并不是一个人能完成的工作，而是要靠团队力量才能进行的。

健康、安全与福利

项目经理必须意识到，并且能够管理与健康、安全和福利法律要求方面的流程和要求。清洁发展机制法律（详见附录 2）规定了四类应当承担主要责任的个人或团体：

■ 业主
■ 设计师
■ 安全计划监督员
■ 总承包商

项目经理有责任管理以上四方的行为和活动。这并不是说，项目经理必须对每个错误或失误负责，但是基本的要求是，项目经理在设计阶段、施工阶段直到最终移交阶段，对项目进行管理时都必须将健康与安全考虑进去，尽量减小各个阶段的风险。成功管理健康与安全有很多种方法，其中主要方法有风险评估、风险研讨、措施分析和关于潜在风险设计解决方案和现场施工措施问题的健康与安全文件（施工前和施工中）。

在建设前期准备阶段，健康与安全的任务主要由设计团队和业主来承担，而其管理过程由项目经理负责。在施工过程中，总承包商负责现场安全和福利。如果有关施工活动的方法措施标准不能满足安全计划监督员或项目经理的要求，则在各方之间要安排有关议会进行讨论，以保证施工安全生产。总承包商负责准备健康与安全文件。并且要经常更新。在项目竣工阶段，业主将获得一个详细的健康与安全文件，上面详细地向最终用户说明了潜在的风险。

保证健康、安全与福利是施工阶段各个参与方的职责。项目经理在这一过程中扮演一个主动积极管理的角色。他必须强调健康与安全的重要性，特别是向业主、设计和施工团队强调这一重要性（有关清洁发展机制条例中健康与安全更多信息请参见附录2）。

环境管理系统

环境综述

环境保护问题对项目的影响日趋明显。治理污染和其他环境问题的成本可能会导致项目总成本的增加和项目工期的延长。规划部门同样也要强调环境保护的学习，将一些在项目施工阶段必须贯彻的强制性约束条款作为规划阶段的一部分内容。项目经理有责任保证这些目的、目标和限制条件的顺利实现。

项目经理必须：
■ 了解和执行环境影响控制措施（详见附录11）。
■ 确保能够获取适当的环境保护建议。
■ 确保承包商严格遵守环境保护措施的标准。
■ 寻求和确保承包商采取的任何补救措施能够遵守环境保护标准。

承包商环境管理体系

承包商必须建立环境管理体系，项目经理则负责合理管理该系统，并保证其过程能够有效进行，并达到所有环境保护目标。因此，项目经理应该：

- 获取承包商环境管理系统以及项目环境保护计划的细节资料。
- 确保承包商建立管理环境管理系统和执行环境计划目标所需要的程序和结构。
- 检查承包商环境管理计划能否实现环境保护的目的和目标。
- 审核承包商下一步的目标、专业目标和主动权，哪些会使项目的可持续性达到最大化，并使项目施工过程中可能遭受的危害影响最小化。
- 主动地管理承包商的行为过程，确保实现环境保护目标。

对于 2008 建筑垃圾管理计划的执行

在英国，2008 年 4 月现场垃圾管理计划（SWMPs）成为项目价值超过 300000 英镑的所有建筑和拆卸项目的法律要求。现场垃圾管理计划提供一个框架，用于一个建设项目全过程中的垃圾处理管理。本质上，它应该包含以下信息：

- 文件所有权
- 垃圾处理者的信息
- 垃圾类型
- 垃圾处理场所的细节
- 完成后声明证实用现场垃圾管理计划监测，并定期更新
- 任何偏离计划的解释

一般情况下，现场垃圾管理计划在业主的计划下将在施工前阶段进行，设计师还将提供所需的信息。在施工阶段文档成为总承包商的责任。关于现场垃圾管理计划的进一步资料提供在附录 27。

施工的监督和管理

一旦项目开始进行现场检查，项目经理也就开始对施工过程进行管理。这是一种较好方法，关于项目经理如何处理承包商每天必须面对的问题，前面所提到的关系能够决定这个问题。

项目经理有责任定期安排施工进展报告会。在这些会议上，承包商要对现场施工进度、相关需要解决的设计问题进行汇报。若有必要的话，可以安排专门的设计答疑会。这个向项目经理进行汇报的会议，并不仅限于承包商参与，还应包括所有的设计师和专业顾问。项目经理应该有意识的安排这种形式的会议，确保所有参与方为获

得信息和使施工过程按计划进行，并协同工作实现各自目标。

除了定期开展施工进展报告会，项目经理还应当定期去现场检查，在有限的时间内，就现场施工的进展情况，与现场员工进行交流，并从一些必要人员那里收集相关的信息和进展情况。

报告

项目经理定期向业主汇报项目近期的进展状况是项目管理的一个基本的方面。项目经理要确保告知专业顾问和承包商一个完整报告的结构内容和汇报时间。项目会议的日期要和报告内容结构相一致。报告的重要性在于：

- 向业主汇报项目施工进展状况
- 确认项目团队正在进行的一些必要的管理控制措施
- 向团队提供一套纪律和组织结构
- 作为确保整个团队了解最新信息的沟通途径
- 提供一套措施和决策的审核程序

项目进展报告应该要反映项目在某一特定时间的情况，体现项目在该时间内的具体状况；还必须包括项目的所有方面，鉴别项目中所存在的问题，作出某些需要做的决定，预测项目的结果。项目经理需要从专业顾问和承包商处获取各自的报告，并将其汇总并交业主。详细的应该作为附件存档。对于项目经理的项目报告，其内容主要包括：

- 实施概况
- 合法文件
- 设计情况
- 规划 / 建设规范的执行情况
- 发包状况
- 施工状况
- 法定承诺和批文
- 项目计划和程序
- 变更纪录的更新
- 重要决策和所需的批准

要向业主传达信息并进行高级管理，直观的趋势线是一种较好的表现方式。

与公众联络和树立公众形象

在项目建设前期准备阶段，业主要建立他自己的公共关系和联络方案。这就要求在施工阶段，项目经理在处理地方公共关系中起着领导的作用。这将从总体上提高和改进公众对建筑行业的认识。

诸如此类的活动和行动应包括：

- 确保项目不会造成周围环境的破坏和负面影响
- 维持现场和临时非现场工作的秩序
- 建立现场信息咨询提示牌和公众可视平台
- 主动与当地学校进行沟通
- 参与当地公共会议，以提高项目的形象
- 组织当地学校、居民和公众参观现场
- 参与当地环境保护主题活动和环境问题的治理
- 为当地慈善机构和事故筹集款项

如前文所述，预先商定的通信计划将在这种情况下提供明确的方向（见附录 25 ）。

试运行以及操作和维护手册

试运行

在施工阶段，主要的试运行和投入使用工作等情况将在本书第 6 章和第 7 章详细介绍。

在项目建设前期阶段，项目经理应该获取承包商的试运行计划，以便于能够满足和协调建设施工相应的进度计划（例如，采暖和空调系统的平衡测试，只能在保证建筑密封和内部空间安全的情况下才能进行）。有一种情况经常会发生，即如果建设服务供应承包商是总承包商的一个分包商的话，且分包商在项目建设前期并未参与进来，这种情况下，总承包商要能够识别试运行的顺序和结果。

操作和维护手册

操作和维护手册必须要包含工程服务设备的试运行部分。随着操作系统越来越复杂，具备一套合理的便于使用的操作手册就显得十分重要。细节要求在合同中要详细列出，以便于在具体的操作细节过程中不会引起歧义。

清洁发展机制规范中已包含有操作和维护手册，安全计划监督员有责任确保该手册被纳入成为健康与安全文件的一部分。这些手册应该包括从设计团队那里获得的所有信息，以及为完成整个建设所需的细节。安全计划监督员负责收集这些文件和其他可能需要的文件，以确保进行的所有必要活动都能够有助于项目的实施，而项目经理的职责就是要对该过程进行监督和管理。

支付

施工过程中一个重要的部分就是要确保业主能够按照承包商和

分包商实际已完成的工作量对其定期支付款项。项目经理的作用则是要尽力去避免由于承包商在项目上的失败而引起的争端。以下一些活动应该由项目经理来完成：

- 在承包商任命以前，检查财务标准
- 对承包商的财务状况进行监督
- 保证业主能够及时地支付款项

通常，承包商每个月都要递交月报表。工料测量师要对工程量进行核实，设计师和合同管理员要对其开出相应的证明，最后业主根据申请／证明中规定的时间对其进行支付。项目经理一重要职责就是要确保业主能够根据合同管理员出示的证明，履行向承包商支付款项的义务。

随着项目不断地扩大和日趋复杂，融资的方式也越来越多。包括：

- 公私合作融资（PPP，public private partnership）
- 私人主动融资（PFI，private finance initiative）
- 设计—建设—融资—运作（DBFO，design build finance operate）
- 建造—拥有—运营—移交（BOOT，build own operate transfer）
- 成本加佣金、可补偿（回扣）、目标成本、成本加费用

关于向承包商或特许权获得者进行支付的形式和方法，这些合同形式具备各自的特点，而下面列出的是传统设计建造合同中比较常用的支付方法：

- **评估后支付** 这种传统的支付方式是对现场实际工作和已完工程量，按照工程量清单中的比率进行计算的。由承包商和工料测量师共同计算，并每月计算一次。合同管理员要定期对该数量进行证明，然后由业主在合同规定期间内向总承包商支付该款项。

- **里程碑支付** 作为招投标过程中的投标人要求根据前期决定的里程碑计划，将他们的总报价分为几个部分。里程碑通常指的是施工活动各个部分完成的时间（例如，某一分部工程结构完成的时候）。一般都要设置 20 ~ 40 个里程碑。

某一里程碑的完成经合同管理员确认后，承包商可获得业主所应支付款项。这经常被称之为"活动进度"（在英国 NEC 合同中）。

- **分阶段支付** 该方式与里程碑支付相类似，但不同的是其划分的阶段比较少。（如上部建筑物全部建成、独立建筑的完成）。

- **增值法支付** 通常，支付都要与增值方法保持一致性。支付以施工中实际完成的工作量为准。鉴于支付的价值是在施工进度的基础上计算出来的，因此一定程度上，它就不需要每个月都单独地对施工情况进行一次计算。

- **非固定（可调）支付** 虽然这不是一种被普遍认同的支付方式，但是在某些特定的情况下，比如说，由于承包商缺乏现金，从

而导致承包商不能履行合同规定的职责，这时，与业主磋商后，并经业主同意，业主可以向承包商一次性支付款项。这种非固定合同支付方式，要在正常支付程序以前就支付款项，以确保某些被暂停的工作能够很快恢复施工，避免工期延误或材料供应受到阻碍。当然，这种情况下要求承包商提交预付货款保函。这点非常重要，尤其是对材料和设备的支付，其要对所有权清晰的界定，防止承包商破产情况的发生。

第6章　调试／试运行阶段

业主的目标

在本阶段，项目团队要保证其工程安装是按照正确、安全的方式进行安装，并且按设计要求来执行的。

项目经理的目标是要确保合理地计划和实施各个独立系统的调试，保证整个安装能够在不影响主程序的情况下全部完成，且完全具备可操作性，以及在移交后要与业主／用户联系，进行必要的调试。

与施工的内在联系

要强调的是，本章节的内容并不表示这些所涉及的活动仅仅发生在项目施工阶段的后期。工程调试是建设阶段一个非常重要的环节，在项目初期就要把它考虑进去。在本阶段开始以前建议考虑以下活动：

■ 决定在哪个最佳的时间任命调试承包商和确定工作范围。
■ 在哪些地方有必要任命试车承包商来检查设计图纸和施工图纸，以确保试运行能力。
■ 确保专业顾问能够清晰的识别测试和试运行的要求。
■ 确保专业顾问／业主能识别性能／环境测试要求。
■ 确保项目计划中包含有足够充分的时间来进行专业的试运行，尤其对任何一个性能／环境测试和专业机构规范测试，要求有额外时间。
■ 清楚地界定对安装信息进行描述、记录和电子存储的方法。
■ 虽然工程试运行不是一个十分严格的部分，但是要确保在设备招投标授予合同之前，要仔细考虑设备专业维护合同中应有的要求。

试运行概述

试运行通常分为四个或五个不同的部分：（a）工程设施静态调试；（b）工程设施动态调试；（c）工程设备性能测试（不经常使用）；（d）各个机构不同规范的执行测试；（e）业主试运行。

注意性能测试包括了环境测试。前面四个部分，即工程设备调试、试运行、性能测试和规范测试，都属于项目施工设计和安装阶段的内容。业主试运行是由业主个人，或是必要时由专业顾问协助完成的一项主动控制活动。将在第 7 章中详细介绍。

工程设备调试和试运行过程的目标和主要任务将在本章中叙述。

试运转设备的采购

小规模项目

要雇佣试运行专家有很多种方法。在小规模项目中，通过总承包商、机械和电力的分包商都可以承担他们安装工程的调试和试运行工作。通常，电力分包商使用自己的内部人力资源，若设备专业部分（条款）要求由制造商协助这项工作的情况除外。而机械设备承包商通常要任命一名试车专家作为他们的代表。同样，在进行某些设备专业部分安装的时候，必要时，机械承包商也要委托制造商协助其调试工作。然而，要注意的是，这些试运行的专家不能超过正常工程师的人数。对于简单的安装来说比较容易，但是存在一些复杂系统、要求有专业的试运行和性能测试的话，对它们管理和执行就并非是一件简单的事情。在对安装工作进行招投标的时候，要求设计文件中包含有详细技术说明要求。这一点往往被忽略或是没有足够的时间和没有明显的效果，这些在后面建设阶段中不可避免地会导致一些问题的产生。

大规模项目

在大项目中，可以以很多种形式来雇佣试运行专家。在合同中传统形式中，也要通过总承包商或服务供应商来进行，然而，在建设管理的合同或类似的形式中，要任命一名试运行承包商来执行这项工作。试运行承包商要扮演一个或两个角色：一是对调试和试运行阶段进行管理的角色（由安装承包商来执行实际的工作，正如前面在小规模项目中提到的工作），二是承担整个试车工作的角色。在后面一个角色里，调试 / 试运行过程中，安装承包商和试运行承包商之间存在一个工作界面，即是通常所说的静态调试的结束、动态调试的开始。鉴于以下原因，从而有了试运行承包商这一角色的出现：

- 它可以将试运行的程序提高到独立进行。
- 试运行承包商要受控于项目经理 / 管理承包商，并直接向他们进行汇报，使整个过程得到控制并确保过程的透明度。

这两个角色对项目最大的好处就是，试运行承包商很早就可以进入项目，并对这个调试和试运行过程进行管理。

试运行承包商的角色

试运行承包商的工作范围包括以下几个方面的活动：

■ 设计阶段快要结束的时候，对设计图纸进行检查，确保熟悉设计目标，并把他们的专业意见融入每一次试运行过程中。

■ 确保在招投标文件中规定了要进行调试和试运行。

■ 检查设施承包商试运行的施工图纸。

■ 制定调试和试运行文件，保持在各个承包商之间的一致性。

■ 对安装信息的方法、媒介类型、风格和内容进行定义，保持在各个承包商之间的一致性。

■ 对专业设备制造商进行管理。

■ 与建设控制机构和其他组织保持联系，对相关的规范调试进行监督（包括保险公司的检查）。

整个项目中，所有的这些作用还不够充分，因此，如果他们不能够形成试运行承包商纲要的一部分的话，那么就认为项目团队的其他部门会承担这部分的工作。

调试和试运行过程以及其计划

关于调试、试运行和性能测试不同阶段的流程图如图6.1和图6.2所示。对项目经理来说，重要的是要知道调试、试运行和性能测试这些阶段之间的区别，保证有充足的时间来进行各项活动。但是不幸的是，随着这一阶段不断地临近项目的移交时期，往往只有通过缩短调试、试运行和性能／环境测试的计划来获得时间，而这一办法的实施是有一定难度的。最好要是避免这一情况的发生。甚至是在项目结束以后，也几乎没有机会可以对设施进行检测、确保它们作为系统的一部分可以独立运行，或是在部分荷载、完全荷载下运行。在某些建成建筑开始运行时，出现的许多问题都归根于低质量的调试和试运行，或是之前没有充分的时间进行调试和试运行。

项目经理还应该记住要将不同规范要求设施的调试告知建设管理控制方（或相关的政府部门）和保险公司。进度安排要考虑总进度计划，因为这些部分经常需要在总的试运行完成后再进行单独调试。

调试与试运行的区别

调试

在设施安装过程中，要进行不同的调试，即是所谓的"静态调试"。这种调试通常是检测安装的质量和技术。无论通电与否，此类工作均要在颁布设施开启证书之前进行。例如：

- 管道压力调试
- 电缆的电阻检测

试运行

在静态调试结束以后，开始进行动态调试，这就是试运行。试运行是为了证明整个项目系统是按照设计寻求和技术规范来操作和实施的。在颁发现场安装设备（如：通电设备）开动许可以后，就开始广泛地、正式地进行这项工作。最先对电力和风扇 / 管道进行测试以后，更多的试运行活动就开始了，如配平、容量调试、承载能力调试等等。

性能测试

试运行结束以后，开始进行性能测试。有些人不能分清试运行和性能测试阶段之间的区别。但是，对于计划的目的来说，作为各自的系统，值得对试运行设备进行区分，并对所有设备系统统一进行测试，这就是性能测试（包括环境测试）。通常，只要业主使用了这些设施，就要进行性能测试，例如在第一年，由于系统依赖于不同的气候条件，所以要进行性能测试。在这类情况下，项目移交以后，为了适应变化需求，要安排承包商对这些设施进行调试。然而，对于一些设施来说，若没有要求的话，可以为其设定不同的假设情况进行调试，以证明在工程移交以前，就已经完成了性能测试，如计算机房。

主要任务

为了有助于项目经理的工作，下文总结了在项目三个阶段（即施工前、施工阶段和施工后）的主要任务。

施工前

施工前需要对下列项目予以确认：

- 专业顾问 / 业主知道工程试运行（调试 / 试运行）作为建设过程中一个独立阶段，与业主试运行有着重要的关系（见第 7 章）。
- 相关的专业顾问要明确所有要试运行的技术服务内容以及在试运行过程中设计方、承包商、制造商、业主各自的职责。尽早确定其他特定厂商 / 服务的责任，特别是磨损和成本消耗、燃料、动力、水等方面的问题。
- 工程服务的设计师以及试运行承包商（如果有关的话）对最终的布局图进行审核，以确保要试运行的系统与相关的实施

　　规范是一致的。

- 专业顾问／业主和试运行承包商（如果有关的话）确定与设施试运行相关的所有要求的法律规定和保险要求，并要意识到为满足要求和获得批准应做出相关的计划（详见第二部分附录 C 和附录 D）。
- 业主要知道试运行过程中，他们自己维护／工程部门／维护承包商的重要性。
- 业主要考虑是否需要委任一名维护工程师为业主、用户占用后的最初 6 ~ 12 个月内提供服务。
- 制定有关试运行、调试和移交等工作进度和程序的计划，这一点是非常必要的。
- 在设施试运行的过程中，为了确保有一名人员可代表业主对这一过程进行控制和管理，要做出相应的安排。这个人可能是业主的试运行经理或项目经理，他应当是在第 7 章中确定的业主团队成员之一。当然也不排除可能会有多于一个以上的人员作为业主代表对试运行过程进行监督。
- 合同文件中应具备足够与调试、试运行和性能测试有关的条款（详见第二部分附录 C 和附录 D）。

施工中和施工后

- 专业顾问必须检查有关已经明确了设计责任的工作，汇报进展情况，遵守合同条款，应强调任何纠偏行动的必要性。可以委任一名试运行管理专家进行大部分工作。
- 必须有证据证明在所有承包商的施工计划中已包含试运行活动，并且要与之前的施工活动有机地结合起来。所有的工作必须要完整、进度合理地进行，并与计划移交时间相一致，同时还要与之前的活动恰当地结合起来。
- 为了业主参与或监督承包商按合同安排进行的试运行，专业顾问安排的有关事项必须做出相应的调整。
- 应当对试运行过程进行监督和报告，以确保有关活动按计划日程进行，完工的要求已经在项目移交以前达到。纠偏活动在必要的时候开始。有一点非常重要，那就是试运行活动的持续时间不能影响项目的按期完成。
- 单体试运行工作开始前，如：清洁、测试、电力及控制系统等，所有的完工文件必须准备好。同样的，能够满足运转许可、健康和安全等要求；清晰地明确保险的责任。
- 安排和执行规范／保险测试，并由相关机构进行证明，如建设控制机构、公共事业公司、消防队、保险公司。

- 试运行记录，例如调试结果、校准要求、证书、清单等必须恰当的保管并复制装订到有关运行和维护手册中，或者形成独立的试运行文件作为正式移交文件的组成部分。
- 按照合同要求，由承包商提供运行和维护手册、安装记录图纸和业主员工的培训事宜，尽管大家都推荐这些工作可以由参与其他方进行协调，例如，若任命了试运行承包商的话，这些工作就由试运行承包商负责。
- 采用经批准后的框架和软件来将项目运行和维护手册制作成光盘，以便于不断更新。
- 采用 CAD 的格式保存有关图纸，以便于不断更新。
- 采用声像方式记录业主的培训过程，以便今后重复使用，同时为今后新职员培训提供方便。

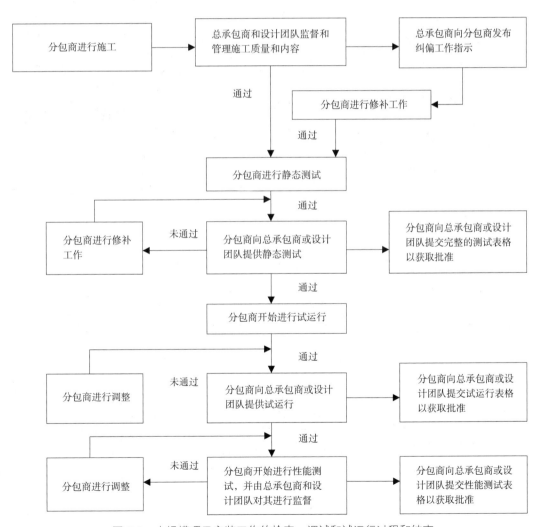

图 6.1　小规模项目安装工作的检查、调试和试运行过程和结束

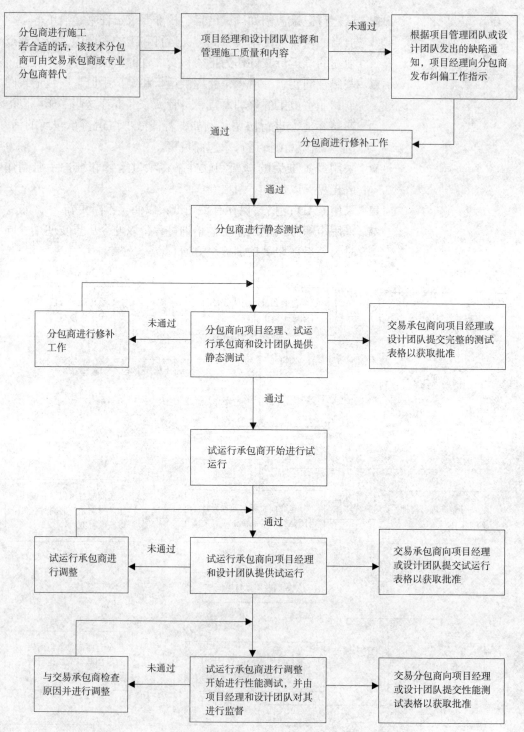

图 6.2 大规模项目安装工作的检查、调试和试运行过程和结束

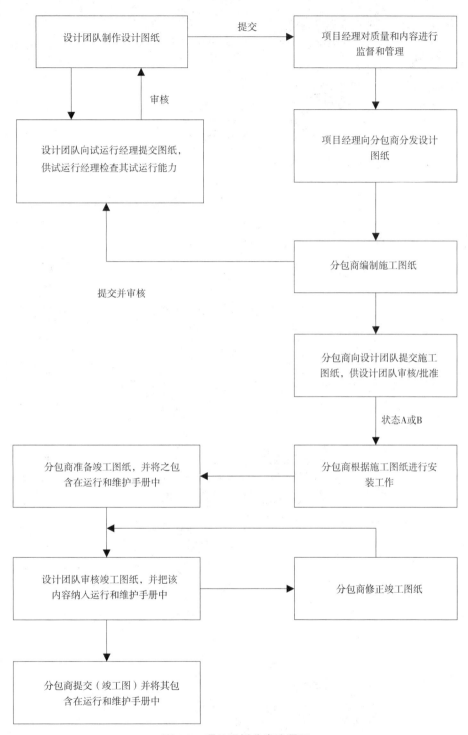

图 6.3 项目图纸分发流程图

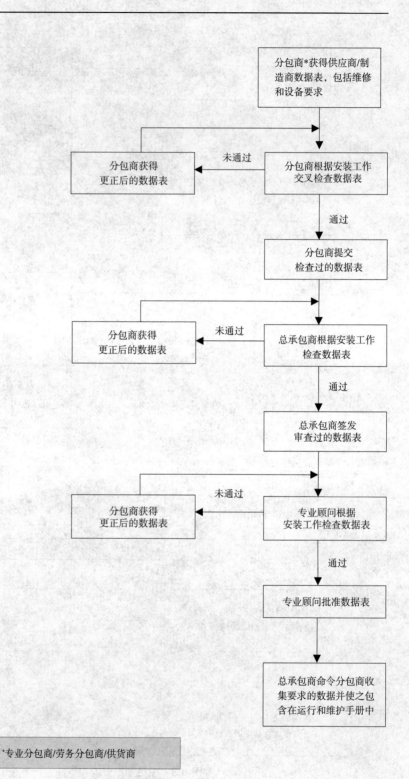

图 6.4 设备安装、调试和试运行数据流程图

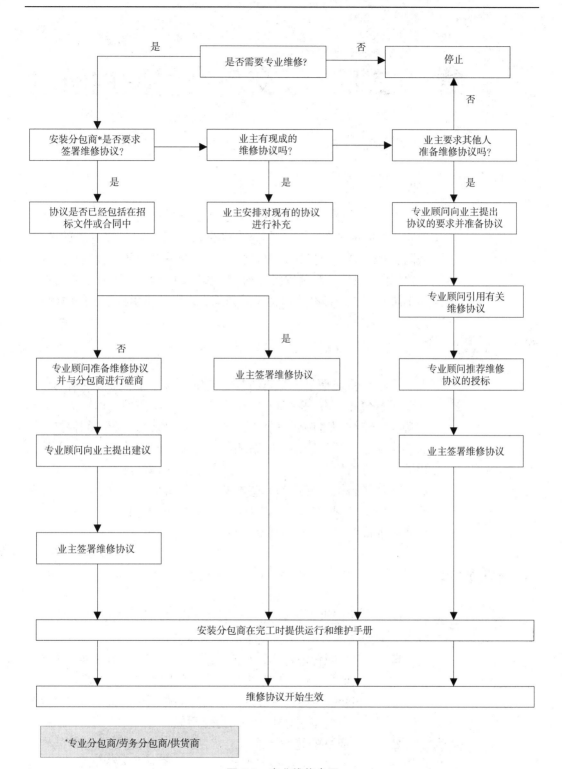

图 6.5　专业维修合同

第7章 竣工、移交与交付使用阶段

业主的目标

在这一阶段，业主的目标包括批准移交计划和进度，以及界定业主／供应商的权责，尤其是接受标准、所需项目文件中的条款、缺陷责任、试运行安排，以及将来占用的一些说明。业主也要同意并执行移交方式、缺陷审批计划，如果必要的话，要移交文件。同样，在本阶段要进行最初交付使用后的检查，以找出亟待纠正的问题。

竣工

竣工和移交是紧密相连的两项工作。这是在业主接受所有设施之前，承包商和咨询顾问所应完成的最后一阶段的工作。他们是在项目经理持续的协调和监督下进行的，并一直与专业顾问保持紧密的合作关系。项目经理是维系相关参与方之间关系的纽带，并代表相关参与方（如业主／用户）。在工程入住之前，通常要先由业主方的协调员进行交付使用的一些准备工作，这部分的成本可达到工程预算的3%。这些工作可以涉及设计专业顾问也可以不涉及，可由项目经理进行管理，也可以由业主的物业经理来管理。

项目管理的行动

这一工作标志着主要施工工作的结束，包括了项目经理在很多方面活动的完成，以及建设合同的顺利终止。

- 确保合同管理者已经对工作进行了检查，若有必要，要颁布竣工证书。证书应附上比较明显的困难和额外事项，以及最终移交的时间进度计划。项目经理必须确保最终目标的完成不会影响业主对最终产品的使用权。
- 竣工证书的签发标志着对最终产品的责任从承包商处转移到业主方。项目经理要确保业主对承担责任转移后保险和保障方面的事宜已安排。
- 标志工程部分竣工的临时证书可以在项目建设阶段的任何时候颁发。局部工程竣工可视为最终产品部分的初期移交，如计算机房。

■ 在实际竣工证书颁发以后，项目经理要保证承包商尽快地提交已完工程的最终财务报告。最终财务报告是对投标时一些工程量和工作与最终实际完成的工程量和工作，以及在项目实施阶段签发的合同变更的一个结算报告。对这些合同中涉及成本和进度等因素的估算最主要由合同管理者来完成，若承包商对该估算报告表示不满时，项目经理要进行协调和判断。

■ 最终财务报告应该将合同以外的一些额外费用和进度索赔考虑进去。作为一名可以针对任何授予向业主提出建议的人员，项目经理要考虑这些索赔可能会带来后续的其他损失。项目经理有一项职责是，在整个建设施工阶段中，他要监督业主的合法责任和义务。

■ 确保在缺陷责任期内，设立一个专门程序供业主汇报缺陷，并由承包商对该缺陷进行修补和纠正所使用。在缺陷责任期结束以后，项目经理应该确保合同管理者进行最终检查，若有必要，要颁发最终证书。

■ 实际完工以后，承包商要把很多重要文件移交给业主。作为业主代表，项目经理首先需要确保获得这些文件，其次需要确保这些文件包括以下必要的内容：

　○ 项目健康与安全文件
　○ 竣工图纸和所有相关的技术规范等等
　○ 操作和维护手册，包含维护计划详细内容、操作说明、制造商详情
　○ 供应商的保证书
　○ 政府部门批文的附件
　○ 测试和试运行文件

设计团队的工作

设计团队应当进行下列工作：

■ 需要时，检查已经明确设计责任的工作进行情况，向设计团队负责人报告，同时向项目经理报告进度情况和与合同对比的情况，强调需要采取的纠偏行动。

■ 在实际完工阶段检查工作，制定控制性进度计划，并对计划中所包含工作的实施情况予以认可。一个基本的规则是，如果存在未完或有缺陷的工作，不能签发实际完工证书。

■ 现代空调设施和控制系统要求，要对外部温度和所有覆盖范

围进行测试，测试这些设备的负荷能力和稳定性，如夏天和
冬天的运行状况。
■ 在合同缺陷责任期将满时，对项目进行检查，编制缺陷处理
计划并确认：（1）所有的缺陷已经修复；（2）所有的遗漏已
经做好补救；（3）所有必要的修复工作已经进行。

计划编制和进度安排

总的目标是安排必要的活动，以保证所有各阶段的工作能够在
成本计划内顺利地完成。这必须要与业主的后勤计划以及在使用以
前完成的任何迁移计划相一致。

通常，建设项目可以按阶段进行移交，也可以全部竣工后移交。
采用的相关程序取决于项目的性质、复杂程度和业主的要求。实际上，
阶段性的竣工移交意味着项目建设中特定阶段工作的实际完成。然
而，这种移交决不应：

■ 阻止或干扰任何当事人开始、继续和完成他们的合同义务
■ 干扰任何设备运行或调试安装工作的有效进行

在分阶段移交的情况下，用户／承租人通常要负责相关部分的
保险。在全部工程竣工移交的情况下，整个保险费用由用户负责。

程序

实际采用的具体的竣工移交程序由项目经理在项目手册中做出
具体的安排。（典型案例参见第一部分附录18和第二部分中的E部
分）。竣工和移交工作通常应包含以下一些具体内容：

■ 准备未完工作和存在缺陷的清单，例如：未完工作、有缺陷
处及材料、货物和工艺与标准不一致处。
■ 所有的补救和竣工工作在委托的具有丰富经验的有资格的
人员的直接监督下在规定工期内完成。
■ 按程序监督竣工和移交。
■ 对按要求需提供的文件的准备：
○ 健康和安全的文件
○ 实际竣工图、计划、进度、规范、执行情况等方面的资
料和检测结果
○ 试运行的检验报告、操作和维修手册，包括相应的有关
健康、安全和应急措施
○ 维修计划和专业维修人员工作指南
■ 审查对项目及其职员的培训建议，为落实有关安排提供帮助。

- 确信在有关的法定检查和批准完成时才进行移交，在确定的缺陷未修复前，业主／承租人不应进行移交。
- 建立一定的程序对不包括在主合同中的移交后的工作进行监督和管理，包括缺陷责任期。
- 如果在实际未完工作或纠正缺陷过程中遇到困难，与顾问一道采取补救措施。
- 通过对有争议的问题提供帮助，确保决算草案能及时准确编制，以监督最终决算过程。
- 定期审查项目进展情况，推动最终检查的实施，颁发最终证书。
- 建立项目后评价及合同各方的信息反馈计划，以便最终完成后评价报告。

业主试运行和交付使用

在项目实际竣工后，即业主从承包商处交接整个项目实体以后，业主还需要做好有关交付使用阶段的准备。项目生命周期这一阶段包括三个方面的工作：业主物业工作、操作运行和迁移。

- 为了使业主有充足的时间进行他们的细节要求，以及反映他们这个最后的商业"雏形"，业主通常要进一步组织物业工作。项目经理则是要对执行这类工作的项目团队进行管理。通常，这一项目团队要与总项目团队独立开来，要由一些对这类工作有丰富经验的人员组成。

办公楼项目业主物业工作主要内容包括：

- 特殊场所的设施
  - ——餐厅／食堂区
  - ——招待场所
  - ——训练场所
  - ——行政区域
  - ——传达室
  - ——售卖场
- IT 系统的安装
  - ——服务器
  - ——台式电脑
  - ——通信设备
  - ——传真机
  - ——多媒体视频音像
- 文档办公区域
  - ——家具

——特殊设备

——安全系统

——艺术品和植物

操作试运行

在项目可行性研究和决策阶段，就要确定业主试运行和交付使用时的有关原则问题。业主试运行（通常把其后的交付使用作为紧密相连的阶段看待）工作在业主主导下进行，必要时，由专业顾问对试运行提供协助。

业主试运行的目的是要确保工程项目设施按计划进行了安装并能按计划运行，以及拟定商业计划的初步概念框架。这就要求在对业主使用协调员监理过程中较早地成立试运行团队，以便能把有关要求编入合同条款中。理想的情况是，试运行团队在成立后即能及时参与设计过程（其作用在第二部分讨论，附录 F 给出的清单有详细的说明）。

主要任务

主要任务如下：

■ 确立试运行的时间、成本、质量和执行等目标。在此过程中，必须考虑阶段性竣工试运行对整个项目的影响，确定相互关联的各个部分之间的优先顺序，尤其要考虑场地／服务和安全方面的影响。

■ 安排试运行团队与业主会面，这一项工作在详细设计阶段之前或之中进行，以使相应的试运行工作能够编入合同中。

■ 确保在预算阶段编制了适当的试运行预算。其中住房计划约占总施工预算的很大比例。

■ 确定试运行团队每个成员的角色和职责（责任、进度和成果要求）。这应当与施工程序和其他各项工作对试运行团队的要求相一致。

■ 与业主一道，根据试运行清单（见第二部分附录 F），准备试运行计划和安排具体试运行工作。

■ 通过对合同条款的适当修订，创造适当的条件，以便试运行团队人员和其他业主人员适时地参与施工过程。

■ 安排和联系承包商与专业顾问对工程试运行予以计划和指导，例如，准备新工作的操作手册、员工培训以及必要时新员工的补充；试运行记录的格式；租赁设备以满足短期要求；加班以满足承包计划要求；正如第 6 章中所述的，满足质量和标准要求。

■ 较早地考虑委任 / 借调业主管理团队成员，充当进行移交和使用的协调员，这将有助于确保项目从现场建设向有效运营的顺利移交以及对维护做出适当的安排（见附录 19 关于设施维护的介绍）。

■ 一个新开发项目在可以交付使用以前，业主需要对该项目各个组成部分进行试运行。这就包括开始运行不同的系统，准备合适人选来运转和安装该项目：

○ 技术的移交
○ 检查声效和数据安装的运行效果
○ 库存和配备场所，如餐馆
○ 训练员工操作各种系统的能力
○ 训练员工运营该项目的能力

■ 业主试运行这一阶段也就是获取使用该建筑所需的法律批文的阶段，如交付使用证书、厨房环境健康办公室批准文件（若适用的话）。

■ 开发项目的交付使用还要依赖于许多可用空间的详细规划。对办公楼建筑来说，这种空间规划过程始终贯通于整个项目生命周期。

为了提供潜在的变化便于业主运作组织结构参考，空间布局图的最终决定会被一直耽误，直到交付使用阶段。

典型的空间规划过程包括：

○ 确定业主的空间要求和标准，包括在开放空间规划和空间单元的计划。
○ 确定业主家具标准
○ 确定单元个数（部门人数）和特殊要求
○ 确定业主运作组织模型，能够反映运作相关单位和人员的关系
○ 为了使每个部分的建筑空间能够很好地与建筑空间相融合，采用建筑堆叠形式
○ 采用分部建筑布局图，以便于展现是如何对各个单位建筑进行空间布局的
○ 采用家具空间布局图，以便于合理的安排个人的桌椅

对于每个阶段来说，以用户联络团队的形式，业主在各个阶段都是最直接的参与方，并直接对每一过程进行批准。

■ 将项目推到一个新的阶段是业主主要的工作。在这一推动过程中，对业主的运作业务来说，存在潜在的重要影响因素。推动的时间越长，业主的风险越大。因此，要对入住过程进

行一个高水平高质量的计划。通常，业主会任命一名与新建项目相独立的经理来负责整个入住环节的工作。对重要或紧急的入住需求来说，业主要考虑寻求专门的搬迁顾问为之提供内部资源协助。

■ 在入住计划中，必须要考虑以下一些关键的决策问题：
　○ 确定该建筑如何才能交付使用
　○ 确定搬入时间
　○ 确定有关入住的主要活动以及安排有责任权的经理进行管理
　○ 确定迁移团队和迁移后的后续工作，尽可能减小事务中断
　○ 确定项目结构，便于迁移管理
　○ 识别可能会对迁移产生影响的潜在风险
　○ 保证业主方人员要了解相关的信息

由于这些决策问题可能会对总项目工作的进度和后续事宜产生影响，因此有必要在项目生命周期的初期阶段就把他们提出来。

■ 交付使用的最后一部分工作是对实际迁移进行管理。这包括任命一名迁移承包商，对入住工作进行计划，监督迁入过程。
■ 进行迁移的整个时期取决于每个员工迁入可能造成的影响以及每个部门转移 IT 系统可能存在的难易程度。
■ 在交付使用阶段业主的一个重要决定是，要说明哪些地方在空间规划中不能使用或进一步修改，直到达到可以迁入要求以后才能进行。

对冻结时间进度有重要影响的因素可以将其作为建立个人意见和数据系统框架的组成部分。

在迁移各方间业主强制实施禁止变更措施，是很普通的事情。同样，业主还可以实施先入住，之后再提变更的诉求。

业主使用

交付使用之后应该有一套非常详细的设施管理工作计划，并在项目竣工交付使用以后由设施管理方来进行管理。这可以由项目经理来进行控制，也可以由任命的交付使用协调员进行管理。

不像许多其他的项目监理活动，交付使用涉及使用者以及他们的企业管理方式和企业文化等内容。因此，好的交付使用计划和氛围能够产生良好的管理者与使用者之间的关系，使员工具有更大的参与工作和履行义务的热情。

正规的做法是，在规划阶段，要编制一个操作性方案，它可以作为商业计划实施的蓝本。特别地，它规定了一些供内部使用的设施，以及另一些可承包出去或可租进的设施 / 设备。

在许多项目中，一种设施到另一种设施的交付使用和入住的工作安排，应该在初步设计阶段的空间布局过程中由设计团队或空间规划专业顾问预先确定。本章所给出的指南应当包括在业主对特定项目要求的总体计划中。

交付使用应遵循下列要求：

■　项目大纲

■　详细大纲（分专业要求）

并在上述要求的基础上形成项目有关参数，如：

■　对空间的量化要求

■　各个部分的物理性质

■　按关键指标进行的分组

■　适用范围

■　工作场地标准

■　办公自动化政策

■　安全 / 公共通道

■　家具、装备设备一览表

在复杂的项目中，这些工作可以作为一个独立的阶段处理，以进一步形成空间基本信息表，它是构成设计大纲、进行设备运输和采购、个人迁居、设施管理的基础。

下面给出的程序是一个移交和交付使用过程的示例，这在项目管理中需要予以考虑，以更好地协调业主期望目标与实际情况之间的关系。当然，在实际中，也鼓励对这些程序进行变动，只要这些变动有助于项目移交交付使用更平稳和有效地实施。交付使用可按照下面的方法分为四个阶段进行，见图 7.1 ～图 7.4。以下服务设施通常是每年或是 3 年合同期内进行更新：

■　接收器和电话

■　安全保卫系统

■　清洁设备

■　设施和设备的建筑管理和操作系统

■　维护系统

■　信息技术支持系统

■　餐饮和垃圾处理系统管理

■　风景和地面绿化维护

■　运输和传递设施

执行的组织结构

执行的组织结构就是对个人或组织的任命，它的作用是对移交与交付使用进行必要的指导、咨询和确定预算／成本参数。图 7.1 是一个实例。

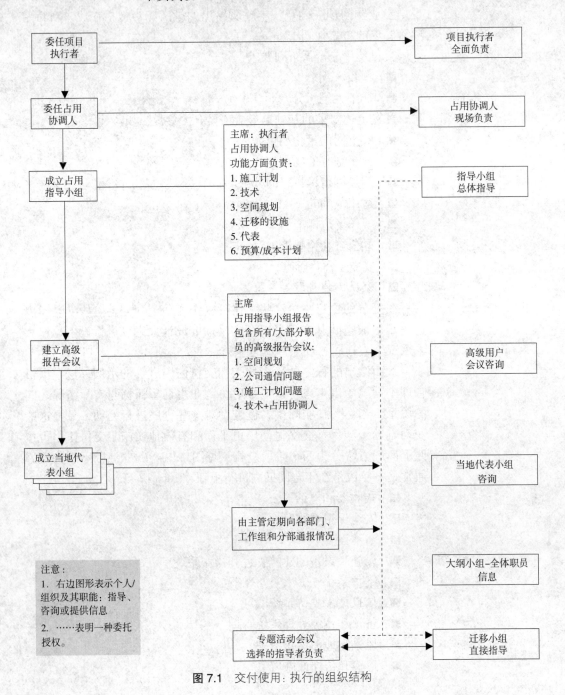

图 7.1 交付使用：执行的组织结构

范围和目标

范围和目标意味着要决定需要做哪些工作，考虑有哪些限制和必要时应进行哪些评估。图 7.2 是一个实例。

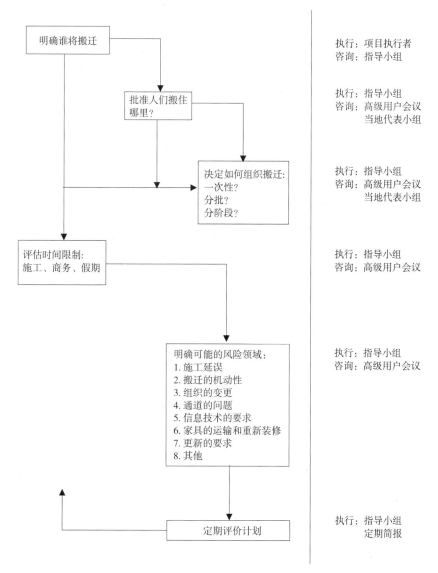

图 7.2 交付使用：范围和目标

方法

方法就是要解决整个过程如何实现，指明个人或组织的特定行为以及确定有关参数和其他相关工作，如财务影响方面的主要任务。图 7.3 给出了实例。

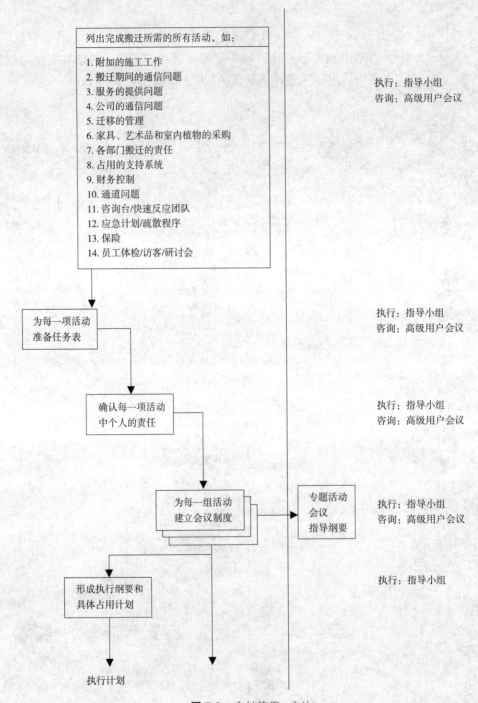

图 7.3　交付使用：方法

组织和控制

　　组织和控制意味着采取必要的步骤，确保程序和预算／成本在控制之下。见图 7.4 实例。

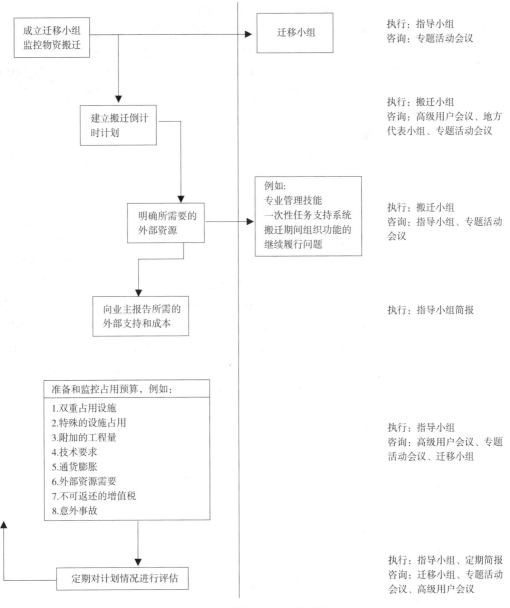

图 7.4　交付使用：组织和控制

个人和组织可能应当负责的工作如下：

■　项目主管：由业主 / 承租人任命，进行项目指导或较高级别
　　的管理工作，对项目整个过程负责。

■　交付使用协调员：项目经理指定或经业主确认的现有人员，
　　具体负责现场工作。

■　项目指导组：由项目主管领导，项目协调者和有关主要部门
　　选择的高级代表组成，职责是对所有问题做出决策，但不能

超越业主确定的财务限制。

- 高级代表会议：由交付使用指导组有关代表主持，由覆盖大多数雇员和交付使用协调者的少数高级代表组成。
- 分部代表组：由特定分部的经理或管理者负责，主要就相关的部分提出观点和意见。成员意见反映其所在分部的特殊利益。
- 专项活动会议：正如"方法"中所述的个人或组织完成特定活动组织的会议。专人将对为实现所有的任务而进行的专门工作负责，他主持各自的专项会议。
- 搬迁组：负责整个物资搬迁的指导，已经被交付使用指导组任命，负责详细准备工作和搬迁计划包括预算的控制。
- 简报组：负责所有雇员之间有效和正常的联系，独立向各工作组提供信息，以便澄清的问题得到传递。特别在交付使用的集中期间，特殊简报也是非常重要的。

在很多项目中，上述个人和组织可能与业主委任的团队有相同的意义，例如，业主委任的交付使用指导组，反过来也一样。

图 7.1 ~ 图 7.4 提供了移交交付使用过程的框架，第二部分附录 C-F 给出了有代表性的控制系统的清单.

第 8 章　竣工后评价/项目总结报告阶段

业主的目标

在项目竣工阶段，业主的主要目标包括：

- 评价项目各个方面的执行情况，确保通过该工程获得的知识和经验能对今后其他项目的实施有一定的借鉴。
- 对新设施进行初步评估——建立与之相适应的目标，以满足设施要求。

概述

本阶段项目评价的目的是对项目各个方面进行整体的评估，从业主、项目管理实施相关方和其他成员利益的角度出发，拟定或反馈建设过程中的教训以及可供未来其他项目实施利用的经验总结，如，可以采用另外哪些方法来更好地满足项目相关各方的利益。这个评价/报告是一种较好的实践方式，但不应把它视为强制性的，也不是所有业主都需要这个报告。只要是为了检测所提供的设施，业主享有最大使用权，特别是操作成本达到最优限度的话，让设计咨询顾问参与是很有必要的。

典型的评价包括以下内容：

项目审计

- 项目目标概述。
- 与项目原始要求相比的任何变更及其原因的概述。
- 对项目合同和其他协议的简述，他们是否合适？
- 组织结构，它的有效性，专业人员是否足够？是否具备相应的技术？
- 项目总体计划中的关键活动与实际情况的对比。
- 出现的不正常情况和由此引起的问题及解决办法。
- 任何长处、不足以及取得的教训简述，对如何根据确定的要求有效地实施项目的总体看法，包括以下方面的内容：
- ○ 成本
- ○ 进度计划
- ○ 技术能力
- ○ 质量
- ○ 安全、健康和环境保护
- ■ 项目大纲是否实现？是否满足业主／用户的要求？
- ■ 任何有关对今后的项目值得注意的方面。

费用和进度评价

- ■ 效果
  - ○ 预算／成本控制效果
  - ○ 索赔处理效果
- ■ 批准的和最终的成本。
- ■ 计划与实际成本的比较（如 S 形曲线），原始预算和最终成本的比较分析。
- ■ 索赔的影响。
- ■ 有关项目财务方面的记录。
- ■ 由于最初要求的变更和／或其他因素引起的时间延长和成本变动。
- ■ 初始计划和最终执行的概括比较，包括批准工期和实际竣工日期的比较，及引起变化的原因。

人力资源方面

- ■ 沟通途径和相互关系（瓶颈及其原因）。
- ■ 处理与整个行业的关系，如果有的话。
- ■ 职工福利、士气和激励的总体描述。

执行情况评价

- ■ 计划和进度安排。
- ■ 程序是否正确，控制是否有效？
- ■ 员工工作概述：
  - ○ 计划与实际的差异
  - ○ 在有效的运行方式下，执行工作的资源满足程度
- ■ 哪些方面是满意的，哪些方面执行情况是不令人满意的。

■ 顾问和承包商的履行情况评价（应保密），为今后提供参考。

项目反馈

项目反馈很有必要，它反映了在项目各个阶段获得的经验教训，包括业主未来项目实施中可采纳的经验和建议。理想的信息反馈应该从项目各个阶段项目所有参与方处获得。若有必要的话，反馈应该在一个关键的决策阶段的最后获得（例如在《实施规范》中列出的七个阶段各自完成的时候）。

项目反馈内容应该包括：

■ 项目简述
■ 项目团队结构
■ 合同和价格形式
■ 合同反馈（适用性、管理、激励等）
■ 技术设计
■ 建造方法
■ 关于所选技术解决方法的意见
■ 任何值得学习的技术经验教训
■ 咨询顾问任命的形式
■ 关于咨询顾问任命的意见
■ 项目进度
■ 关于项目进度的意见
■ 成本计划
■ 关于成本计划的意见
■ 变更管理系统
■ 变更价值
■ 变化 / 变更的主要原因
■ 所有风险管理的执行
■ 所有财务的执行
■ 沟通问题
■ 组织问题
■ 关于业主角色 / 决策过程的意见
■ 关于所有包含专业问题项目管理的意见
■ 其他意见
■ 竣工报告

必须要记得，项目反馈的目的是不仅要表达项目有什么错误以及发生错误的原因，而且要观察有哪些部分已经顺利完成，以及是否（或如何）有一些问题可以在未来项目中改进，如持续改进。

竣工报告

项目经理应该在竣工报告中总结从各种竣工后回顾中的各种发现，该报告会发送给业主作为项目交付和成果的正式文件。

利益实现

在有些项目，项目经理也可能承担尽管是业主的一些职责，被要求帮助评估业主机构的预期利益是否已经实现。

第一部分 附录

附录 1 典型工作描述

职位名称：项目经理
任命日期：

总目标

作为业主代表，与项目团队一起，根据合同条款对工程项目进行指导、协调和监督。

项目经理将确保设计方、专业顾问、承包商（如项目团队）得到业主大纲以及设计、规范和其他信息，并有效地执行有关要求，以降低成本，保证业主目标的实现。

相互关系

责任与报告对象	业主
下属	实际工作协助人员，秘书 / 办公室职员
职责	与其他并非由其直接领导的项目辅助人员共同工作。

　　○　在必要或方便时，与业主的有关职员，如：法律、保险、税收等专业人员保持联系

　　○　与下列人员进行全面的合作：

　　（a）设计方和专业顾问

　　（b）承包商

对外　　就项目有关事项与地方当局或其他相关部门保持联系。

与建筑材料 / 设备供应商保持联系，以确定最有效的成本控制和施工方法。

与下列有关方面保持联系：

（a）业主的信息技术机构和其他高级信息资源，它们通常可以在设计和施工过程中的新技术应用方面（如通信、环境保护、安全、防火体系）提出意见。

（b）相关的专业学术团体和社会组织。

权力　　　　　　对项目经理的权力加以界定是确保项目经理有效地执行职能以实现业主目标的关键。权力的外延必须清晰。项目经理在项目管理中各个方面的责任区别必须清晰地勾画出，而权力决定着项目经理在控制、命令和资源决策方面的能力。项目经理的责任和权限将取决于项目管理协议中的条款和有关义务约定。

项目经理的责任和权力范围可能是平衡的，但两者可能是不均等的。通常的情况是：项目经理在某些方面有很大的责任却没有相应的执行权力，或是相反。

项目经理的权限应根据其在执行指令和审批开支限额方面的责任加以界定，有时应向业主通报情况，或在以下相关的一些方面寻求业主的指令：

- 完成项目的计划和进度
- 开支和成本，包括：开发预算、项目成本计划、资金回报率和生存能力
- 设计、规范和质量
- 性能
- 财务回报能力和营利性
- 承包商的合同
- 专业顾问任命
- 合同和任命的安排
- 管理程序，包括签发公文、证书和其他工程文件的程序

业主和项目经理应当仔细考虑和研究授权的问题，它是保证成功实现业主目标所必需的，如果必要，也可以建立一种适合的、与业主组织的权力部门密切联系的管理模式，以缩短合同协商的时间。

责任与义务细则

1. 分析业主的目标和要求，评价其可行性，协助完成项目大纲，建立资金预算。

2. 经过业主批准，形成在批准预算内实现上述目标的策划计划，其中包括可行的质量保证计划。

3. 在项目全过程中，就进度、存在问题、设计／预算／变更和其他有关情况经常向业主汇报。

4. 如果需要，在以下方面，向业主提供建议：

（a）专业顾问的选择以及有关职责和条件的商议；

（b）承包商／分包商的选择，包括就最适用的招标方式和合同形式提供建议。

5. 为业主批准下列事宜提供准备：

（a）整个项目的策划，包括建设场地的获得、相关的地质勘察、规划、初步设计、设计、施工、移交／占用等阶段的策划。

（b）就建筑设计与工程施工提出建议。项目经理将监督进展情况，就有关计划批准的和法定要求的各种报告的提交采取适当的措施。

（c）项目预算和现金流，以及可能影响项目开发进度的有关事项。

6. 确定业主大纲并向专业顾问确认。应当向他们提供现有的，如果必要也可以包括补充的资料，如有关测量、勘察、合作者、不利的权力或限制以及场地入口／交通限制等情况。

7. 会同设计团队和其他专业顾问通过讨论和评估提出有关已经确立的方案、设计、计划和／或预算变更意见，向业主汇报并争取获得业主批准。

8. 建立项目管理组织结构并建立：

■ 各部门的责任和义务以及有关报告制度的条款

■ 清晰有效的沟通联系方式。

■ 发放指令、图纸、证明文件、进度以及评估信息，以及准备与提交报告，获得相应反馈的系统与程序。

9. 与专业顾问一道确定招标方案。

10. 必要时，就以下方面向业主提出建议：

■ 设计进度和要求的图纸／信息及招标文件的准备与制作。任何时候都要重视运用有效的方法优化施工方案、进行后续的维修保养、准备招标文件及提供担保等达到降低成本的目的。

■ 招标文件的准确无误。

■ 设计方连同其他咨询人员对参与投标的单位进行资格初审，获取有关附件和补充资料。

■ 针对总承包商的初步施工程序，批准任何有助于业主目标实现的变更，并发放给项目团队，以便实施。

■ 项目所有因素的进展情况，尤其是批准的资金和分部预算情况，以及为满足确定的标准要求而采取的补救措施。

■ 业主必须履行的合同责任，包括用户研究小组和审核／决策点。

11. 与工料测量师一起建立成本监控和报告系统，并向其他专业顾问和业主反馈项目预算和现金流量情况。

12. 组织和／或参与下列活动：

■ 就建筑物的施工图设计、竣工验收和生产准备以及内部主要空间环境等问题向业主提出建议并提请业主的批准。

■ 在项目团队以及其他项目参与方的各种会议上，确保：

　○ 向有关各方提供充足的信息资料

　○ 实际进度与计划相一致

- 成本控制在预算内
- 要求的标准和规范得到了执行和贯彻
- 承包商有充分信息资源用来管理、监督和控制工程质量
- 项目团队有关人员按照合同的要求对各阶段进行监督检查和管理

13. 项目经理负责：

- 项目手册的准备。
- 促进沟通和调动各方人员的积极性。
- 监督工程项目进度、成本和工程质量情况，对偏差采取措施纠正。
- 对工作进行有效排序，确保有效利用时间。
- 协调项目团队的各项活动和产出。
- 根据计划监督工程建设各项资源的利用，出现问题及时采取必要的补救措施。
- 准备并向业主提交有关报告。
- 向业主提交进度表和成本控制资料。
- 上一条提交项目中包括期望的利润和其他相关信息。
- 同项目团队一道，在承包合同规定内，批准分包工作。
- 与有关方面协调，发现出现的和潜在的问题、纠纷和冲突并加以解决，以实现业主的利益。
- 在向专业顾问方分期付款申请方面提供建议并管理好来自承包商的同类申请书。
- 监督交工前的检查以及任何缺陷修补工作和保留金返还情况。
- 与项目组一道对延期和额外费用的索赔事项进行处理，并就此向业主提出建议。
- 在业主支付之前，审查专业顾问方的最终费用报表。
- 审查承包商的有关费用报表及相应的证书，并将他们提交给业主进行结算。
- 确保在合同中包括有关条款，要求设计方、专业顾问和承包商向业主提供建筑安装工程的竣工图纸、操作与维修保养手册、有关健康与安全的文件以及对业主的工程师和设备维修人员进行培训，如设备管理等方面的内容。

14. 采取适当措施和步骤，确保现场承包商和其他常驻人员及临时人员遵守所有的规章、条例和安全保护与防火操作规范，随时保持一个文明的施工现场。

15. 根据业主指示或要求，参与工程成本的最终结算和财务报表的制订。

其他有关项目的活动

同内部及外部人员，包括业主的工作人员一道，参与非正式的讨论，以解决技术细节、操作方法的落实和其他与目前工程或以前工程相关的一些问题，以相互交流有关看法和经验，从而提出更有效的措施。

项目经理在以下方面负有责任：

■ 根据业主的要求或工程管理惯例与程序，处理与其人员有关的一些事宜，包括绩效评价、培训与进修、技术指导等。

■ 不断更新自己及全体人员的观念，以接受新的工程项目管理思想，包括管理与监督技巧、实践、商务、财务、法律和经济发展趋势、最新合同文本格式、策划和建立规章制度，以及施工技术及施工设备的最新发展等。

职责的规定——项目管理相关合同

1. 英国建筑业协会 CIC 顾问合同条件和服务范围（2007 版）。

2. 英国皇家特许测量师学会 RICS 项目管理协议（第三版）（1999 版）。

3. 英国项目管理协会 APM 项目经理委托条款（1998 版）。

4. 英国 NEC3 专业服务合同（PSC）（2005 版）。

5. 英国皇家建筑师学会 RIBA 项目经理委托范本（2004 版）。

6. 英国国家医疗服务体系 NHS 实施建设项目交付的项目经理的任命协议。

附录 2 工程建设项目的健康与安全（包括清洁发展机制条例）

一般地，涉及健康与安全的法律总会涉及各项建筑活动（包括设计），而且不受行业局限。本附录介绍了一些法律与法规以及相关的信息。

建筑领域内涉及健康、安全及社会福利的基本法律有：

- 1974 版《工作及其他健康与安全法》
- 1954 版《开矿与采掘法》
- 1961 版《工厂法》
- 1963 版《办公楼，商店和铁路地基法》
- 《雇主责任法》
- 1989 版《污染控制法》
- 1980 版《高速公路法》
- 1991 版《新建道路及街道法》
- 2007 版《企业过失致人死亡法》

建筑领域涉及健康与安全的基本法是 1974 版《工作健康与安全法》。该法拥有 62 条独立条款，不可能解决如此一个巨大的领域内的所有问题，但是，根据该法产生的用以管理设计与施工的基本条例包括：

- 1999 版（2006 修订）《健康与安全管理条例》
- 2007 版《建设（设计与管理）条例》（众所周知的清洁发展机制条例）
- 2005 版（2007 修订）《高空作业条例》

其他相关条例与指南有：

- 2008 版《建筑垃圾管理条例》
- 1995 版《有害、疾病与危险事件发生报告条例》（RIDDOR）
- 1999 版（2005 年修订）《重大意外伤害事故控制条例》（COMAH）
- 2003 版《化学品（危险信息及供应包装）条例》
- 1992 版《健康与安全（屏幕显示设备）条例——使用显示器》
- 2002 版《COSHH（危害健康物品的控制）条例》《工作设备供应与使用条例》（PUWER98）
- 《吊装设备与吊装操作条例》（LOLER98）条例
- 1992 版《工作中个人防护装备条例》
- 1996 版《健康与安全（安全、符号与信号）标识条例》
- 2006 版《石棉控制条例》

2007 版清洁发展机制条例

　　1994 版建造（设计和管理）条例是为了配合欧盟做出的基于健康与安全代替工业本身的管理目标而提出的强制性法规。业主与设计方第一次被明确赋予健康与安全管理责任。该条例于 2007 年修订。

　　2007 版清洁发展机制条例简化管理结构的同时强调了对于建造活动本身的计划与管理，并加强了各个关键部分的合作与协调。

2007 版清洁发展机制包含以下五个部分：
- 第一部分—概述
- 第二部分—适用于所有建造工程的管理责任
- 第三部分—重要工程的附加责任
- 第四部分—施工现场的健康与安全责任
- 第五部分—总结

此外，2007 版清洁发展机制被实践所认可

这些条例适用于所有大小和工期的建造工作。然而，针对上报工程的额外责任人以及上述第三部分条例提到的责任还包括：
- 总承包商
- 清洁发展机制协调员（1994 版清洁发展机制已取消设计监督角色）
- 健康与安全执行通告（F10 表格）
- 工程进度计划
- 健康安全档案

除了以上提到，大部分责任集中于业主、设计者和承包商，并在大多情况下存在额外责任。

上报工程

　　从 1994 版清洁发展机制开始简化了上报的手续。在 2007 版清洁发展机制中需上报工程是非本国业主并且建造工作长于 30 天或者大于 500 工日。

业主的定义

　　2007 版清洁发展机制将业主定义为承包或自己建造的正在进行或即将进行的建造活动的个人或组织。这排除了本国业主（工程已经完工并且入住或即将入住）。新的清洁发展机制仍仅适用于业主为本地人并为房东、房地产协会、慈善机构、收租人或其他从事贸易以及商业活动的人。

在 2007 版清洁发展机制中业主的角色

　　2007 版清洁发展机制并没有新增业主新的责任条例，然而：
- 在旧版清洁发展机制及其他相关条例中现存的责任被明确。
- 基于责任的易于实现的说明。

■ 业主对他们造成的健康及环境影响负责。
■ 业主要确保清洁发展机制协调者在上报工程中建议与协调并有充足的时间和资源保障工程顺利、安全地进行。
■ 业主有责任向设计者和承包商提供关键信息；业主同样要将信息链断开处补齐。
■ 业主需要任命足以胜任的清洁发展机制协调者和总承包商，以保证建造活动在福利设施和健康与安全计划准备完毕后得以开展。
■ 业主有保管健康与安全的文件的义务并能够提供查阅，同时信息需及时更新。
■ 上报工程中若还未授命清洁发展机制协调员和总承包商，业主需要接管清洁发展机制协调员和总承包商的工作。

如果业主判断承包商的管理安排是合理的，是基于充分的证据并考虑到自然及风险因素。如果在实施中安排被证明是不恰当的或者在业主没有参谋的情况下实施失败，业主将不予被追责。

清洁发展机制协调员的角色

2007 版清洁发展机制创造出了一个清洁发展机制协调员的新角色，替代了 1994 版清洁发展机制中的设计监督人。协调员仅需要在上报工程中任命，其职责是在建造活动的设计阶段向业主提供安全及健康建议。主要职责包括：

■ 在业主选择设计者和承包商时给予建议——协调员本身没有任命的权利。
■ 帮助鉴别对设计者和承包商有用的信息。
■ 调整计划与设计中的健康与安全工作安排——尽管需要满足层级顺序，但是不需要检查设计。
■ 确保工程中健康、安全与环境的上报（仅在上报工程中）。
■ 为最初的建造计划提供建议——不需要赞成或指导总承包商的阶段性计划或赞成风险评估和方法建议。
■ 准备健康与安全档案。

业主、总承包商、承包商、设计者或专职清洁发展机制协调员均可承担清洁发展机制协调员的责任。

设计人的角色

2007 版清洁发展机制中设计人是从事设计及落实建设的工作者，无需上报工程及国内工程均算在内。设计人包括从事图纸绘制、深化设计、测算分析、工程造价工作。广义上来讲，还包括结构工程师、建筑设备工程师、建材师、临时设计师、室内设计师、自行设计建造的业主。然而,官方机构如根据相关法律提出建议并不算是设计人。但是，如果他们所需要从事的工作并非法律方面的，则可以被认定为设计人。

> 2007 版清洁发展机制中设计人的主要工作是：
> - 确保业主履行责任
> - 确定自己足以胜任工作
> - 为了风险控制需要与他人协调工作
> - 同清洁发展机制协调员及其他人合作
> - 为健康与安全档案提供信息
> - 消除建设中的隐患，推动建筑的使用和拆除
> - 尽可能消除一切潜在隐患
> - 提供减小风险的集体性方法决策而非个人的
> - 在设计工作框架时参考 1992 版工作规章制度条例
> - 为业主助理、其他设计者和承包商提供设计信息
> - 对不明显、不常见而又具有一定意义的其他风险要做特别通知
> - 不可预测的风险不需考虑
> - 2007 版清洁发展机制不需要零风险设计
> - 为消除风险所做出的努力需要同风险本身均衡
> - 检查业主是否已经任命好清洁发展机制协调员
> - 在清洁发展机制协调员任命后最初方案设计才能通过审核，最初方案被认为是：
>   - RIBA 中第 C 阶段内部或外部的工作
>   - 2006 版第三部分英国建筑业协会（2006 年 8 月拟定）中规定的工作
>   - 英国商务部第一部分之外的工作
>   - 2002 版 ACE 协议 A（1）和 B（1）部分
> - 同清洁发展机制协调员、总承包商和其他设计人或承包商合作以使得所有人履行责任
> - 为健康与安全文档提供相关信息

总承包商的角色

从 1994 版到 2007 版清洁发展机制中承包商的角色及责任改变是非常小的。在确定业主明白职责范围、清洁发展机制协调员已上任，健康、安全和环境情况已上报的情况下总承包商应该尽快上任。总承包商其他的工作还包括：

> - 确保所任命的所有承包商和分包商能够胜任
> - 在建造的各个阶段都能有序的计划、管理、监督、供给充足
> - 承包商能够在最短的时间内计划和准备
> - 为其他承包商提供相应的信息
> - 确保工作安全，协调、组织承包商的活动
> - 负责在建造阶段中健康与安全计划的准备与实施。需要建立一个组织或针对特定的工作与风险来制定风险管理方法和协调工作
> - 确保从工程建设的最初阶段就有相关福利保障
> - 确保必要规则的准备与实行
> - 向包括业主雇佣的承包商在内的承包商指明正确的方向
> - 除非被授权其他人士不得进入工地现场

续表

> ■ 根据需要制定建造阶段性计划
> ■ 在健康与安全方面需要为清洁发展机制协调员及时提供信息
> ■ 在设计及设计变更方面要与清洁发展机制协调员保持联系
> ■ 确保向所有的工人提供健康与安全方面的指导、信息和培训
> ■ 确保遇到健康与安全问题时工人们能够得到咨询

在 2007 版清洁发展机制中总承包商不需要做：

■ 向没有雇佣的工人提供培训（这是直接雇佣这些工人的承包商的责任）。

■ 细致监督承包商的工作。

承包商和雇佣工人的责任

> ■ 确定业主了解他们的责任
> ■ 在工作中要计划、管理、监督以确保工人们的安全
> ■ 确保他们以及他们所雇佣的人员能够胜任工作并具有足够的能力
> ■ 通知每一个承包商他们所拥有的计划与准备的最短时间
> ■ 向工人（无论是否雇佣）提供必要的信息、培训和指导
> ■ 及时公布任何可能危及自己及他人安全的信息
> ■ 确保设计工作遵从清洁发展机制设计师的计划执行
> ■ 履行健康与安全责任
> ■ 配合与协调工程中的其他工作
> ■ 为工人提供咨询
> ■ 在明确阻止他人进入现场的规范步骤后再开工
> ■ 在有需要的情况下向专家（如结构工程师、保健专家）听取建议
> ■ 在确保健康、安全与环境已经上报（仅上报工程中）的情况下核查清洁发展机制协调员是否上岗开始工作
> ■ 同总承包商、清洁发展机制协调员及其他工程中人员合作
> ■ 将自己工作中为他人带来的风险及时通知总承包商
> ■ 遵循总承包商的正确指导方向
> ■ 工作节奏同工作阶段计划相一致
> ■ 将他们任命的承包商的身份信息告知总承包商
> ■ 将在工作中遇到的对管理有影响的风险和问题及时告知总承包商
> ■ 将伤亡状况、危险的发生及时告知总承包商
> ■ 为健康与安全档案提供信息

控制现场健康与安全的责任

2007 版清洁发展机制第四部分包括控制健康与安全风险的责任。同 1996 版原有的建造条例相似，但是将第四部分替换为：

> ■ 适用于所有建造活动
> ■ 是每一个建造者及控制工程的人的责任
> ■ 一些措辞被更新同时结构有所替换，但是保留了最初版本的基本要求

此外新版还有一些变化：

> ■ 一些指令需要在专门的地方进行签字，被隔离开或者同风险的等级相对应
> ■ 在书写关于返工和解聘安排文件上提出了新的要求
> ■ 有关开挖、围护、沉降的规定被重新改写从而更加精炼
> ■ 报告及检查的职责被重新调整
> ■ 休息设施，椅子需要有椅背（针对欧洲提出的指导——如果椅子有需要更换）
> ■ 培训、技能及特殊要求已包含在规章制度中
> ■ 对房门和大门的要求已转移到1992版工作（健康、安全、福利）规章制度中
> ■ 关于拥有一些工具替代铁路运输的规定被移除
> ■ 防止在船舶建造中溺亡事件的发生、如何管理维护人员的条例被移除

训练与胜任

> 为了保证胜任，个人和组织必须：
> ■ 对于工作将要涉及的任务和风险有足够的知识
> ■ 有足够的经验和能力在工程项目中发挥作用。认识到自己的局限性并能采取适当的方法阻止工程中不利事件的发生
> ■ 在2007版清洁发展机制中所有人都有责任：
> 　○ 采取"合理的步骤"保证自己足以胜任
> 　○ 在工人尚不能胜任工作之前需要给予必要的安排与指导
> 　○ 在足以胜任之后接受任务
>
> 注意事项：
> ■ 此规章适用于企业和个人
> ■ 测评需要结合实际情况并参考工程的大小、风险和复杂性
> ■ 2007版清洁发展机制提出对测评是否能胜任工作过程实行流水化
> ■ 清洁发展机制协调员的关键工作之一是为业主直接雇佣人员时提出建议
> ■ 雇佣合同是建造活动管理者同工人一起决定的，从而使得工作中的风险得到最有效地管理
> ■ 在正确的时间和正确的人进行有效沟通，在工程的健康与安全方面能够做出恰当的决定
> ■ 在工人雇佣和咨询方面2007版清洁发展机制的关键点是：
> 　○ 第五条：合作和第六条协调
> 　○ 第十条：业主提供信息
> 　○ 第十一条：设计者提供信息
> 　○ 第十三条：承包商提供信息 [包括场地指导、风险信息、相关法律、潜在的风险，第十三章（2）(b) MHSWR 要求的培训]
> ■ 当被雇佣人因为改变工作地点、职责变化、使用新工具或新技术及新系统时，为他们提供适当的培训
> ■ 对于所有项目，相关责任人应该：
> 　○ 提供工作需要的相关信息
> 　○ 提供定点指导
> 　○ 对风险评估中发现的问题提出建议
> 　○ 解释相关法律条款
> 　○ 解释一旦发生危险应当如何处理
> 　○ 联系负责保障现场健康与安全的人
> ■ 顾及不会识字或者不懂英语的人
> ■ 工人们有义务及时公布任何威胁自己或他人的信息
> ■ 工人安全代表人有资格参加雇主提供的培训

对于重大危险的管理请参照第八条

■ 总承包商除了要和工人交流在上报工程中的工作内容外还应该：

　　○ 为了保障合作顺利、及时沟通要经常同承包商、工人安排会面

　　○ 为工人提供咨询

2007 版清洁发展机制：进一步建议

可以通过以下方式取得清洁发展机制进一步的建议：

■ 2007 版清洁发展机制规章制度和实践（L144）

■ HSE 网址：www.hse.gov.uk/construction/ 清洁发展机制 .htm

■ 2007 版清洁发展机制工业指导：

www.cskills.org/supportbusness/healthsafety/ 清 洁 发 展 机 制 Regs.

设计类：

■ www.dbp.org.uk

■ www.dqi.org.uk

■ www.cic.org.uk

■ www.ciria.org.uk

附录3   项目计划

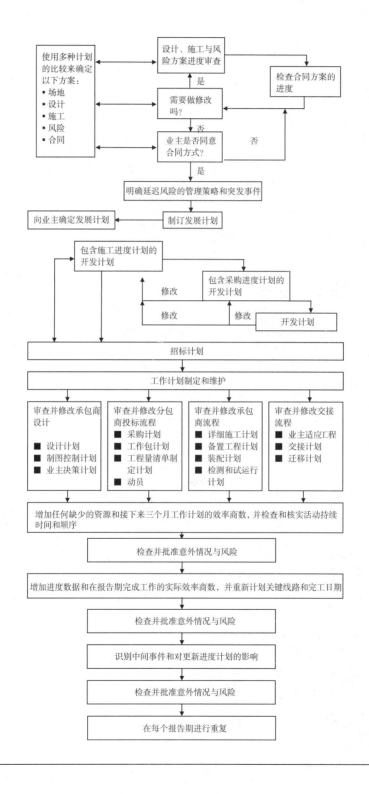

附录4 现场调研

此流程图可以用于此图下面的表格所列的10项工作的任何一项。

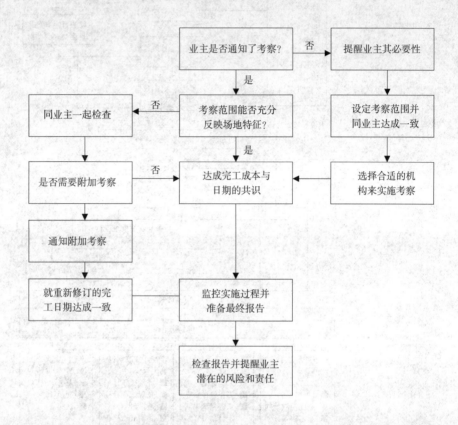

与现场考察相关的工作

工作	实施人
现场考察	土地测量师和结构工程师
地质调查	地质调查专家
排水系统及城市设施勘测	土木工程顾问
污染调查	环境和/或土地专业人员
交通调查	交通顾问
邻近产权调查	建筑/界墙/所有权测量师
文物勘查	本地博物馆或大英博物馆及其他相关渠道
环境问题	环境专业顾问
法律问题	法律顾问
规划许可大纲	建筑师

确认这些工作已经成功地完成是项目经理的职责。

每项任务都可以分解成若干项工作：

现场考察
- 位置
- 陆地测量资料参考
- 土地标高／等高线
- 自然特征（比如，公路、铁路、河流、沟渠、树木、高压电塔、建筑物、旧地基、冲蚀）
- 现存分界线
- 邻近不动产
- 场地交通
- 结构测量
- 先前的场地用途

地质调查
- 探坑
- 钻孔及钻孔记录
- 场地地质，包括地下工程
- 实验室土壤测试
- 现场测试
- 地下水勘查及抽水实验
- 地球物理测量

排水系统及城市设施勘测
- 现有排水系统（露天沟渠、管道系统）
- 场地周围现有公共设施（水、电、气、电信）的状况
- 其他可能穿过场地的设施状况（比如电话线、数据线、石油或燃料管道）

污染调查
- 石棉
- 甲烷
- 有毒废物
- 化学测试
- 放射性超标

交通调查
- 检查地方当局的交通记录
- 统计交通量
- 交通模式
- 现状交通流的计算机模拟
- 延误分析
- 噪声水平

邻近区域调查

交通调查
- 照明系统所有权
- 分隔墙协议
- 情况进度

- 基础
- 排水系统
- 通路
- 公共服务设施
- 噪声水平（比如机场、高速公路、空调设备）

文物勘查
- 检查现有记录
- 考察遗存的文物

可持续性问题
- 开发方案对当地环境的影响
- 环境评价
- 洪涝灾害
- 二氧化碳排放
- 垃圾处理
- 交通
- 污染
- 生物多样性
- 人类与健康
- 社会问题

法律问题
- 场地所有权
- 限制性条约
- 他人土地上的通行权，比如路权
- 租借的道路通行权
- 分界线
- 隔墙协议
- 高速路协议
- 地方当局协议
- 土地上空权

规划许可
- 对当地规划的影响

附录 5 欧盟项目发包指令指南

欧盟发包条约最先在英国公共项目发包中实施。目的是打开政府项目市场从而保证欧盟的货品与服务畅通无阻。

这条法规是以货币为基础的公众本身对特定公共设施间的贸易。该法规覆盖了所有欧盟成员。根据国际协议受益方延伸到欧盟以外的其他国家。

当使用该条法规时，必须通知欧盟公报（除非涉及国家安全等特殊例外），并有其他的规则需要遵守。这些规则在成员国法庭及欧盟法庭均有效力。

哪些关键点改变了？

现行规则已改变的有（在 2006 年 1 月 31 日颁布）：

- 供应、服务、建设被整合到一项系列规定中。
- 明确包含了框架协议和电子拍卖。
- 更具有竞争性的审查机制加到了更开放和严格的程序中。
- 引进动态发包机制。
- 对购买主体有特殊条款。
- 完全排斥有犯罪记录的主体，无论是领导人还是决策者。
- 已经入最后的 10 天审核期时具有优先签合同的权利。

混合契约

- 当合同包含服务与发包两方面时，需要结合两者的价值进行分类。
- 当合同包含工作 / 发包或工作 / 服务时，需要根据其主要目的分类。
- 当合同中规定提供生产设备和操作员时可以将该合同视为服务合同。
- 提供软件的合同为供应合同，除非所提供的软件是为他们所服务的购买者量身定做的。

公开发包的要求

一般来说，合同上的条例必须成为竞争的主体信息并在欧盟官方公报上发布合同告示。在大多是情况下应该预留不少于某个固定区间的时间来保证解答问题和投标。但在某些情况下是可以减少时间的（请参见 SIMAP 网站中的详细介绍）。

一些服务如（A 部分和 B 部分提到的服务）降低其公开程度需要申请：详情在 SIMAP 网站（http：//simap.europa.eu）。

公开的时间要求请见下表

程序	任务	天数
开放	招标之日起到收到投标的最短时间 当优先信息通知发布时可适当减少时间（主要针对限制性项目） 一般来说为 36 天，不少于 22 天	52
限制	从招标之日起收到参与请求的最短时间 邀请招标后收到投标的最短时间	37
	当优先信息通知发布时可适当减少时间（主要针对限制性项目） 一般来说为 36 天，不少于 22 天	40
进一步限制	从招标之日起收到参与请求的最短时间	15
	邀请招标之日起收到投标的最短时间	10
竞争演说和谈判	从招标之日起收到参与请求的最短时间	37
进一步竞争谈判	从招标之日起收到参与请求的最短时间	15

如何选择程序？

- 开放程序：所有有兴趣的个体参与。
- 限制性程序：一些被选中的个体被邀请投标。
- 竞争性演说程序：遵循欧盟官方公报合同通知书和选拔程序，之后让竞标人展开演说，选出至少一个竞标人进行投标。
- 谈判阶段：主办方可能会选择一个或潜在中标人根据合同内容进行谈判。在某些场合下是要在欧盟官方公报上发布广告的。要描述相关规则但并不需要展示合同。举个例子，一些合同在出于保护技术或艺术的因素仅拿给特定的中标人。

该条例对私人工程的影响

对于公共工程合同（承包商已获批进行开发，如收取过河费），承包商需要按照欧盟官方公报中广告的要求履行责任以争取到第三方。对于资助项目（土木工程师参与建设的医院、运动设施建筑、休闲娱乐建筑、学校、管理大楼），官方主体要求分支机构按照该规章制度执行，就好像是官方本身一样，是一种条件授权。比方说，涉及福利工程项目。这同附属机构对于自身建设时有着同样的要求相似。

尾注

该条指导并不作为特殊工程的官方指导意见，但可作为官方参考意见之一。欧盟的发包制度是根据欧盟发展的进步和国内市场的变化而变化的。欧盟委员会之间的交流、指导也是根据现存英国规章制度而执行的。可以从 SIMAP 或者英国商务部了解到。

附录 6　绩效管理计划（PMP）

绩效管理应当作为开发项目从确定到监督与检查过程中的组成部分。

在不大可能确定直接的因果联系或者准确测定绩效的情况下，通常会使用间接测定方法，比如关键绩效指标。这可以反映进度、顾客价值以及产品或服务意识。

目标

绩效管理计划的目的是根据要交付的产出、结果和利益，设定进度计划的基本原则与目标。该计划也定义了如何测定绩效标准以及管理分歧的计划。绩效管理计划包含绩效管理的详细程序、绩效测定方法以及所需的绩效信息，用以确定与监控交付物。

绩效管理程序

绩效管理流程列出了一些指向性的工作，包括使用绩效信息进行更好的管理，确认已经完成的工作并采取改进措施。绩效的衡量标准可以使用 SMART 原则（明确性、衡量性、可实现性、相关性和时限性）检测来确定。

绩效测定应当标明里程碑事件，通过对照目标（可能在重要决策阶段订立）、已完成的目标水平及第三方来测定项目进展。测定方法可能需要随着项目进展适时改变。测定标准可以采用 FABRIC（专注、适度、平衡、求实、整合、性价比高）测试来加以确定。

绩效信息包括数据、数据特征、质量、来源以及对测定方法的影响。

绩效管理计划清单

绩效管理计划的质量标准包括：
- 设定并监控绩效所要获得的目标、产出、结果或者利益是否明确定义？
- 能否根据关键性目标来评价绩效测定方法？
- 是否明确定义了绩效测定方法以及目标价值？
- 管理绩效的方法是否完备，是否包含了工作循环的所有重要部分？

■ 测定方法和度量标准能否通过 SMART 和 FABRIC 的预测试？

■ 是否明确规定了测定周期？

■ 是否所有用以测定的标准或技术已经到位？

■ 绩效信息的来源是否达到足够的品质？

■ 提供的绩效信息是否可信或者是否经过独立验证？

■ 是否清楚提供了检查方法以及改进不满意绩效的纠正举措？

■ 是否具备管理组织机构和程序大纲？

■ 收集与分析绩效信息的来源是否确定？

■ 是否明确界定了责任与义务？

绩效管理计划的推介内容

绩效管理计划的重要内容应当描述一整套工作及其结果：

■ 战略——确定组织的目的与目标。

■ 绩效测定方式的选择——确定全过程提供工作成果量化的方式。

■ 具体目标的选定——将总目标细化从而便于管理，并设定未来达到的日期。

■ 绩效信息的提交——提供良好的对组织是否达到目标的描述。

■ 报告信息——提供内部管理监督与决策制定的基础，并作为实现对外义务的方式。

■ 改进措施——采取纠正错误的行动，将达到的成就反馈到整体战略中。

附录 7 英国 1996 版、2009 年修订房屋批准、建造及重建法的含义

英国 1996 版房屋批准、建造及重建法规适用于所有 1998 年 5 月 1 日之后签订的建设工程合同。引入该合同的目的是改善现金流动，减少"公平竞争"中的付费机制设施。为了加强该影响，从 2009 年 9 月起引进一系列增强透明度和清晰度的修订条例，帮助调整与改进个体在合同协议阶段的权利从而有助于解决争议。

此法适用于所有建设活动，包括现场清理、劳务、拆迁、维修工作以及景观工程。但是，现场外制作、供应与维修，或者工业化构件制作，室内施工合同，非书面合同以及某些其他活动类型，包括 PFI 合同（不包括由于 PFI 合同而产生的施工合同），都不受该法的限制。

受该法影响的两个重要领域是支付程序问题与争议裁决问题。

该案对支付的规定

该法要求每份施工合同都必须包含以下要素：

■ 分期付款。
■ 确定所应当支付的数额与支付时间的恰当机制。
■ 预先通知支付数额并及时支付。
■ 预先通知（7 天）拒绝支付的意向，并告知理由与拒付数额。
■ 由于应付款的未支付而导致的工作延误（不扣除 7 天的通知期）。
■ 所有"背靠背"条款失效，除非支付所依赖的第三方破产。
■ 如果缺乏法案所规定的最低要求，根据默认条款，政府机构将发挥作用。

政府机构的支付规定

政府机构的支付规定包括：

■ 每月中期支付。
■ 月中支付的支付日期应当是该月期限结束后 7 天内，或者根据所提出的要求，不管两者哪个晚。
■ 中期支付的最后支付日期为支付日期后 17 天。

- 支付总额的通知不得晚于支付日期后 5 天。
- 拒绝支付意向的通知发出不得晚于最后支付日期前 7 天。

该法规定的裁决

该法具有提交任何争端进行裁决的法律权力。它规定，所有合同必须满足该法的要求，包含裁决程序。

- 对于合同产生的任何争议或分歧，每一方都可以随时提过裁决。
- 合同必须提供一份时间表，用以在最初通知发出后 7 天内任命一名争端的裁决人并着手解决争议。
- 裁决人必须在开始裁决后 28 内做出判决（如果提出裁决方同意，可以延长到 42 天）。
- 只有在各方同意，或者提出裁决方同意，裁决期限才能够延长。
- 裁决人有权力采取必要的行动来了解事实与研究法律。
- 只有当争议通过法律程序、仲裁或者协议最终确定下来，裁决人的决定才有约束力。
- 参与各方可以选择同意接受裁决人的决定作为最终结果。
- 如果法案规定的最低要求没有达到，根据默认条款，政府机构将介入并发挥作用。

政府机构介入裁决时规定

政府机构介入裁决时规定为：

- 发出裁决的书面通知：
  - 描述争议问题及参与各方。
  - 争议产生的时间与地点的详细情况。
  - 寻求的补救措施。
  - 合同各方的名称与地址。
- 通知发出 7 天内任命裁决人。
- 后一个 7 天内提交完整的文件材料。
- 口头证据只限于代理人（可能是律师）。
- 裁决人需要在任命通知接受后 28 天内或者经过各方同意 42 天内做出裁决。
- 争议各方平均分担裁决人费用的支付（除非裁决人有其他决定）。
- 如果有要求，裁决人应当提供裁决理由。
- 裁决人做出的裁决通过一定的法律程序、仲裁或者解决过程中的相互协议，就具备约束力。

　　　　　　　　　■　裁决人的裁决一经作出，争议各方必须遵守。

概览裁决

　　采用裁决是为了节约时间与费用。因此，各方必须做好接受"大致公平"的决议。裁决人具有非常大的权力。他们可以使用他们的权力，要求任何一方进一步提供资料，会面并进行询问，考察现场，必要时可以指定专家协助（比如技术评估员、法律顾问），并能够发出指令及设定时间限制。他们在所有各方同意下，能够裁决不同合同下的"相关争议"。他们能够获得收益支付。

什么可以提交给裁决人

　　实质上，所有由于合同（合同包括书写、口述和部分口述）所引起的各类争议或分歧都可以提交给裁决人。这些内容包括：支付总额通知或拒绝支付通知的发送失误，中期支付的价格，变更的价格，工期的延长，浪费及损失，调价和扣款，工艺、指令是否合理等等。

谁支付裁决费用

　　通常的观点是各方必须承担各自在提交与陈述问题过程中的费用。但是一些情况下采用了"费用由失误方支付"的方式。

如何执行裁决人的决定

　　裁决人做出的裁决通过一定的法律程序、仲裁或者解决过程中的相互协议，就具备约束力。几个案例显示，法院倾向于共同支持法案及裁决人。

　　有理由可以相信，裁决过程起码应当将注意力关注于哪一方的理由不够充分，从而由这方来负责按时提供业主的最终产品（完工项目），并支付主要争议的费用。

附录 8　伙伴制

什么是伙伴制?

伙伴制就是指一种两个或两个以上的组织通过使每个参与者的资源效力最大化来达到特定的商业目标的管理方法。它要求各方在基于共同的目标、商定决策的过程、积极寻找可持续措施的改进的基础上,在一个开放和相互信任的环境中一起工作。

伙伴制是从事各种建设工作最有效的方式,包括新建建筑和基础设施、改造工程、翻新和维修工作。基本的要素已经实践了很长一段实践,但是没有意识到其中带来的好处。当与项目有关的元素已经共同工作,并且在开始阶段已被引入项目,它们都是显而易见的。在这种理想情况下,每个人都自然地结合在一起作为一个团队工作。

伙伴制可以基于单个的项目,但是只有当它基于一个长期战略保证的情况下,才能意识到伙伴只的真正好处。具体项目的伙伴制是在个体项目上合作。战略伙伴制是一种准备长期一起工作的各方之间的关系。通过建立独立企业的个体优势,战略伙伴制的安排经过一段时间可以实现稳定提升绩效。

项目伙伴制的定义

项目伙伴制是由多个工作团队所采取的一系列行动,多个工作团队组建项目团队来帮助他们彼此协作,提升合作绩效。具体行动由项目团队来确定,并考虑项目的主要特征,还有自身经验和正常性能。行为的选择要遵循一个经结构化讨论的共同目标、决策过程、性能改进和意见反馈。

项目伙伴制涉及最初成本和提供实体利益。它没有一个固定的工作方式;它的发展好比项目团队在合作中寻找实现达成一致目标的最有效的方法。

战略协同工作的定义

战略协同工作是由一群公司所采取的一系列行动,行动的目的是通过一系列的项目,帮助他们彼此合作,提升联合体绩效。

行动最初的目的是商定一个总体战略,确保包含了合适的公司,财务安排可以支持合作,公司文化、流程和系统得以集成,并以整体性能为基准，项目流程在不断地改进，整个战略伙伴制的安排能够遵循意见反馈。最终，行动的目标是建立和不断发展长期业务，其基于联系业主的使用建筑设施的开发和生产，集合了整个建设周期。

当伙伴制使用得越多，体会到了伙伴制的好处，那么长期战略伙伴制就会越多地被使用。伙伴制是关于关系的形成和发展，或从建设项目中获益的关系。伙伴制为参与者创造了一系列的机会和关注。这些包括了供应商初期的参与，依据价值选择参与各方，绩效评估，持续改进，共同的团队流程和商业安排，通过这些调整各方在行业中需求和供给两方面的风险和回报。"协同工作"这个词经常被用来帮助消除以前伙伴制定义的误解。这似乎鼓励人们投身于学习新的最佳实践方法和采取合作的行为。

伙伴制的基本特性

伙伴制由三个基本特征构成：共同目标，达成一致的决策过程和积极地寻找持续改进的方法。它们组成了伙伴制的标识，如下所示：

项目伙伴制的基本行动

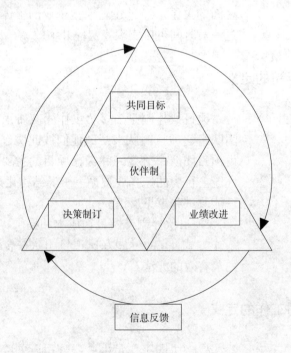

共同目标

伙伴制最基本的要求是达成一致的共同目标。其目的是寻找牢固建立的目标，它是为与项目有关的每个人的最大利益能够通过关注整个项目的成果来实现。当人们在合作中采用双赢态度时，能够增加他们想要的一切合理东西的机会。

伙伴制能够接受公司关心他们自己的利益。如果顾问、承包商和专家有一个现实的机会做好工作和赚取合理的利润，业主需要对他们得到所想要获得的利益有清楚的认识。当业主得到良好的价值，好的建筑或基础设施，并且没有其他麻烦时，咨询顾问、承包商和专家对他们的良好发展需要有一种同样的清楚的认识。关注共同的目标清楚地表达了这样的想法，当人们合作时，他们可以产生远远多于给予每个人合理想要的。对比传统的零和假设，这个通常被描述为"双赢"态度，零和假设即为如果一个人有所收获，那么另一个人一定会有所失去。

业主应该确保达成共同目标时会考虑到每个与项目有关的人的利益。这就可能需要时间来处理每个人关心的问题。不可避免地，业主、设计师、管理者、专业承包商和制造商会在怎么样算是成功的这个问题上有不同的看法。很多人会担心，如果他们配合去满足他人的需求，自己在某种意义上来说会有损失。尽管如此，这些固有的保留意见、经验显示，当项目团队聚集在一起讨论他们的个体利益时可以找到共同的目标。这其中耗费的初始成本和时间是值得的，因为经过深思熟虑的共同目标，避免了时间和资源不被浪费在因为设计可能对后阶段产生的问题上。

共同的目标可能解决许多与问题有关的过程和结果，但常见的主题包括：

- 资金价值
- 利润的担保
- 可靠的质量
- 快速施工
- 按时向业主交付工程
- 成本下降
- 商定预算内的成本
- 运行和维护效率
- 为用户提升效率
- 建筑工程质量
- 特别的技术创新
- 良好的现场设施
- 安全施工
- 风险分担
- 及时的设计信息
- 设计信息的可靠传递

■　计算机系统的共享

■　有效率的会议

■　决策技巧的训练

■　管理控制系统的培训

■　零索赔

在达成共同目标的过程中，最基本的问题是解决财务安排，以便每个人都能在商务条款中得到公平的回报。建设项目最糟糕的情况出现在当任何顾问或承包商赔钱的时候。只要任何一方只要尽了最大努力，合同安排就应该保证，没有公司相对于他人来说会亏本。业主价值的基本权益以及咨询顾问、承包商和专家的合理利润为伙伴制的蓬勃发展提供了平台。

决策制订过程

建设项目汇集了许多来自不同公司的工作团队。这些工作团队需要在决策制订过程上达成一致。业主是否需要该项目产生一个现有的成熟的解决方法或初步设计，将直接影响决策系统的性质。这种选择引起的一个重要结果是业主和其团队需要在决策制订上花费时间。初步设计需要耗费很多时间，但是却能使建筑物和基础设施能够维持用户们的需求，并且可以取悦看到它们的每个人。标准的解决方法可以减少调用业主的时间，工期更短，成本更低，提供可靠的质量，但是可能会对用户带来更多的妥协，并且使其变得枯燥。

项目团队需要对他们将要使用的信息和通信系统进行确定。他们还需要决定将使用的质量、进度和成本控制系统。他们需要商定由谁来管理这些系统，以及谁会得到各种结果。项目团队决定面对面会议的形式和频率。他们负责考虑使用工作组、研讨会、普通的项目办公室、社交圈或者其他方式来使团队的距离更近。总的来说，系统应该保证好的观点被捕捉到，并且被妥善考虑。这意味着需要对使用现有的令人满意的解决方案能带来的收益和发现、开发更好的解决方案所花费的成本和时间，与带来的更大的收益之间进行平衡。

不管决策系统是怎么商定的，它都应该包括健全的程序，以保证问题能够很快被解决，以此来鼓励有合作精神的团队。大多数的问题都能用这种工作团队直接参与的方式来解决。当出现这种方式不能解决的问题时，应立即将问题提交给项目的核心团队，在特殊的情况下，提交给高级管理人员。

持续的业绩改进

伙伴制的主要目的是提升项目团队的业绩。伙伴制如果只是提供了共同的目标，商定决策制定的方法，那么整个项目团队将会陷入一种低效率的工作方式中。伙伴制要求项目团队寻求更好的解决方法。新项目团队合作应该瞄准一个所有团队成员都认为重要且适度的改进。当合作的经验累积到一定程度时，改进的规模和范围可以扩大。

很重要的一点是，在某个领域里的业绩改进不会分散工作团队继续提供他们在各个领域中已经建立的普通业绩。这是一个容易陷入的简单陷阱，当注意力集中在改进上时，在没有人注意到的地方，质量却下滑了。这就是为什么伙伴制流程给出了达到普通业绩以及提供业绩改进明确的限制。

有很多关于激励工作团队改进业绩方式的讨论。很多经济学家认为，竞争为业绩性能改进提供了最佳的激励。建筑业的竞争可以很容易地成为激烈的投标价格之战，质量和安全被带到一个效率极低的水平上。结果包括索赔、争端、缺陷、延迟竣工和优质的建筑公司被驱赶出竞争之外。竞争在伙伴制中占有一席之地，鼓励咨询顾问，承包商和专家为了改善自身业绩，在训练和创新上投资。当企业之间存在长期合作关系时，这是可以实现的。

通过拥有两个，三个或四个主要关系的可选项，所有合作者都会被激发持续改进业绩的积极性。在伙伴制合同中通常规定有商定的鼓励措施，这可能会允许参与者一起来分享达到一定额度的节省成本，但是也可以提供类似的损失分配，包括由于错误和成本增加带来的损失。这种安排被称为收益分享/损失分担。

基准测试提供了另一种寻找改进业绩的武器。仔细研究有关较好的国际惯例信息是有经验的业主常常用来指导目标选择的方法。一个好的方法是，将注意力集中在业主，咨询顾问或承包商将什么视为他们最大的问题上。

制定自我目标的项目团队是有优势的。当项目团队得到有关通过领先实践取得业绩的信息，他们经常设置比从项目经理那里得到的更严格的目标。

当对于他们预期的业绩改进达成一致意见后，最好的合作团队尝试各种创意；继续保持那些工作和改变都没有带来改进的行动。他们成立了一个工作组来帮助找到达到目标的方法。这个工作组是一小群从项目团队中挑选出来的拥有有关知识的人，这其中可能还会有外部的专家。应该给予工作组一小段时间用来找到一个能带来显著的业绩改进的创新方案。

第一个伙伴制研讨会应该创建程序以确保被认可能够提供改进的创新和新行为将被编入标准，并且创建对于当前和未来项目都有利的程序。

反馈

如果他们要取得伙伴制可以提供的实体利益，团队需要有关他们自身业绩的反馈信息加以指导。达到业绩提升取决于项目团队有没有得到最新的和经客观衡量的反馈信息。团队应该衡量自身的业绩和将他们对目标所做的得出的结果绘制在以图形方式显示的控制图中。团队相信他们自己产生的反馈信息，并且使用它来寻找更好的工作方式。当反馈成果用于积极的方面时是最行之有效的方法。例如，质量应该由质量标准达标频率的记录来衡量，而不是失败的数量。

当成就得以宣扬及赞美时绩效将提升更快。当目标实现的时候，让高级经理了解是非常重要的，并且特别注意要祝贺和奖励有关人员。奖励只是一种表示而已，但即使是在一个轻松的会议上奖励给上一周最好的团队很多的啤酒，也可以激励所有团队努力成为下周的赢家。

不能无视失败。但这并不是追究责任，那样只会适得其反。失败应该用来指导团队在寻找解决问题的健全的方案，绩效将会迅速恢复到目标水平。有效率的团队强调赞美失败是因为提供了寻找更有效率的工作方式的机会。当出现失败后，他们会有一个聚会，之后会以全新的热情，专注于寻找问题的健全解决方案上。很重要的一点是，高级经理对业绩改进的最新情况保持关注。他们继续致力于保持合作这也是至关重要的。至少大部分组织中的一些经理都会以具有极强的竞争力感到自豪，对在伙伴制中采取协作的方法是有效的这个想法感到怀疑。不定期地，关于业绩改进的有根据的反馈信息能通过伙伴制传递，将具有对抗性的方法重新引入总是存在风险的。

反馈信息是从一个项目到另一个项目的结果。许多创新的想法因为薄弱的反馈系统而丢失了。应该从中吸取教训，这样好的想法才能运用到未来的项目上，问题和缺陷也不会重复发生。参与伙伴制的龙头企业发展了标准和程序，系统性地捕获在项目中涌现的最佳实践经验。基于反馈信息的标准和程序能帮助所有的项目团队专注于有效率的工作上。这是在成功使用战略伙伴制和战略协作工作中的一个至关重要的元素。

贯穿项目始终的伙伴制关系维护

任何项目第一次的合作研讨会都是非常重要的，它可以为项目团队提供一个坚固的基础，确保合作能带来收益。然而，最佳实践包括通过研讨会审查项目的进展，如果在第一次合作研讨会时能商议并确定必要的改变事项。改变有可能是对为了使项目变得比预期的更好的响应，这样团队也可以意识到他们能够追求更大的业绩改进。它可能对团队来说比面对困难更加的常见。这应当在研讨会上加以讨论，如果问题十分严重，应该尤为关注。研讨会应该寻找和商议彻底解决持续性问题的方法。伙伴制应该是行动导向的，并且迅速解决问题是其成功的核心。

最后一次的研讨会应该用于从项目中识别好的想法，吸取教训，这样他们可以记录下来，用于未来的项目中。

合作是一个由研讨会引导的持续性的活动，所有的需要都应该被认真地对待，尤其是当高级管理人员参与的时候。潜在的收益是巨大的，他们通过关注并不断加强合作的团队精神来获得收益。《英国皇家特许建造学会在建筑业中的合作：战略协同工作实用指南》提供了进一步详细的引导和建议。

附录 9　项目风险评价

风险几乎与所有项目相伴而生。根据不确定性的性质和潜在后果，可以采用各种方式来处理风险。风险管理是一种系统地对可能发生预期外变化的领域或事件进行识别、测量分析及控制的方法。通过风险管理，对计划和 / 或项目风险进行评估，尽管风险是投机性的，它可能带来利润也可能带来损失。

在项目开展过程中可以影响决策的时期，必须尽早实施风险的评估与管理。

召开小型的专题研讨会把可能发生并威胁项目预期设想的各个方面应当列举到一块。需要召开不同专题讨论会考虑的典型方面一般包括：

- 收益
- 规划许可
- 进度
- 设计
- 发包及施工
- 维护及运营

所需进行的评估包括：

- 发生率（％）
- 对成本 / 工期 / 功能的影响（英镑 - 周 - 其他）
- 缓解措施
- 负责管理风险的人员
- 风险结束的时刻（日期）
- 采取风险转移 / 保障 / 缓解行动的日期（日期）

应当评价缓解措施的经济价值。风险应当转移给最有能力控制该风险的一方，因为他所花费的代价最少。横向思考可能降低或在极少数情况下消除风险。应当经常定期检查风险记录，并用于决策制定过程。

风险登记

对风险的识别、评估和控制行动的正式记录称为风险登记。

风险登记可以分为以下三部分：

- 一般风险：与项目类型与性质内在无关的风险。
- 特殊风险：与特定项目相关的风险，可以通过包括项目部在内的风险专题会来进行识别。

- 不可抗力风险：这是一类能够识别但是不可能排除或避免的风险，应当准备缓解这类风险的应急费用。

必须评估这类不可抗力风险所能造成的经济影响，从而决定预留合适的应急费用。同样也应当考虑时间上的应急措施。

当运用风险登记时，对风险的发生与后果的评价可以采用高、中、低三个级别。其他的评价方式包括使用很高、高、中、低、很低几个层次或者使用数字评价（比如，1-10 排列，10 表示具有很高发生可能性或巨大影响的风险，而 1 则表示该风险的发生可能性或影响基本可以忽略）。

以下所示为风险记录的某部分示例。

风险序号	内容	发生可能性(%)	影响			缓解措施	负责人	最近更新	解除时点	行动时间
			成本	进度	功能					
1										
1.1										
1.2										
1.3										
2										
2.1										
2.2										
2.3										
2.4										
2.5										
2.6										
2.7										
2.8										
2.9										
2.10										
2.11										
2.12										
2.13										
2.14										
2.15										
2.16										
2.17										
2.18										

通常，风险是由于个人不能控制的外部事件而产生的。特别是适用于市场状况和收益预计。一些风险甚至是"项目障碍物"。对资金价值的研究可能会导致放弃套期保值的选择或者特殊保险准备。显然，高发生率和高影响的风险是需要重点关注的。

以下所示为一份风险缓解表格的格式样式。

应急计划

应急计划是使在项目开工和竣工之间的某些时间可能阻碍项目顺利进行的干预事件的影响最小的对策的一种发展。应急时间是干预时间发生很可能占据的时间的分配。

一些计划软件可以提供计划的选择，用于干预部分活动在默认情况下是否尽可能早或尽可能晚。其他选择会默认一个或者其他。在活动希望被尽可能被往后安排时，引入缓冲截止日期的应急时间将会影响导致活动计划开始时间早于实际情况。它带来的影响会给对应急时间加以吸收的活动带来一定程度的延迟。不将宗教、行业有关的或法定节假日和周末作为应急时间，并且也不应该这样处理。只是根据合同的约定，在感知到有需要的时候，应承担风险后果的一方可以合理确定应急时间的数量和分配情况。因此，合同应该（通常应该）明确根据合约应为风险负责的一方，其相应地负责应急计划的制订。

以同样的方式，成本预算通常有一个名叫"应急费用"的资金分配，业主可依靠这笔资金将不可预见事情包干，这个计划必须有战略性地安排应急活动，使其较好地吸收业主风险带来的干扰时间的进度影响。

谨慎的承包商也会为在管理、资源分配和他们实施的工作的质量上，他们所承受的风险留出余地。

突发事件应设计成能够被单独地识别为业主风险和承包商风险，并且风险有关于：

- 一个活动，或者活动中的一个环节。
- 承包商、分包商、供应商或者其他资源。
- 进入或者外出的日期，拥有或者放弃拥有的日期。
- 建筑工程，任何一个确定的部分，工程中的任何部分。

在最低水平的密度下，为了给计划中的未知方面提供一些调整，应急时间计划很可能是最长的。由于在这个密度水平没有精确度，单独被分配到一方或者另一方的应急费用都可以通过一个规则调整来达到。在这种水平确定应急时间的方法可以用例如蒙特卡罗分析的公式方法来在已知活动上分配增加时间。蒙特卡罗运算法则不断产生不确定的变量值来生成模拟应急时间。

在中等密度下，计划表中只有小范围的概念性公式公式化的计算，以适应未知的和无法量化的风险，突发事件必须清楚地分配给某一部分或其他的部分。并且，所有的突发事件都必须分配给其承担者。在中等密度下，风险应该被明确地识别出来，且应该在方法说明中设置一套关于多大可能性的风险是被允许的方法的合理解释。

在高密度下，需要将风险的占比应比其他密度明显减少。在此密度下,突发事件必须清楚地分配给某一方或其他人。在方法说明中，必须清楚说明突发事件必须分配给其承担者而不是其他人。一些情况能合法地构成风险，比如险恶的或恶劣气候，不可预见的地面条件和公用事业、树木倒塌、返工、旷工等在这个密度下允许，但不应成为设计风险突发事件，或暗示在这个阶段的变化的需求。

如下所示为风险缓解表格的格式的某部分示例：

缓解行动计划

风险名称：			日期：	记录编号：		记录人：	
风险类型：				风险来源：			
风险评价			可能性	成本	工期	其他（例如环境、健康与安全）	总分
			现状				
	预计						
风险描述：							
风险缓解计划：				执行人：		检查点/里程碑：	
截止日期/限期							
评价							

项目风险评价表

项目名称 _____   日期 _____

总体风险评价：

正常风险	签约方	签名	日期
	业 主		
	项目经理		
高风险			

风险因素		标准	风险评价		对高风险管理建议
			正常	高	
1 项目环境					
用户的组织结构	O	稳定的 / 胜任的	□□□□□		
	O	差 / 缺乏动力 / 没有受培训			
用户的管理	O	以小组的形式工作	□□□□□		
	O	存在内讧与冲突			
联营体	O	业主的唯一承包商	□□□□□		
	O	第三方参与			
公众透明度	O	很少或没有	□□□□□		
	O	显著的或敏感的			
项目现场数量	O	2 个或更少	□□□□□		
	O	3 个或以上			
对当地环境的影响	O	高	□□□□□		
	O	低			
2 项目管理					
高层管理人员的介入	O	积极介入	□□□□□		
	O	有限参与			
用户的管理经验	O	工程经验丰富	□□□□□		
	O	工程经验欠缺			
用户对管理的参与	O	积极参与	□□□□□		
	O	有限参与			
项目经理	O	经验丰富 / 全职	□□□□□		
	O	资格不够 / 兼职			
项目管理技术	O	使用的有效技术	□□□□□		
	O	使用低效技术或没有使用			
业主同类项目开发经验	O	有经验	□□□□□		
	O	头一次			

续表

风险因素		标准	风险评价		对高风险管理建议
			正常	高	
3 项目特征					
复杂程度	O	相对简单的	□□□□□		
	O	开拓型的 / 新领域			
使用的技术	O	被证明是可以接受的方法与产品	□□□□□		
	O	未证明的或是全新的			
失误的影响	O	小	□□□□□		
	O	很大			
组织变更的程度	O	小	□□□□□		
	O	很大			
工程范围	O	遵循通常的阶段	□□□□□		
	O	特殊的阶段			
项目背景	O	前期工作已确定	□□□□□		
	O	前期工作不确定			
用户接受程度	O	有很强的支持后盾	□□□□□		
	O	有争议的项目			
计划工期	O	允许一定的合理延期	□□□□□		
	O	紧急 / 需要快速完成			
竣工日期	O	允许有一定的灵活性	□□□□□		
	O	绝对工期			
潜在变更	O	较为确定	□□□□□		
	O	不确定			
工期	O	少于 1000 天	□□□□□		
	O	1000 天及以上			
费用效益分析	O	已经是被证明了的方法或不需要	□□□□□		
	O	不适当的或近似的方法			
硬件、软件能力评价	O	没有或是经过证明了的方法	□□□□□		
	O	未经过证明的方法			

风险因素		标准	风险评价		对高风险管理建议
4 项目人员					
参与程度	O	积极参与	□□□□□		
	O	有限参与			
项目监督	O	达到了标准	□□□□□		
	O	未达到要求			
项目部	O	有丰富的经验和技术	□□□□□		
	O	相关经验少			

续表

风险因素		标准	风险评价		对高风险管理建议
			正常	高	
5 项目成本					
成本计价方式标准	O	正常方式（如以时间为基础）	□□□□□		
	O	固定价格			
成本预算基础	O	有详细的方案／成熟的方法	□□□□□		
	O	方案／方法不完善			
正式合同	O	非标准合同	□□□□□		
	O	标准合同			
6 其他					

附录 10 价值管理指南

价值管理与价值工程

价值管理（VM）与价值工程（VE）是实现"资金价值"的技术。VE 最初是由美国人 Lawrence Miles 在第二次世界大战中为了从有限资源中获得最大功效而开创的。这是一种系统的获得最大的资金价值的方式。在此价值表示为：

价值 = 功能 / 成本

因此，可以通过增加功能或者减少成本来增加价值。采取的措施包括确定高成本的部分，进行严格检查来确定是否需要这项功能或者如何以最低成本实现这些功能。在项目方面，价值工程在策划与设计阶段具有重大影响。它需要确凿而恰当的成本数据，并由一组专家在一名主持人指导下使用头脑风暴的方法。

价值管理类似于价值工程，但在项目方面，它更关注项目整体目标。在方案确定与比选阶段进行价值管理是最合适的，此时价值增加的空间是最大的。

头脑风暴会议是价值工程和价值管理所共同需要的基本构成部分，它包含那些对项目有所贡献或对项目结果有利害关系的人员。参与人员应当能够自由地提出想法，并且想法的产生与分析应尽可能分开。会议主席的角色就是确保会议照此进行，所以该角色应当具有良好的激发想法的能力，并且具有独立精神。

管理程序

价值技术建立在三个基本命题的基础上：

■ 假设团队的绩效总比个人要好，且通过共同参与和团队协作可以完成任务。
■ 使用主观判断，可以结合或不结合风险评估。
■ 价值广义上来说是成本与效用的函数。

价值技术运用中的关键性决定是：

■ 何时可以采用该技术？
■ 哪些人应当参加？
■ 谁来担当会议主持的角色？

初期应用是指在问题与限制因素得到恰当地了解之前，而后期应用是指已经得出结论并确定了方案的时候，而在这两阶段之间，必须打破平衡状况。尽管可行性研究（确定合适的方案）与施工前准备阶段（设计定稿之前）在大多数情况下都是合适的，但是每个项目都应当检查各自的优点。

会议主持人的作用就是激发参与者的积极性，引出所有的观点并确保公平地听取意见，选择拥护者整理产生的观点并遵循一定的议程。要达到这些目标，会议主持人必须独立工作，拥有熟练的人际交往与沟通的技能，并且影响到所有参与人员。尽管他／她必须了解项目性质，但不需要非常具体。大型复杂项目或者困难项目可能需要聘任一名外来的专业问题主持人。主持人的角色对于实施的成功非常关键，因此必须仔细选择。

价值讨论会的目的与议程需要由项目部决定。应当就特定项目情况编制有关价值说明的价值综述。例如，价值一般不仅仅同成本有关，而且包含风险、环境影响以及使用效用等等。尽管这些因素的重要性随项目的不同而不同，但项目部必须确保该说明符合企业政策。综述并不是作为一种限制，而是用来在讨论过程中集中关注点的标准。

每次价值讨论会一般需要两到三天。项目经理必须确保提供讨论所需要的摘要形式的辅助信息，并且提供专家意见。因此，项目经理必须保证讨论会有详细了解项目情况的人员参加。

与风险评价的联系

使用价值技术时可以结合风险评价，从中可以运用多种管理风险与机会的方法。该过程对确定最优措施具有重要意义，风险管理方案将对大量项目目标带来巨大冲击。

在这种情况下，确定风险管理目标时就需要结合项目整体目标。此时，风险管理方式的选择就需要结合总体目标来确定整体最佳方案。

潜在缺陷

- 价值会议的成本（费用与工期）会比较高。
- 在可行性研究／方案确定阶段，技术问题同经济评价的原理会发生冲突，经济评价原理是根据经济利益的全面测定来确定最优方案，这同价值技术中使用的客观标准是相反的，比如，防护标准就不能确定为价值目标。

如果利益与成本能够分配到所有标准中去，那么在可行性研究阶段，价值管理分析就没有作用了，尽管设备及团队建设方面的技术仍然有用。

- 当经济方案没有考虑价值管理时，团队建设的利益就会被破坏。
- 参与价值过程的业主如果同咨询人员或承包商发生冲突，则是有害的。但是，业主参与是项目过程的组成部分，特别是在可行性研究阶段，因此必须由富有经验与知识的人员来实施，并且要意识到这种缺陷。

如果有可观的成本节约前景，能够实质性降低风险，或者需要获得一种结果但比较难达到，都可以应用价值技术。比如高价值或复杂项目，同时也涉及多方利益，或者项目的环境或无形收益十分明显但很难达到要求。价值技术可以随时用于需要确定目标和找寻解决方案。

下图所示为价值管理在施工项目框架各主要阶段中的应用。

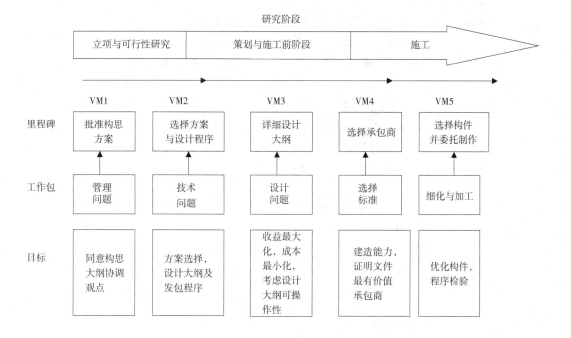

附录 11   环境影响评价指南

概述

环境影响评价（EIA）是欧盟环境政策的重要工具。从 1985 年的英国第一份环境影响评价指令（85/337EEC 指令）颁布以来，环境影响评价的法律与实施措施都得到了发展。最新修订的指令（97/11/EC 指令）于 1997 年出版，于 2003 年进一步修订（2003/35/EC 指令）。

《1999 版城镇与乡村规划影响（环境评价）（英格兰与威尔士）条例（2000 年修订）》规定，对于一些公共与私人项目，需要进行环境影响评价，同时要满足《1990 版城镇与乡村规划法案》的规定。

环境影响评价是一种采用系统方法，对项目可能造成的重大环境影响做出评价的方法。这种方法将确保在做出决策之前，预期影响的重要性以及可以减轻的程度能够被公众及主管单位充分地认识到。

当需要进行环境影响评价时，其过程包括三个主要的阶段：

- 开发商必须编写详细的潜在重大环境影响的信息。为了帮助开发商，公共管理部门必须在其管理权限范围内提供任何相关的环境信息。开发商也可以询问主管单位，了解需要包含哪些信息。由开发商最终编写完成的信息就是所谓的"环境综述（ES）"。
- 环境综述（及相关使用）必须公布。担负相关环境职责的公共部分及公众必须有机会对项目及环境综述表达各自观点。
- 环境综述，连同其他信息、对其的评论与表述，必须经由主管单位审查，从而确定是否批准该开发项目。最终决定及主要原因必须告知公众。

法规

法规将环境影响评价程序纳入了英国地方当局的现有管理框架中。这些程序为环境影响评价提供了更加系统的方式，从而会产生明显的效果。环境影响评价不是可以任意实施的。如果有可能对环境造成重大影响，那么就需要进行环境影响评价。当环境影响评价过程反映该项目将会对环境造成负面影响时，并不意味着就必须否决其规划审批申请。地方规划当局依然需要考虑所有相关材料，包括环境影响，判断每个规划申请的开发计划所包含的优点。

对于开发商来说，环境影响评价可以帮助其尽早确定特定项目可能造成的影响。这将有助于改善开发方案的规划与设计以及双方的决策，咨询和响应，特别是在项目准备阶段就咨询地方规划部门以及其他相关部门。此外，开发商会发现环境影响评价可以考虑作为替代开发方法的有用工具。这样就可以形成更具有环境合理性的最终方案，并可以为提出更有说服力的规划许可申请奠定基础。以更为系统的方式来陈述环境信息将简化地方规划部门审批申请及拟订合适的规划条款的工作，从而更加快速地做出决策。

对于环境影响评价应用，发出针对不确定性的请求的日期可以延期16周。

环境影响评价（欧盟法规）

环境影响评价程序是由欧盟指令的条款所规定的，该指令包含对一般性公共与私人项目进行环境影响评价的条款。

主要阶段	要点
项目准备	业主准备项目的方案
通知主管部门	根据项目的性质与区位，其主管部门可以是英国环境局、英国自然局或类似机构
筛选	主管部门决定是否需要进行环境影响评价。这通常是发生在主管部门接收到意向通知，从而进行项目审批时，或者开发商提出筛选方案的申请时。选择结果必须记录在案并公布
范围	欧盟条例规定，开发商可以要求主管部门提供范围界定。范围界定意见将确定环境信息所要包含的内容。它也会包含环境影响评价过程的其他方面
环境研究	开发商着手进行研究，收集并整理所需要的环境信息
将环境信息提交给主管部门	开发商将环境信息连同开发许可申请提交给主管部门。环境信息通常以环境影响综述的形式进行表述
检查环境信息的充分性	如果提交的信息看上去不够充足，可能会要求业主提供进一步的资料
征询环境执法部门、其他利益团体及公众的意见	环境信息必须提供给负有环境责任的管理部门、其他利益集团以及普通公众进行检查。在做出同意开发的决定之前，他们应当有机会对项目及其环境影响进行评论
主管部门在做出同意开发的决定之前需要审查环境信息。	主管部门应当对环境信息以及征询所得的意见进行审查，据此做出对开发申请的决定
决定的公布	最终决定及其理由必须公布于众，而且需要描述减轻环境不利影响的措施
如果项目获得批准，则需要实施监督。	一旦项目开始实施，就需要对其影响进行监督

确定是否需要环境影响评价

通常，首先是地方规划部门要考虑提交的开发方案是否需要进行环境影响评价。基于此目的，他们首先就需要确定该项目是否是条例附表 1 或附表 2 所描述的类型。如果该类型属于附表 1 所列，就需要环境影响评价。而如果属于附表 2 所列，由于其规模、性质或区位的原因而很可能对环境造成重大影响的，也需要进行环境影响评价。

修建或扩建项目，只有在修建或扩建工作很可能造成重大环境影响的情况下才需要环境影响评价。

同《城镇与乡村规划法》一样，该条例也不适用于皇室成员的开发项目。

规划申请

如果要对比较笼统的规划申请进行环境影响评价，那么在这笼统的阶段就必须全面满足条例的要求，因为遗留下来的问题是不能通过环境影响评价的。对于概况性的规划申请，地方规划部门就需要使自己拥有足够的该方案环境影响方面的可用信息，从而使自己能够决定是否原则上同意该规划申请。

当规划部门要求进行环境影响评价，但又不需要同规划申请一并提交，那么他们必须在收到申请后的 3 周内做出答复，并给出所提建议的清晰而准确的全面理由。

如果申请人想继续该申请，就必须在上述答复发出后的 3 周内做出回应。该回应需要表明申请人的意图，提供环境综述或者要求给予指导。如果在 3 周内没有进行回复，则可视该申请已经被放弃。

环境综述的编制与内容

编制环境综述是申请人的职责。目前没有法律条文规定环境综述的格式。但是，环境综述必须包含条例表单 4 的第一部分规定的信息以及第二部分的相关信息，从而能够适度地对项目的影响进行评价，也能恰当的指导开发商编写环境综述（见附录 3）。

项目可能对环境造成的重大影响的方面列举在表单 4 第一部分的第三节（参见附录 4），包括人类、植物、动物、土壤、水、空气、气候、景观、原料、财产，包括建筑与历史遗产以及以上方面的互相作用。

确定是否需要环境影响评价的程序（筛选）

可以在各个不同阶段来决定是否需要对特定开发项目进行环境影响评价。

- 开发商可能会决定需要环境影响评价，并提交环境综述。
- 开发商可能在提交任何规划申请之前，向地方规划部门请求选择意见。如果开发商拒绝环境影响评价，（或者没能在要求的期限内采纳选择意见，）那么开发商也可以提出筛选指导。类似过程也适用于已批准项目。
- 地方规划部门可能规定，在接收规划申请时就需要环境影响评价。如果开发商拒绝提交环境影响评价，申请人也可以要求筛选指导。
- 国务大臣可以决定申请时是否需要环境影响评价。
- 国务大臣可以在特别项目在批准之前的任何阶段决定其是否需要环境影响评价。

关于地方规划部门提供环境综述范围的正式意见的规定（确定范围）

在编制规划申请之前，开发商可能会询问地方规划部门环境综述应当包含哪些信息（确定范围的意见）。该条款使得开发商能够清楚地了解什么是地方规划部门所认为的开发项目可能造成的主要影响，从而能够使环境综述关注这些问题。开发商必须将筛选方案的所需要的信息也包含其中。地方规划部门必须在收到申请后5周内接收一个范围方案。

关于咨询机构提供信息的规定

按照环境信息条例，公共部门必须向要求获得环境信息的任何人提供所需资料。一旦开发商接到了地方规划部门的书面通知，要求其提交环境综述，规划部门也必须通知咨询机构。咨询机构包括：

- 在开发通用原则第10条下规定的提交开发计划的规划审批的法定顾问主体
- 场地所在区域的理事会（不是地方规划部门）
- 英国自然局
- 苏格兰自然遗产委员会
- 威尔士乡村委员会
- 北爱尔兰环保署

■ 联合自然保护组织协会
■ 保护自然和乡村委员会
■ 环保机构

筛选标准

此为条例的表单 3 的修订。

1. 开发项目的特征

开发项目的特征必须得到充分地重视，特别是：

（1）项目规模

（2）同其他项目的关系

（3）自然资源的消耗

（4）产生的废弃物

（5）污染物及有害物

（6）事故风险，特别是使用的材料或工艺

2. 开发项目的区位

可能受开发影响的地理区域的环境敏感性必须加以考虑，特别是：

（1）现有土地的使用

（2）该区域自然资源的丰富程度、品质及再生能力

（3）自然环境的吸纳能力，特别需要关注以下方面：

a. 湿地

b. 海岸区域

c. 群山与森林

d. 自然保留地与自然公园

e. 根据成员国法律划分或保护的区域；成员国根据欧盟议会条例 79/409/EEC 所指定的区域，用以保护自然栖息地以及野生动植物

f. 已经超出法律规定的环境品质标准的区域

g. 人口密集区

h. 具有重大历史景观、文化或考古价值的区域

3. 潜在影响的特征

开发项目的潜在重大环境影响必须参照以上 1、2 两部分的标准加以考虑，特别需要关注：

（1）影响的程度（地理范围及受影响的认可数量）

（2）对境外造成的影响

（3）影响的级别与复杂程度

（4）影响的可能性

（5）影响的持续时间、周期及可逆性

环境综述中所要包含的信息

这是法规中一览表4的再现（81～85页和91页）

第一部分

1. 描述开发项目，特别是以下内容：

（1）整个项目的物理特征描述，以及在建设与运营期的土地使用要求

（2）生产过程的主要特征的描述，比如使用材料的品质与数量

（3）根据类型和数量，预测开发项目实施过程中预计导致的残留物或者放射物（水、空气和土壤污染、噪声、振动、光、热、辐射等）

2. 概述申请人或上诉人所作的替代方案研究，并结合环境影响说明该选择的主要理由。

3. 描述可能遭受开发项目显著影响的环境问题方面，特别是人口、动物、植物、土壤、空气、气候因素，以及建筑与考古遗迹、景观，以及以上因素的相互关系。

4. 描述开发项目可能对环境造成的重大影响，包括直接和间接影响、二次影响和累积影响、短期中期和长期影响、持久和短暂影响、积极和消极影响，这通常由以下原因所导致：

a）开发项目的存在

b）自然资源的使用

c）污染物的排放，有害物的产生以及废弃物的消除

而使用预测技术进行描述则是用以环境影响的评价。

5. 描述用来避免、减少和尽可能抵消对环境造成的重大不良影响的措施。

6. 在该部分的 1～5 章节提供非技术性的信息概述。

7. 指出申请人在提供所需信息时遭遇的任何困难（技术困难或技术秘诀）。

第二部分

1. 开发项目描述，包括场地信息、项目的设计与规模。

2. 描述打算用于避免、减少和尽可能补救重大不利影响的措施。

3. 开发过程可能产生的用于确定与评价显著环境影响的数据。

4. 概述申请人或上诉人所作的替代方案研究，并结合环境影响说明该选择的主要理由。

5. 在该部分的 1～4 章节提供非技术性的信息概述。

优秀的 EIS 的特点

- 具有清晰的逻辑顺序结构，比如，现存基本状况的描述、预期影响（性质、程度及数量）、可缓解范围、批准的缓解措施、各个环境方面不可避免或残余影响的意义。
- 在文件开头是否有内容目录。
- 是否有清晰的开发审批程序的描述，以及环境影响评价是如何满足它的。
- 借助合适的参考资料，可以将其作为单独文件阅读。
- 简洁，全面和客观。
- 以公正无偏的态度编写。
- 包含对开发方案的完整描述。
- 使用有效的图表、示例、照片及其他图形来支持文字内容。
- 使用同一术语表中的统一术语。
- 参考所有使用的信息来源
- 对复杂问题有清晰的解释。
- 包含用于每个环境问题研究的方法的正确描述。
- 根据其重要程度来按比例编制每部分环境内容。
- 提供良好咨询的证据。
- 清楚描述替代方案的讨论意见。
- 对问题的缓解做出承诺（提供方案），并进行监控。
- 包含非技术性概要，其中没有技术术语。

一份环境综述的结构框架式样

1 概述	2 环境影响评价方法	3 开发背景与可选方案
1.1 项目基本情况	2.1 目标	3.1 简介
1.2 环境影响评价方法	2.2 范围研究	3.2 现场状况与约束
1.3 规划内容	2.3 协商	3.3 不开发方案
1.4 环境综述的范围与内容	2.4 确定底线	3.4 设想的开发方案的目标
1.5 环境综述的作用及评论	2.5 敏感性	3.5 设计方案
	2.6 影响预测	
	2.7 重要性评价	
	2.8 减轻措施	
	2.9 残余影响	
	2.10 设想与约束	
4 现场描述及设计综述	5 构件的分解、破坏、修补与建造	6 建设工作的环境管理计划（EMP）及潜在影响
4.1 简介	5.1 简介	6.1 简介
4.2 现场选址与安置	5.2 进度概况	6.2 EMP 范围
4.3 场地描述	5.3 构件的分解与搬移	6.3 概要与结论
4.4 设计综述	5.4 破坏	

	5.5 修补 5.6 建造 5.7 建设运输 5.8 环境管理计划与施工指南	
7 规划与政策内容 7.1 简介 7.2 规划政策指南 7.3 战略指南 7.4 战略规划 7.5 规划大纲 7.6 所采用的当地城市发展规划 7.7 城市发展规划提供的方案 7.8 保障房 7.9 规划与政策的概要与结论	**8 可持续发展** 8.1 简介 8.2 国家指南与地方政策 8.3 评价方式 8.4 可持续发展课题 8.5 成效 8.6 概要与结论	**9 社会经济影响** 9.1 简介 9.2 评价方式 9.3 统计基础 9.4 发展的影响 9.5 概要与结论
10 建筑遗迹、城镇景观及视觉效果影响 10.1 简介 10.2 评价方式 10.3 视觉评价的描述方式 10.4 原始状态——遗迹及现存城镇景观 10.5 景观研究、政策与指南 10.6 城镇景观与视觉影响评价 10.7 影响评价——中心地带 10.8 影响评价——全景、视觉移动以及大型建筑外形的作用 10.9 影响评价——特定角度观察 10.10 概要与结论	**11 文物考古** 11.1 简介 11.2 评价方式 11.3 政策思考与立法机关 11.4 初始评价 11.5 场地潜在文物 11.6 场地的环境潜力 11.7 周围区域的文物资源 11.8 隐蔽文物的概况 11.9 开发项目的影响 11.10 缓解措施 11.11 概要与结论	**12 水资源** 12.1 简介 12.2 评价方式 12.3 方法与假定 12.4 地下水位状况 12.5 地表水资源 12.6 设施／改造 12.7 没有开发时的影响 12.8 有开发方案后的影响 12.9 缓解与监控措施 12.10 残余影响 12.11 概要与结论
13 生态 13.1 简介与背景 13.2 生态评估 13.3 方法 13.4 现有原始状况 13.5 原始状况生态评价 13.6 在不开发情况下的生态变化预测 13.7 开发方案与缓解措施方案的潜在影响 13.8 生态问题的设计责任 13.9 概要与结论	**14 污染问题** 14.1 简介 14.2 评价方式 14.3 现场历史 14.4 地表调查结果 14.5 地表以下调查结果 14.6 风险评估 14.7 补救设计 14.8 开发及缓解措施的影响 14.9 概要与结论	**15 交通** 15.1 简介 15.2 评估方式 15.3 现有公共交通网络的查看 15.4 现有高速公路网络 15.5 开发后的预期交通流量及影响评价 15.6 交通缓解措施 15.7 概要与结论
16 空气质量 16.1 简介 16.2 目前的法律与空气质量标准 16.3 规划政策内容 16.4 评价方法 16.5 基本情况介绍 16.6 缓解措施 16.7 空气质量模拟研究 16.8 影响评价 16.9 概要与结论	**17 噪音与震动** 17.1 简介 17.2 评价方式 17.3 评价方法 17.4 灵敏感应器的安置 17.5 环境基本状况 17.6 开发过程产生的噪声与震动水平估计	**18 局部气候** 18.1 简介 18.2 评价方式 18.3 开发结果 18.4 没有采取措施下的影响 18.5 缓解措施 18.6 概要与结论

续表

	17.7 正常运营情况下的噪声与震动 　　水平估计 17.8 再开发的影响评价 17.9 对现场新居住房的影响评价 17.10 缓解措施 17.11 对现场新居住房的影响评价 17.12 概要与简介	
19 通讯 19.1 简介 19.2 评价方式 19.3 方法 19.4 调查结果 19.5 对开发的潜在影响 19.6 解决措施 19.7 概要与结论	**20 残留影响概述** 20.1 简介 20.2 评价方法 20.3 结论	**21 术语表**
22 缩写词	**23 参考文献**	

附录 12　项目管理软件的应用

在最低层次，号称项目管理软件买来用于进度管理的软件不过是一个绘图工具，在最高层次，又止于定制化相关数据库和图形前端的复杂安排。为了能够生产一个能够表现时间模型的计划表，软件必须有充足的数据库核心功能。其原因是软件应该能够处理改变的结果，而绘图工具只是简单地阐述了由绘图员所做的决定，就做不到这一点。

很多计划员都是由软件制造商来培训，以操作他们使用的软件。这是非常重要和有用的培训。然而，这不是时间管理培训，也不应该被认为是能够代替时间管理培训。以此类推，我们许多人都对如何保证微软文档的良好工作有经验，但即使有拼写和语法检查，软件业不能保证什么样的书写是有用的，在技术上准确的甚至是可以理解的。

无论多高质量的软件，它都不可能自动地产生高质量的输出。即使是最好的项目计划软件，也不能保证能做到时间的管理。

而每个公司考虑软件产品时会不时地希望软件能够考虑到对他们自身来说比较特殊的事项，或者对于他们所在的项目具有特有设置。因此有一些考虑应该超越主观偏好，确定的软件属性在时间管理上应该是能令人满意的。因为软件一天天地在改变，"新一代和改进的"产品（不幸的是这个术语常常和"更多的钟声和笛声"所混淆）被带到了市场上，下面列出那些比较令人满意的属性通常是只针对时间管理的，而不管它们在当下特殊的产品中是否适用。

如果在一个特殊的项目中每一方都使用不同的软件，那这样是没有作用的，因为不同的软件产品的工作方式不同，即使赋予相同的数据，但是会根据不同的算法中得出不同的结果。因此项目各方应该使用相同的软件，违背了这点是不允许的。

而慢慢掌握原本不熟悉的软件这个过程可能是非常乏味的，有能力的计划者通常会在一小时内就找到他们自己的方式去掌握新的产品，很少会花超过一天或两天的时间来胜任它。因此在产品选择的时候，不熟悉计划软件产品不应作为一个比较重要考虑的地方。

主要的软件考虑

项目和子项目

一次只能处理一个项目的软件是不太可能具有能够处理复杂项

目的灵活性的。例如，子项目单独部分识别的可能性会受到分段竣工或不同的关键日期的制约，为了便于应用在实践中，识别子项目的独立运作区域也是有用的。

活动

对于每项工作都应该有：(a) 一个独特的识别每项工作的字母数字代码，和 (b) 独特的描述。软件如果允许重复的活动标识符或活动描述，在重复后没有警告将很有可能导致计划缺少清晰度，更会因此与良好的实践不兼容。软件不应该支持完全重复的标识或描述，或者，如果它重复了，对于计划中有缺陷的地方应该有一个明确永久的警告。

软件应该能够区分以下活动和事件的类型：

- 持续识别活动
- 资源估算活动
- 集合工作
- 开始的里程碑或标识
- 结束的里程碑或标识
- 业主自有的应急／风险分配
- 承包商自有的应急／风险分配

一个与活动有关的，能够以自有文本和数字作为评论或笔记的字段通常是一个有用的工具。这个软件应该能够识别在不同的格式下活动持续的时间。对于在建设过程中的大多数情况下，活动持续时间以天计算就足够了，但是有时受限，持续时间在计划大纲中以小时和分钟甚至是以周和月计算都是必要的。软件应该明确在计算时应以什么单位，如，天，小时，分钟或秒。最好的软件计算精确到分钟。

软件应该能够识别那些活动是由逻辑决定的，且比应用逻辑所用时间更短，另外他们是否"可拉伸"或"不连续"可作为逻辑或者逻辑改变的结果。

逻辑关系

软件应该允许有逻辑的工作流程，禁止无法执行的指示关系。任何没有此种功能的软件生成的计划都是与良好的实践不兼容的，而且不能兼顾全面，或者对计划中的某些缺陷做出明确永久的警告。

软件应该能够识别有逻辑联系的变更，不管他们是独立的或是以组合的形式。限制用户的全面逻辑或活动的逻辑联系不足的软件是没什么用处的。

软件应该识别出逻辑关系和应用逻辑中的活动持续时间两者之间任何的不一致。逻辑关系应该能够阐述模型中任何被选中点的"驱动"或"不驱动"。逻辑关系应该区别下列：

- 工程逻辑（没有资源约束的施工程序）
- 资源逻辑（在适当的资源条件下实施的施工程序）
- 优先逻辑（对施工程序施加约束，改变纯粹的"工程的"和／或"资源的"施工程序）
- 逻辑联系区或子项目

软件应该能够识别确定的提前和延误时间，以及提前和延误对应的工作日历。提前和延误应该被列为逻辑属性。

约束

在大多数项目中，手动的应用约束可能是非常有用的。当正确地应用时，这些是可以接受的：

- 不早于一个给定的日期开始
- 不迟于一个给定的日期开始
- 尽可能迟地开始（通常也叫作零自由浮动时间）

当手动的约束被施加到活动中时，软件应该能够清晰地识别。软件的一些便于使用的约束将会导致操纵临界状态和抑制软件精确模型时间的能力。如果软件允许，不应该允许在没有清楚的关于进度影响的永久警告，是很难接受在进度管理计划中使用软件。可能的约束有：

- 能够固定任何活动或里程碑的最早和最晚日期的约束组合
- 一个强制性的开始日期
- 一个强制性的结束日期
- 零总浮动时间

关键路线

软件应该能够用来识别：

- 最长完工路线
- 最长路线到中间关键日期或分段竣工日期
- 那些对于一个或多个竣工日期而言不关键的关键逻辑关系和活动
- 各条路线上的总时差
- 各条路线上的各项工作的自由时差

软件应该不时地能够促进关键路线或路线通过每个活动的驱动逻辑关系在关键路线上的特殊竣工日期或关键日期的跟踪。

日历数

软件应该能够促进许多不同的工作日历活动、资源和时差的使用，各个可识别的有：

- 工作周起始日

　　　　　　　　　　　　■ 工作周和周末

　　　　　　　　　　　　■ 工作日

　　　　　　　　　　　　■ 工作时

　　　　　　　　　　　　■ 假日

　　　　　　　　　　　　■ 标准日历和例外情况

资源

　　　　软件应该能够促进不同数量的资源的使用和决定是否所分配的活动持续时间的计算是参照以下指定的资源：

　　　　　　　　　　　　■ 资源名称

　　　　　　　　　　　　■ 单位工作时间

　　　　　　　　　　　　■ 分配的工作日历天数

　　　　　　　　　　　　■ 每个日历天数的单位工作数量

　　　　　　　　　　　　■ 单位成本

　　　　　　　　　　　　■ 可行性

工作分解结构和活动代码

　　　　软件应该能够识别工作分解结构。虽然八个层次的结构是比较理想的，一个复杂的项目中结构如果少于五个层次就不太可能具有实践性。各种各样的定制数据库字段的设施，在复杂项目中可以展示出来通常都是基本的要求。

组织

　　　　软件应该能够组织任何字段和属性的组合布局，将活动、逻辑关系、属性和任何字段中的值分类。

筛选

　　　　软件应该能够筛选各种布局的内容以选择任何字段的值，属性，单独或组合的其他字段，在属性值的基础上或以下属性：

　　　　　　　　　　　　■ 等于

　　　　　　　　　　　　■ 包含

　　　　　　　　　　　　■ 不等于

　　　　　　　　　　　　■ 不包含

　　　　和，该字段包含的值，也应该设置关系到这些值，例如在其中或不在其中。

布局

　　　　最小可用的布局应包括以下：

- 没有逻辑关系的条形图
- 有逻辑关系的条形图
- 网络图（双代号网络图 ADM 或单代号网络图 PDM）
- 资源档案
- 成本档案

　　为了报告目标的布局，软件的工具创建并保存各种不同的字段和属性组合的组织和筛选。局限于视图的布局的时间范围应该能够识别，从项目开始前六个月到项目最迟计划竣工 12 年间的任何持续时间和密度。

　　每一个布局都应该有一份复印件和一份便携式文档格式（PDF）。

竣工资料

　　软件应该能够识别每个活动的真实数据和资源如：
- 实际持续时间
- 开工日期
- 完工日期
- 完工百分比
- 剩余工期
- 估算成本
- 实际成本
- 标准值
- 资源消耗

更新

　　软件必须能够识别通过直线法在指定日期的活动条中得到日期数据。软件还必须能够将进度与当前商定的基准线进行比较，这样活动过程中的任何延误和／或变化都能清晰地显示出来。

　　软件必须能够重新计算关键路线或路线，并且预测所有活动和资源的最早和最迟的开始和完成日期，这些活动和资源所对应的数据日期应具有以下效果：
- 所有显示出已经开始或结束的活动都已经在数据日期之前开始或结束了
- 没有在数据日期之后才开始或完成的活动
- 正在数据日期进行的活动要指明要在与进度水平成比例的数据日期之后完成，该进度与计划工期的数据日期相关联。

编辑和输入数据

　　软件应该能够保存输入的数据和内存中的编辑，这样他们能受撤销的控制并保存在一个积极的指令中。

归档

文件应该能够以归档格式为目的，保存为压缩数据格式。

培训和支持

可用性的有效性，甚至对有经验的计划者来说，产品相关的培训都是非常有用的。即使是最简单的软件，它也总是有助于理解软件供应商认为的使用方式。因为现代软件的成熟度和，自身能力不足或不情愿，软件厂商倾向于在产品发布之前要进行严格的测试，有品质保证的并易于获得的软件支持和不断更新的软件在今天比以往任何时候都更重要。

辅助软件注意事项

这些不增加计算输出质量的事项，根据情况，它们的使用方式可能有下面所列出的一些重要性。

企业级软件

企业级软件可以通过互联网直接连接一个或多个大型项目，能够安排和有效监控世界各地的复杂项目。企业级软件可以将与公司有关的所有软件全部串联起来。这是加强公司管理的一种有效的手段。

沟通

某一方是否可以通过互联网访问计划表，访问全部或是部分，只能查看或是可以进行编辑，安全访问权限可以成为管理计划中非常重要的一部分。

外观

软件根据公司对独特风格的需求，通过使用不同字体，线条宽度或类型，以及可用字段的颜色，或者数据库数值和背景，都是非常有用。

能够用于强调报告的绘图工具通常也是非常有帮助的。

计划的比较

为了识别审查，修改，更新过程中的计划和影响诱发性事件之间的不同所带来的影响，在逐行的基础上利用设备来比较两个或以上的计划是非常有用的。在实践中，这通常意味着用来识别一个或多个目标计划的工具可以同时查看当前进度计划。

组织

为了前后逻辑的组织布局是非常有用的。

配合软件的透明度

设备的进口和出口对其他的计划软件或许是可行的，但是如果可以，软件应该能够列出由于进口和出口造成的不同之处。

集成时间和成本跟踪的系统可以促进自动更新时间、设备和材料记录，这种自动更新与充分配给资源的进度相关联，可以生成自动更新的设施。

将超链接附加到活动标识的设备应该可用于促进例如照片，影片，流程图，程序，方法声明和进展记录这些文件的联系。

风险分析

通过潜在的活动时间改变逐步确定关键线路上的必然转变非常有用。蒙特卡罗分析将根据给定标准给出成功概率，如果根据保持不变的数据准确地预测，将会预测可能的结果。

归档

备份也是一个有用的工具，能够用来设置默认的时间或用于手动执行程序。

附录 13 变更管理

建设项目的变更是指会影响以下方面的任何事故、事件、决定或其他事情：

- 项目的范围、目标、要求或大纲。
- 项目的价格（包括项目成本及全寿命成本）。
- 工期里程碑（包括设计、施工、交付）。
- 风险的分配与缓解。
- 项目团队的工作（内部或外部）。
- 项目任一阶段的项目实施过程。

设计阶段的变更

该过程是用来控制从设计大纲制定到准备招标文件为止的项目设计的过程。一般包含：

- 提出设计大纲的问题。
- 设计大纲的变更，包括设计小组所做的变更与业主的变更。
- 根据设计大纲制定详细纲要。
- 批准关键设计阶段，即方案设计批复与详细设计批复。

该程序建立在设计开发控制表单的基础上。最终批准的设计应当包含设计大纲以及一整套经过批准的设计开发控制表单。

该过程包含以下几个阶段：

- 设计小组的成员通过小组负责人的协调，在大纲编制过程中提出设计问题。
- 设计的方案通过提交详细报告或者由项目经理组织会议来同项目核心团队的成员进行讨论。报告不应是对设计大纲的重复，而应有所扩展，提出问题并进行修改。
- 设计小组负责人协调设计开发控制表单的编制，表单应当提供：
  - 设计大纲章节即参考页码
  - 问题的陈述
  - 方案的陈述
  - 成本计划事宜，参考成本及目前成本
  - 成本计划与进度方面建议的效果
  - 陈述是否需将业主的偶然事件转移为设计建议（比如业主提出的大纲变更），如果是，则要确定转移的数量

■ 控制表单中设计团队报告的部分由下列人员签字：
　　○ 对建议负责的设计团队成员
　　○ 工料测量师（成本效应）
　　○ 设计团队负责人（协调）
■ 设计小组负责人将设计开发控制表单提交给项目经理，项目经理获得业主的批准在上面签字并将其返还设计负责人。
■ 工料测量师将已经获得批准的建议所产生的影响计入成本计划。
■ 项目经理将获得批准的建议所产生的影响纳入项目总体计划。

设计过程控制表

业主名称：		
项目名称：		
表单编号：		
设计团队报告		
设计大纲部分：		
编号：		页码：
考虑方案：　　　1.		
2.		
3.		
评价：		
成本计划：		
参考：		
目前成本：		
成本 / 进度建议的影响：　　　增 / 减		
业主偶然事件的转移申请：　　　是 / 否		数量：
建筑师 / 设备工程师 / 结构工程师：		日期：
工料测量师：		日期：
设计团队负责人：		日期：
业主批复		
批准设计方案 / 业主事件转移		
职位　　　　　　　　　　签字		日期

变更管理过程示例

- ■ 确定变更的要求。
- ■ 变更评估。
- ■ 意义及包括风险在内的影响的考虑。
- ■ 变更命令的编写。
- ■ 检查变更指令——业主决策阶段。
- ■ 实施变更。
- ■ 包括变更原因在内的反馈。

变更指令规定格式

项目编号：	日期：	序号：	分发对象：
业主： 项目：			
内容——变更的定义：			什么
确认人：			谁
变更理由：			为什么
自由决定		非自由决定	
成本影响			
工期影响			
批准的行动：		项目经理	日期
申请业主决定的人：		日期：	
送达业主：		日期：	
业主的决定：		日期：	
项目进度与成本计划（预算）的修订：		项目经理：	

变更指令登记

项目：			业主：	工作标号：		参考文件：		
要求标号：	日期	签发人：	变更描述	请求业主决定		获得业主决定	业主的决定	决定的编号

附录 14 专业顾问的选择与委托程序

阶段	关键步骤
策划	■ 决定工作发包策略 ■ 准备项目大纲 ■ 准备顾问大纲 ■ 确定聘用条款，包括单一/多重任命和定向委托的选择
预选	■ 准备初选名单 ■ 确定选择标准
选择	■ 发出投标邀请 ■ 评价投标人 ■ 评定投保人
任命	■ 任命条款的最终定稿 ■ 管理、监督及检查程序的确定

选择过程指南

1. 确定专业顾问应承担的责任和义务并准备一份应负职责的清单。如果可行，可以考虑在现有的专家中选择水平符合要求的人员。

2. 检查业主是否具有现成的用于雇佣专业顾问的程序或标准条件，并分析其在哪些方面与要求不符。

3. 对项目最需要的专业顾问的素质和委托方法做出决定，并与业主协商取得业主批准。

4. 建立专业顾问评价指标并给予每个指标相应的权重（如重要给予 5，不重要给予 0）（见附录 12）。

5. 从选择指南和推荐者中列出候选人名单。注意对已经纳入专业顾问名单和更新的人员进行审查。

6. 通过收集有关可能成为候选人的人员信息，列出一份短名单，检查哪些公司或个人已经具备条件，原则上，应写出一份推荐报告。

7. 根据标准对候选人进行评价，并向选择的人员发出邀请函（不多于 6 人不少于 3 人）。邀请文件应根据以下给出的检查表进行准备。如果进行竞争性费用招标，应与有关实施规范相一致。

8. 准备聘用合同条件。合同条件及其形式根据工作要求和业主类型的不同而不同，应当根据专业顾问在不同阶段的职责而确定，同时应包括其承诺遵守项目手册的有关条款。合同条件应尽可能与有关行业标准相一致（如 RIBA、ACE、NEC 及 RICS 等确定的标准）。用于项目团队不同成员之间的合同条款形式和结构上的一致性有助于成员之间明确自己和他人各自的责任。每个合同都应包括这方面的要求。费用计算和支付条款应该在开始即确定清楚。同时对有关费用，如审批费用应该如何处理也应清楚。

9. 决定对专业顾问的建议进行评审的标准。并与业主协商取得业主批准。

10. 对各候选人的建议书进行评价，并选择最适合于项目的专业顾问。对建议书进行评价应根据确定的标准并采用权重加权方法进行评价。

11. 安排对候选人（至少2人）的最终面试，为最终选择与谈判做准备。

12. 向业主提交报告和推荐意见书。

13. 业主任命选中的专业顾问。

14. 通知未被选择的候选人选择的结果。

文件清单

1. 顾问大纲应当包括：
- 项目目标。
- 其他参与方的要求。
- 提供的专业服务。
- 项目计划，包括关键时点。
- 汇报要求，包括关键时点。

2. 招标邀请文件应当包括：
- 责任一览表。
- 面试小组的形式。
- 合同条件草案（或将采用的合同类型）。
- 要求的设计技能与专业知识。
- 参与项目的人员，他们的作用、义务、工作期间及各自的责任。
- 担保的要求，要明确是为谁的利益以及采用什么条款进行担保。

邀请函应当要求候选人在投标中提供涵盖整个项目期间的有关现行职业赔偿保险水平的信息、投标策略的详细内容，投标截止日期以及分包服务涉及的范围。

项目各个阶段的咨询服务举例

以下是在项目各个阶段，应当提供的典型的专业咨询服务的清单。但是，它既非完整的列表，也不是最佳选择的大纲，因为会随项目的不同而不同。详细的服务范围可以参阅相关文件，如英国CIC合同服务范围。

概念 / 可行性研究阶段

- 明确业主要求及目标，并准备项目大纲。
- 可行性研究包括方案评价、环境影响评估、场地评价、规划指南以及商业评估。

策划 / 施工前阶段

- 开展设计，包括设计大纲及设计方案的准备。
- 成本估算、招标准备及评标、编制项目进度。
- 编制施工标准和施工进度计划。

施工 / 试运转阶段

- 编制并提交施工图纸及变更。
- 项目 / 施工管理。
- 施工检查、监督与评价。
- 证明付款。
- 商议争议解决方式。
- 完工确认。
- 辅助项目移交。

完工 / 交付阶段

- 确保缺陷得到了纠正。
- 项目结算，包括决算。
- 确认项目运行与维护程序。
- 项目后评价与反馈。

附录 15 不同发包方式的特征

	特征	传统方式	设计+施工	工程管理总承包	工程管理
1	责任的分散程度	中等	有限	大	大
2	承包商的选择范围	中等	有限	中等	大
3	成本确定的工期	中等	早	晚	晚
4	需要业主在项目初期准确提出其要求	是	是	否	否
5	是否在确定设计大纲时可获得第三方的帮助	是	否	是	是
6	施工单位进场速度	慢	快	快	快
7	施工中发布变更的灵活性	一般	有限	一般	好
8	采用标准合同文本的可行性	是	是	是	有限
9	对项目建议不断完善的能力	一般	有限	一般	好
10	对成本的监督	好	差	一般	好
11	施工方参与设计过程	中等	好	好	好
12	对设计过程的管理	差	好	好	好
13	业主对专业承包商选择的影响	有限	无	好	好
14	监督施工材料和工艺质量	中等	中等	中等	好
15	承包商对工程款的占用机会	是	是	是	否
16	对承包商有效管理的激励	强	强	弱	很小
17	产生争议的可能性	高	中等	中等	小

上表中所列的各种发包方式特征的具体讨论如下。

1. 将不同的工作责任细分这种做法，可以增强项目经理对项目的控制力，例如在专业顾问的选择方面。然而，这也使得对责任进行准确界定非常困难。

2. 根据项目预算和设计标准邀请投标者的数量控制在一定范围内，是一种实际工作中可以采用的方法。当投标中包括相当多的设计工作时，其高昂的成本会使部分承包商退出竞争，除非邀请函中对投标者的数量做出了限制。这种邀请招标方式通常不利于获得竞争性的价格，除非招标前已经对相关问题做过仔细的研究。

3. 尽管在项目开发的初期阶段确定明确的财务预算能够减少业主的风险，但可能会对承包价格造成一定的影响。这是因为投标者需要考虑这些风险因素对其的影响。根据项目所处的情况，需要在业主的风险和承包商的风险中建立一种平衡。

4. 业主对设计和工程发包的要求应通过文件予以明确。这份文件应当尽早准备并作为后续各项工作的基础。非传统的发包方式可以允许项目业主分阶段编制项目大纲，这在不确定性因素较多或项目较复杂时可能会很有帮助。

5. 与第4点相似，在设计大纲的形成过程中能够获得第三方的帮助，将对克服在不确定和较复杂情况下可能出现的问题非常有利。

6. 传统发包方式下承包商的进场进度相对较慢，这是因为要求在设计全部完成以后才能确定施工承包商。而其他发包式法则有助于加快设计和施工进程。

7. 在设计＋施工方式下，适应不同情况的灵活性较小。而在其他发包方式下，则可通过变更条款和其他额外工作的补充协议来适应不同的情况。

8. 采用行业通用的标准文本将有助于合同准备。尽管标准合同文本中已考虑了项目具体的情况，但起草合同仍将需要大量的协商并花费一定的费用。

9. 当存在很大的不确定性或可以利用的资金有限时，对项目不断进行分析和评价是非常有用的，甚至可以将施工过程分阶段进行。

10. 各种发包方式都应该有助于业主对成本进行监控，尽管在不同的项目中，具体情况会有所不同。

11. 在保证承包商利益的前提下，承包商参与设计能够使设计成果更经济。很明显在设计＋施工方式中，承包商有足够的兴趣参与设计工作。

12. 通常，生产信息的准备计划对施工计划的实施是非常重要的，并且应当根据施工计划来确定。

13. 不同的发包方式对于选择具体承担项目施工的专业承包商或劳务供应商会有不同的影响。设计＋施工方式对于专业承包商的选择没有什么影响，而采用传统方式则会有一定的影响。

14. 设计＋施工方式没有提供对施工质量的监督——业主要求进行的监督必须单独另行委托。在其他发包方式中，设计团队成员，或项目管理总承包商，或工程管理经理，则负有质量监督的责任。但在上述情况下，除最后一种发包方式外，他们也仅仅只能进行有限的质量控制。

15. 设计＋施工方式通常没有提供工程进度的规定。因此，对于标准形式做出必要的修改以便控制时间，这对于项目的有效控制是十分重要的，可依照CIOB的《复杂项目进度合同最佳实践指南》，并且要求项目经理能够适当履行在该方面的职责。

16.由于建设工程中涉及的金额较大，因此尽早获得业主的支付或尽可能推迟对专业承包商的支付对总承包商的经济利益有很大的影响。这可能对专业分包商的态度及行为以及其工作质量产生影响，从而进一步削弱原本已经有限的质量控制工作。当对专业承包商的付款直接由业主／工程管理经理控制时，可有效地避免这种情况的出现。

17.工程管理总承包方式和工程管理方式是按一定费用标准计取酬劳，不一定直接与项目绩效相关。这是因为公平地确定项目实施情况是很困难的。而在设计＋施工方式下，对促进总承包商加强管理有很强的激励作用，在传统发包方式下，也具有一定的激励功能。

18.施工质量、成本和进度都能通过良好的团队工作而得以改善。能够准确、合理地确定项目各方责任的发包方式是最有利于避免冲突的产生。

发包方式的选择

根据上述内容可见，不同发包方式的最重要的特征就是各种方式能很好地适应某一类型的项目。例如，当业主对设计和施工过程没有多大兴趣时，且已经提出了清楚、明确的要求，包括成本要求时，设计＋施工方式很明显就是一种适当的选择。

考虑项目的所有特点并与可供采用的各种发包方式的特点进行比较是必要的。应首先确定项目最主要的特点，然后是其他方面的问题，最后是有关发包方式选用的一些具体细节。例如，尽管设计＋施工方式可能看起来适用于某一项目，但也可能需要业主单独委托建筑师或规划顾问来办理项目的审批。然后，将有关批复文件与业主要求相结合，作为设计＋施工承包商的投标基础。

在对所选择的发包方式存在的弱点进行弥补时，要特别注意避免在基本原则和要素方面妥协。例如，在由设计方辅助业主准备业主要求时，不可避免会分散设计＋施工承包商应承担的责任，这就应通过在合同中仔细定义有关责任和条款来减轻其影响。类似地，在传统的项目发包方式中，当有关专业内容和服务涉及设计时，也必须加以足够的注意。

因此，在所有项目的策划过程中，发包方式的选择都是必须考虑的一个因素。考虑到四种基本发包方式在原理上的差异，发包方式应在尽可能早的阶段确定，以便在确定项目所需的资源时及时做出决定。只有在尽可能早的阶段对项目发包方式予以考虑，才能使整个项目的实施过程得以优化。

确认各发包方式的优先考虑问题

			传统方式	设计+建造方式	管理承包方式	建设管理方式
时机	及早完工的重要性	至关重要	√	√	√	√
		重要	√	√	√	√
		不重要	√	X	X	X
变化可控性	变更的可能性	高	√	X	√	√
		低	X	√	X	X
技术复杂程度	先进技术的重要性	高	√	X	√	√
		中	√	√	√	√
		低	X	√	X	X
价格确定性	最终价格稳定性的重要程度	高	√	√	√	√
		低	X	√	X	X
竞争性	竞争性发包的重要性	对所有建设工作	√	√	√	√
		施工/管理	√	√	√	√
		不重要	√	√	X	X
管理	管理多家顾问单位及承包商的能力，相反就是指定一家公司全面负责项目	能够管理各自独立的公司	√	X	√	√
		必须需要单一公司来负责所有事情	X	√	X	X
技术责任	设计人员及成本咨询人员的直接专业责任的重要性	高	√	X	√	√
		低	X	√	X	X
风险态度	风险策略的性质	保留风险	X	X	X	√
		分担风险	√	X	√	√
		转移风险	X	√	X	X

发包方式选择程序

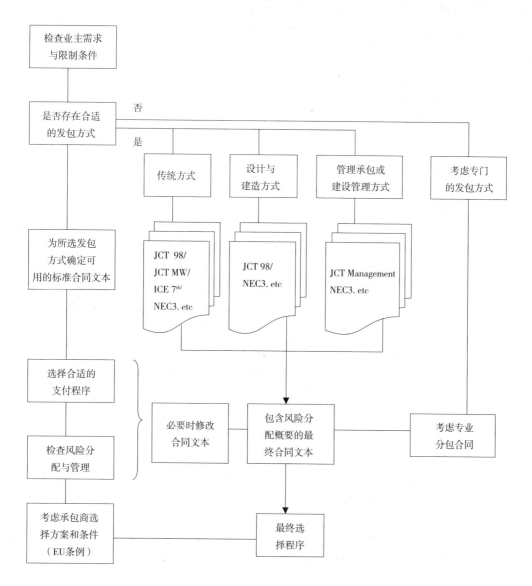

附录 16 争议解决方式

建筑生产各个过程中很容易发生争端。这是不能完全避免的，也就是说要完全不发生争端是不可能的。在其他的方面，可能存在设计缺陷以及有缺陷的工作和材料，这些变更所产生的成本可能会导致惊慌，资金可能被错误的扣留，这是通常会要求赔偿延误和延期导致的损失和费用，或者是延长工期以避免竣工延迟导致的违约金。

在另一方面，耗费大量精力的诉讼辩护的高额成本，通常可以通过在签订合同前合理计划争议解决程序，以及一旦出现争议，积极管理解决争端而得以避免。

调解、调停、专家评审、裁决、仲裁以及诉讼，这些全部都是常用的争议解决方式。其中两项：调解和调停，通常也被称为代替性争议解决方式（ADR）。这本身并没有什么意义，除非认识到其是作为一项选择的。传统的争议解决方式和 ADR 之间重要的不同在于：在 ADR 中，双方当事人自行达成和解协议，这只对双方共同商定的内容有约束力；而在传统的争议解决方式中，这是由第三方决定的，最终对双方都具有约束力。在这些方式中都存在灰色地带，在专家评审以及裁决中的决定是最终形成了约束力的，或者除非在另一个法庭产生争议不然就会最终产生约束力，或者这将是不具约束力的，这取决于它是如何（以及依据的法律）构成的。

除了向法院提起诉讼（这在每一个普通法国家都是一种单方面的行为，任何认为自己的权利被侵害的人都有权采取诉讼）这一个方法外，其他所有的解决争议的方法都要求达成协议。自然地，在产生争议前协商决定解决争议的方法比在产生争议后要更简单。然而，不考虑事先是否准备了协议，任何时候，当事人的任何一方都会选择一种能够节省双方进度、成本，以及避免失效的解决争议的方式，并就此达成协议。

无法律约束力

在不具备约束力的过程中，争议调解员能够帮助当事人找出他们的争执的问题。这完全是有专门流程，其不损害任何一方当事人的权利而且在此过程中没有任何事情能够阻止改变其范围。实际上，如果要取得成功，这样做是十分重要的。如果当事人不能达成一致的意见，当事人任意一方在其后的时间都可以通过另一个法庭来处理这些相同的争议，在 ADR 过程中没有讨论事情可能在其他场合下能够作为证据。争议调解员与当事人双方共同商定一个程序；他将了解双方当事人各自的立场声明以及提供的其他支持自己立场的文件。尽管这本质上是一个不受约束力的过程，双方当事人总是承认最终达成一致的意见是具有约束力的。双方共同承担聘请争议调解员的费用并支付各自费用。这是一种十分有效的处理争议的方法，它鼓励双方当事人相互沟通；如果协商成功，这将会维持双方的工作关系，即使是不成功，这仍然能够帮助双方将关注的焦点集中在争议问题的重点上。在许多合同中，在一些阶段中是需要 ADR 的，而在英国法院要求的 ADR 是法院的民事诉讼规则组成的一部分。

调停

没有明确许可，调停人是不能泄露一方当事人告知其的内容给另一方当事人的。调停人不需要对事件有详细的了解或者是对争议中涉及的相关法律有充分了解，但是这些通常会对调解有所帮助。调停人既不会建议其当事人的权利也不会建议当事人在事件中他们的优势，但是他将帮助双方认识到自己的弱点以及对手方面所有的优势。这样做他将使双方协商一致解决他们之间的争议。通常来说，调停能够在两到三天内完成。在一些存在争议比较多的情况下，可能要一个星期或者更多时间，而这种情况是不太常见的。

调解

调解是与调停十分相似的一种过程，但是调解员在解决争议的过程中与调停人相比能够发挥更积极的作用。调解人必须要对事件本身以及在争议中涉及的相关法律充分了解。调解人将表达针对当事人各自情况的相对优势的建议。调解人将努力说服双方当事人相信自己的意见，这样做能够指导双方当事人依据合同文本达成符合双方利益的协议。调解所需要的时间要比调停要少一些，这是因为调解人能够将双方的注意力集中在问题上并且在一定程度上推动进程，而这对于调停人来说是做不到的。通常说来，调解可以在一天或者两天内完成。至于调停，在许多情况下可能需要一个周或者更多时间，但是这种比较少见。

无法律约束力或者最终产生约束力

与 ADR 中各方自己做出决策不同，该方式决策过程的本质就是选择第三方代他们做出决策。因为这个过程是在双方同意下进行的，这个过程是不公开的。然而，这取决于双方协商的约定规则，可用的信息可能不是专用的而且做出的决策可能不会对双方有约束力，双方此时可以重新在法庭上解决这个争议。当事人可以协商决定由谁来支付争议调解员的费用以及双方处理争议所发生的成本，尽管通常来说都是各自支付各自的费用。

专家决策

专家决策与其他争议解决方式相比是有很大不同的。在法庭上需要任命专家，这是由于他的知识以及对于争议中在他所擅长的领域中的特定的一些问题的充分理解。专家将同当事双方一起协商得到一个程序；他将了解双方各自己的立场声明以及提供的相关支持文件。通常在过程中没有规定当事人改变他们的立场或者修改他们的案例。专家将私下与当事人双方协商，也可能是一起协商，但是他自己没有权利这样做除非是在任命时约定好的。专家被赋予调查员的身份。要求专家要发现事实和争议中相关问题设计的法律，这样才能够进行查询，测试和计算，提出自己的建议并且根据当事人双方的立场的优点做出决策。根据不同的问题，专家决策能够包含大量调查和听证会而时间上可能是需要一个星期到几个月。

裁决

在英格兰和威尔士以及几个联邦国家里，裁决已经在近期具备了法定权限。这些国家的法律规定要采取这个方式通常规定指定类型的建筑合同中的任意一方都有权在任何时间提交争议或者分歧给负责做出裁决的第三方。然而，即使这些法定权利仅限于特定类型合同，对于超出了法律规定的合同，没有什么能够阻止当事人通过合同协商同意遵循相同的过程。

通常通过知识以及在争议中事件的类型得到的经验来任命裁决人的，尽管这并不是很重要。然而裁决人的想法是应该有这样一个裁决，在当事人不满意结果的时候能够继续再在另一个法庭上申请裁决；已决案件的规则不适用于裁决。裁决人将与双方当事人共同协商决定一个程序；他将了解双方各自的参考文件以及其他提供的支持文件。裁决人也可能要求举办一个听证会并且经常和双方当时进行电话会议。

裁决人的决策是具有法律约束力的，除非其中一方当事人决定将同一争议递交仲裁或者诉讼，在此情况下做出的决策直到裁决、判决或者诉讼下达之前都是具有法律约束力的。当2000年在英国法律第一次颁布的时候，裁决人被授权能够自己询问事实和法律。裁决人可能将更像是一个在施工合同下的建筑师或者工程师，一些当事人会愿意采纳裁决人的决策作为最终决定并遵守，所以最初并不要求裁决人在自然公平的原则下作出裁决。

五年之后，并且发生了数百件这样的案例，对裁决结果不满意的一方当事人试图在裁决人的处理不当的基础上改变决策而不是将争议提交到仲裁或者诉讼一切。结果是法院加强了裁决人要符合自然公平的原则的义务。他们必须要听取当事人双方的意见。当事人必须有平等的机会处理自己的情况以及应对与他们相反的情况，尽管他们可能不会改变或者修改他们的意见书。在有限的时间内做出决定这是一个十分艰巨的任务。他们必须是公正的，但是他们没有必要独立。他们可能只能调查事实以及适用于决策的情况的法律。他们可能不会走出去对各方提交的参数的任何缺陷进行弥补。

除非所指的一方同意延长决策时间增加 14 天，或者双方当事人同意延长决策时间，否则争议解决过程以及裁决结果必须在 28 天内做出。决策人没有权利命令发现或者采用经过宣誓的证据，除非双方当事人通过协议将上述证据交给决策人，如果任何一方需要，决策人必须阐述他的决策的理由。这一切似乎都进行得非常令人满意。

最终产生约束力

在接下来的裁决中，一旦得到事实就不能再对任何一个法院开放信息：事项已成为已决案件。就法律问题提出上诉总是可行的，从国内仲裁法庭到法院，从下级法院到高等法院。然而，法律开始倾向于限制从仲裁员的裁决上进行上诉的权利，除了一些涉及公众权益的重要法律之外，这样是为了加强双方对于最终裁决结果的责任心。

仲裁

仲裁协议被写入所有的建筑和土木工程的标准合同中的。仲裁是一个保密的过程，任何人除非取得双方当事人同意是不允许知道争议中涉及的问题或者是决策的。根据《纽约公约》的精神，仲裁人的决策是最终具有法律约束力的并且在许多国家可以被强制执行的。仲裁员，就像法官，必须要保持独立和公正。他们必须严谨地遵循合同的相关法律以及自然公正的原则来对所有提交审判的问题提供快速和有效的决策。仲裁人可能不会超出限制去决定那些没有涉及的事情。

受仲裁协议的制约，当事双方可能采用具体的程序性的规则来制定仲裁员权利或者要遵循的程序。如果没有这样做，仲裁人的权利是由法定文件制定。在国内的争议中通常采用一个单独的仲裁人，但是在国际的争议中更常见的是当事双方各自任命自己的仲裁人，然后这些仲裁人中再任命一个主席或者仲裁人组成一个三人法庭。

仲裁有可能是非常耗时的且成本昂贵，也可能是迅速并低廉的，这取决于当事双方以及仲裁人解决争议的能力。这通常是不能够阻止当事人其中一方修改项目内容以支付另一方的成本费用。通常来说，裁决人在关于经宣誓的证据的获得、传审以及发现等方面具有高等法院法官的权威。他可以让当事人一方支付中间过程出现的问题的费用并且可以决定谁应该支付他的费用，败诉一方是否应该支付胜诉方在整个过程中的费用，有无利害以及依据什么。如果任意一方当事人要求，仲裁人就必须给出他决策的原因。

诉讼

诉讼是由国家的民事法庭管理的争议解决程序。每个有申诉要解决的个体都可以采取诉讼的方式进行解决。法官往往不是技术人员，尽管一些法院会根据他们的技术能力（如英国技术与工程法院）来进行具体选择。另一方面，法官经常会任命技术评估人或者专家来协助他们，特别是当事人提出此种要求时。

尽管法院以及法官是由国家提供的，诉讼通常是一个非常昂贵的过程。这通常是因为复杂的程序规定，一个顽抗又多变诉讼经常可能要推迟案例的听审会很多年，这其中包括一次又一次地修改案例。这里也对在法庭中出现的诉讼的代表人提出了限制。在一些规模较大的案例中一场听审会就可以耗费数千英镑，在争议到达这个阶段前可能已经耗费了数月或者甚至是数年。

诉讼是一种公共的过程（必须要实现公正），并且鼓励公众旁听争议过程中问题的审理。法官必须为他们的裁决结果给出理由，一些重要的裁决要出版和记录在法律报告中。

附录 17 定期向业主的报告

报告内容指南

项目执行概况

项目执行概况的目的是向业主提供一份简要的报告，以便业主能对项目某一阶段的情况作一个快速地了解，它应包括对以下内容的简要说明：

- 已经完成的主要事项。
- 未完成的主要事项及应进行的工作。
- 近期将进行的主要工作，尤其是那些需要采取特别措施的工作。
- 实际进度与总体计划、设计、施工计划的比较。
- 项目的财务状况。

合同安排（包括法律协议）

每一个项目都需要业主与有关方面达成一系列的法律协议，如与地方政府、贷款方、发包方、租赁方、专业顾问方和承包商等订立协议。报告中应该将每一份协议情况区分开来，以便明确项目要求的详细情况，便于根据总体计划把握项目的进展情况。

以下是一个项目可能要涉及的有关协议：

- 联合开发协议
- 土地买卖协议
- 贷款协议
- 发包协议
- 租赁合同
- 专业顾问的委托协议
- 城镇与乡村规划法规：当前有效的部分，例如：
  ○ 规划许可
  ○ 道路占用协议
  ○ 规划要求
  ○ 土地使用合同
  ○ 公共设施改造协议

业主大纲和要求

本部分主要报告业主大纲和要求的进展状况。报告中也应明确需要业主决定的事项，以及那些尚需业主界定的事项。

业主要求的变更

对业主提出的变更应明确其当前状况（是正在考虑，还是正在进行或是已经完成）、对成本和计划的影响。这样做的目的是使业主充分意识到变更对进度的影响。

规划条例、建筑条例与消防审批

在一个具体项目中，这部分应划分为不同的部分分别加以阐述，每一部分应强调当前的进展情况，存在的问题及可能的解决办法以及要求采取的措施或正在采取的措施。下面是可能需要审批同意的一些事项：

- 规划——对项目方案审查
- 规划——对项目详细设计是否满足规划要求的审查
- 建筑条例的规定
- 人员疏散方式
- 历史建筑
- 消防要求
- 公共健康
- 环境卫生
- 共用隔墙的裁定

公共设施

涉及的每一项公共设施应说明有关要求、进展和完成情况，以及恰当的协议和租借方式。

设计报告——概要

设计团队和专业顾问应准备有关设计过程中出现的问题和解决办法的报告。问题及解决办法作为报告的附件，报告同时还应强调计划的进展情况和提供设计资料的时间表。然而，也应当从设计报告中提炼出一份概要，并由设计团队内各成员做出公正的描述。

健康和安全

就根据建筑健康和安全法规制定的相应计划和文件的准备情况提出报告。

项目总体计划

对计划的更新应作为报告的附件，并指明实际取得的进展。这部分应对所有重要的部分做出简短的说明。

招投标情况报告

这是关于有关招标投标工作进展状况的报告。它应清楚地表明根据计划而实施的各阶段工作是如何进行的。

施工概况报告

这份报告的编制与上述设计工作报告是一致的。

施工计划

对计划的更新应作为报告的一部分。特别应说明取得的进展及已经发生的或预计将发生的延误。

在这一部分中，对所有重要的事项应做出简短的说明。

财务报告

一份完整的财务报告应作为报告附件之一。报告应提供一个简短的概述，以说明项目的财务状况和现金流量。这份报告应包含由工料测量师提供的财务信息以及项目经理对项目财务状况所做的综合说明，其中应特别强调对业主利益相关的一些重要事项。

附件

这一部分应包括前述有关部分涉及的更新报告和计划。其他专业方面的报告，也可以包括在其中。如果报告是在正式会议上提出的，那么先前会议的纪要也应当包括在附件中。

附录 18　实际竣工检查表

项目编号：
项目管理公司：　　　　　　　　　　　　　　　签名盖章
批准方：

_____　　　　　_____
_____

下列工作是否完成：
1. 合同规定的工作。　　　　　　　　　　　　　　　　　　　　　□
2. 试车　　　　　　　　　　　　　　　　　　　　　　　　　　□
3. 未完工作清单。　　　　　　　　　　　　　　　　　　　　　□
4. 已完成的收尾工作。　　　　　　　　　　　　　　　　　　　□
5. 运行操作手册，竣工图及检验与测试记录。　　　　　　　　　□
6. 维修合同已生效。　　　　　　　　　　　　　　　　　　　　□
7. 建筑条例所要求的审查已通过。　　　　　　　　　　　　　　□
8. 已签发移交证书。　　　　　　　　　　　　　　　　　　　　□
9. 公共健康卫生方面的批准。　　　　　　　　　　　　　　　　□
10. 健康和安全方面的批准及有关的文件。　　　　　　　　　　□
11. 满足规划的各项要求，包括保留事项。　　　　　　　　　　□
12. 颁发了设备测试证书（电梯、清洁等设备）。　　　　　　　□
13. 签发了设备保险证书（电梯、清扫、喷洒等设备）。　　　　□
14. 安全疏散措施合格。　　　　　　　　　　　　　　　　　　□
15. 消防系统已获得批准。　　　　　　　　　　　　　　　　　□
16. 火警系统的批准。　　　　　　　　　　　　　　　　　　　□
17. 公共设施使用协议的签署。　　　　　　　　　　　　　　　□
18. 公共设施供应的检查与签署。　　　　　　　　　　　　　　□
19. 储存化学物品的许可证。　　　　　　　　　　　　　　　　□
20. 处理化学物品的许可证。　　　　　　　　　　　　　　　　□
21. 储存天然气的许可证。　　　　　　　　　　　　　　　　　□
22. 使用自备水井的许可。　　　　　　　　　　　　　　　　　□
23. 地方政府有关高速公路、小区道路和人行道的使用许可。　　□
24. 同意架设旗杆的批准。　　　　　　　　　　　　　　　　　□
25. 设立照明标志的批准。　　　　　　　　　　　　　　　　　□
26. 现场清理达到规定的标准。　　　　　　　　　　　　　　　□
27. 废弃物和剩余物已清除。　　　　　　　　　　　　　　　　□
28. 工具和备件的准备。　　　　　　　　　　　　　　　　　　□
29. 业主 / 用户保险的投保。　　　　　　　　　　　　　　　　□

已完成：
不能投入使用：

附录 19　设施管理

设施管理（FM）最早的概念是一种财产管理，其中最主要的是房地产的管理。由于市场现状以及提高竞争力的需求，设施管理的注意力不再仅仅局限在建筑物方面，而是把一个组织用来创造财富的所有资源作为管理的对象，这才是当前 FM 所指的内容。这不是一个新的概念，而是从小部分公司的探索中发展起来的，现已成为整个建筑行业中一个快速增长的领域。

设施管理的目的在于建立一个管理框架，包括传统的维修、照明、采暖等不动产管理在内，以及越来越多的对空间利用和规划、资产登记、健康与安全及其他活动的管理。因此，设施一词现在一般用来指：为实现公司经营目标的各种要素，如建筑物、家具、设备、劳动力环境等。

电脑技术的发展和个人电脑的普及，使大量数据的处理成为可能，这大大提高了设施管理的效率。有关建筑物使用情况的数据库的应用，使得反馈和前馈控制成为可能，其中前馈控制变得更加重要。反馈控制通常可以利用实际工作中产生的数据进行，它主要适用于对历史资料的分析，为进行前馈管理提供基础，预测未来发展趋势及可能存在的问题，以避免浪费。

事实上，不同企业中运用的设施管理系统都是不同的。它必须结合公司的具体需要，实际上由建立在一个平台上的一系列独立的模块综合而成。当前出现的标准平台是建立在设计领域广泛运用的计算机辅助设计技术上的，并已经发展成为强大的计算机辅助设施管理（CAFM）系统。计算机辅助设施管理系统已经被越来越广泛地运用，并作为项目经理和项目团队成员在确定项目大纲时的一种不可缺少的手段。设施管理和项目管理的有机结合将使得项目建设的效率更高。

CIOB 已经意识到特制的设施管理合同的广阔前景，而且它已经在设施管理行业普遍流行。其中的一些合同是引用其他行业的合同模板，缺乏对设施管理合同事务的关注。

CIOB 联合 Cameron McKenna 律师事务所于 1991 年出版了第一版《设施管理合同示范文本》。该第三版合同文本在 2008 年出版发行。

附录 20　项目实施框架中的资金价值

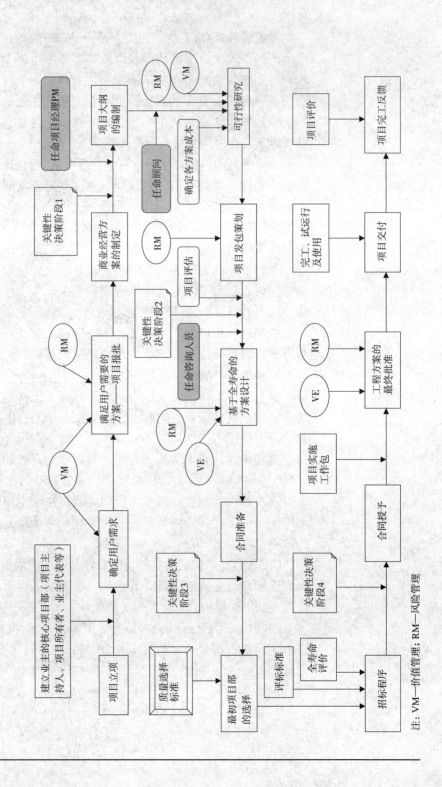

注：VM—价值管理；RM—风险管理

附录 21 项目管理中的领导力

什么是领导力?

领导力作为一个管理要素受到了大量的关注。简单的定义,"为实现团队或者组织的目标,个体影响其他团队成员的过程"(Shackleton)。不可避免地,存在各种各样不同的理论和围绕着这个主题的学校的想法(大量的参考文件都列在参考书目中)。最新的讨论往往是专注于交易型和变革型的领导力。

领导力和项目经理

建设项目管理的定义是在定义的时间表内,项目预计使用特定的资源实现一系列统一的建设目标。这不仅需要一个非常有效的项目经理也需要一个有影响力的能够自发地领导项目团队的项目领导者,主要专注集中在项目上并且激励项目团队成员在约定的项目框架内实现目标。一个成功的项目经理所需要擅长的关键因素或者特征是激励、绩效考核、资源分配和管理,以及计划和沟通。

有效的领导者的特征是什么?

现在有一系列的概述了领导风格和特征的理论。概括的来说,成功的领导的特征表现为六种风格,详见下表。

领导风格

风格	结果
强制型	领导者需要立即遵从
授权型	领导者朝着一个目标动员成员
亲和型	领导者创造情感纽带和和谐的氛围
民主型	领导者参与创建共识
带头型	领导者期望优秀和团队中各自的分工
教练型	领导者为了未来发展人员

一般的建议是领导者需要了解风格是怎样与他们的个人能力以及环境因素要求相联系的,以确定最合适方法。

这有一些关于领导能力训练有效性的不同意见（领导者是天生的还是后天的）。然而，强调需要灵活性是十分明智的——学会根据情况和环境的需要进行不同的领导；因此，领导者应该学习多种风格并学会区分环境和情景的需要。

有"快速成功"的方法吗？

尽管不同风格和策略适应不同的环境和情况，适应以下几条应该会加强有效的项目管理。

- 承认积极的贡献
- 确保开放的沟通
- 与团队成员定期"联系"
- 分享赞美

附录 22　框架协议

框架协议可以被描述为一种提供预定商品和服务以及指定的条款和选定供应商（如顾问，设计师以及施工人员）数量的条件的协议。而进入一个框架协议并不意味着需要其中一方发包或者提供产品或服务的绑定性要求，如果或当他们被提供时，框架协议通常会有指定的条款。框架发包合同种类很多，包括了 JCT，英国 NEC 合同和英国商务部出版的一些形式。

当前欧盟指令（2004/18/EC1-Article 32）和英国规定（2006 年 1 月 31 日生效的 19 法规）也对这种形式的发包有明文规定。要注意的是框架协议与框架合同是不同的。

告知的要求是什么？

欧盟公报联系的通知至少必须要包括：
- 要清楚框架协议是被授予的。
- 包括在框架协议条款下有权叫停的所有的承包方的权利的特征。
- 说明框架协议时间的长短；通常最多是 4 年。
- 包括估计的商品，货物或者服务的总量，这样取消的就可以安排，只要是可能，就可以获得取消的价值和频率。

如何才能被授予框架协议？

- 开放，限制或者在某些情况下，可以使用谈判或者竞争性对话的方法。
- 协议可以被授予一个或多个供应商（至少 3 个）。
- 强制性的停滞期只是申请协议—而不是对于未来取消。

取消的过程是什么？

- 当在框架协议下授予个体合同（称为取消合同），当局不需要再次通过欧盟指令中的完整的程序步骤。
- 权重的标准是在特定的环境下变化的，即在规模小的竞争中使用的标准可能会和框架授予是不同的。
- 如果框架协议中规定的条款是足够精准的，取消可能不会需

　　　　　　　　要规模小的竞争。然而，怎样去做而又不违反相关规定。
■　不是所有的供应商需要参加规模小的竞争，特别是如果框架
　　被分为不同的"部分"。
框架协议和取消的流程图如下：

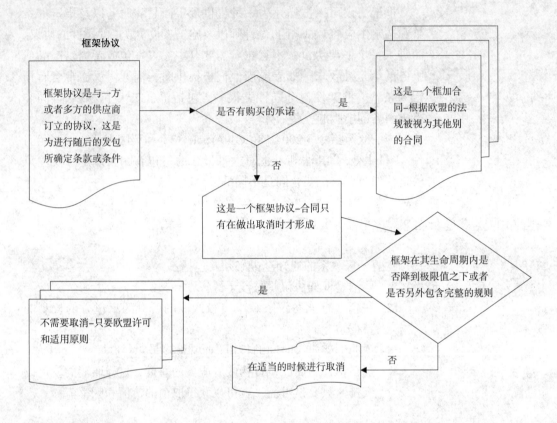

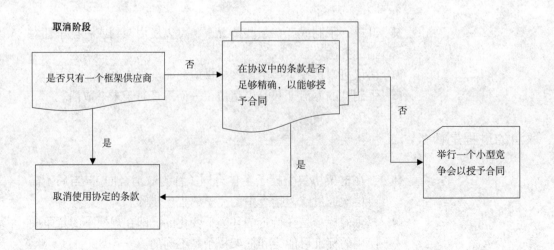

附录 23　电子发包指导

公共部门的电子发包

英国商务部近期的出版物显示，中央政府每年约 500 万发包订单中，几乎有 30% 的订单现在是通过电子发包系统进行的。出版物进一步指出部门以及机构着重将注意力放在电子竞价（在短暂的"现场"在线会议期间，供应商通过改变他们提供给买家的价格在线竞争）。这样使英国商务部得到结论，电子竞价经证明能够相对容易实现并且能够提供令人印象深刻的能节约其 13% 的平均成本的"快速见效"的方法，能够实现信息技术硬件 23% 的节约。

在部分私营企业的调查中，贸易和工业部门发现英国公司认为在技术方面起到关键作用的是："驱动了供应链的效率并且解锁了买方的价值"。英国国家统计局的研究得出同样的结论。调查 7000 家公司发现"那些采用了电子商务手段进行发包的公司与没有使用的公司相比有巨大的生产优势"。从公共以及私营部分来看："电子"代表了高效的，有效的以及获得授权并且它的使用能够节约大量成本。

电子发包与欧洲

在欧洲一些主要的电子发包的参与国家包括奥地利、比利时、丹麦、法国、德国、爱尔兰、意大利、挪威、葡萄牙以及瑞典。在欧洲有许多的电子发包的解决方案。然而，在本书出版之时在欧洲还没有一个国家完成能够支持所有公共发包活动的一套综合电子工具和系统。相对地，英国政府在这个领域已经取得了令人满意的进展。数量相当大的电子发包上的投资和计划将在整个欧洲继续。

欧盟法令

欧盟鼓励电子发包的使用。新的欧盟合并指令以及欧盟进销存指令明确规定电子工具和技术在整个欧洲的公共发包部门的使用。欧盟承认过程的自动化并使得机会公开，网上招标完全能够支持实现跨境交易，非歧视的公平以及开放竞争的目的和目标。他们也因透明度和审计在线交易的便捷性而备受鼓舞。在新的法令中，提供了诸如电子追溯拍卖等创新工具，而欧盟甚至更进一步，推进了一个新的流程：动态采购系统，一个仅在线的流程，从而使供应商可以竞争。

电子发包的最佳案例

"快速见效"的方法

为了使发包过程现代化，我们必然需要一些"电子工具"。有一个问题经常发生在电子发包项目的开始阶段就是决定哪个工具来完成以及完成哪个订单。"快速见效"可以建立项目的可信度并且帮助项目其余部分产生资金。这些例子中包括使用发包卡 [和政府发包卡类似（GPC ）]、电子竞价、电子发包以及其他类似的项目。

实施电子发包

在最近几年里已经开发出多种多样的电子发包工具帮助实现资源的组织，合同以及发包更加有效并高效地进行。概括的来说，电子发包工具涉及了发包的两个方面：资源开发活动以及事物处理型发包。

资源开发活动（电子外包）

电子外包工具可以帮助买方与供应商建立最适合的联系并且能够有效地管理供应商。工具包括供应商的数据库以及电子投标工具，评价、协作和谈判工具。还包括电子竞价工具以及支持合同管理活动的工具。

事务处理型发包（电子发包）

电子发包工具可以帮助发包的专业人员并且使最终用户更高效地完成流程以及准确的订单细节。最大化的控制以及过程效率这两个目标是运行如发包到支付系统，发包卡以及电子发货单的解决方案这些电子发包工具。尽管目前工具主要分布在这两个种类，一些工具还是可以独立实现的。

电子竞价工具现在是一种较成熟的技术，与其他的电子外包工具相比可以更快速地完成。因为电子竞价目前证明是在现金条款中一种明确的"快速取胜"的方法，强烈建议尽早实现。下图显示了电子外包和电子发包（也称为从发包到付款）工具按照英国特许学院的发包供应（CIPS ）的分类适合的发包的生命周期。

发包卡（P-cards）

发包卡（P-cards ）在原则上与消费者使用的信用卡类似（如，在五天内支付给供应商；买方根据一个总的合并的发货单按月支付给

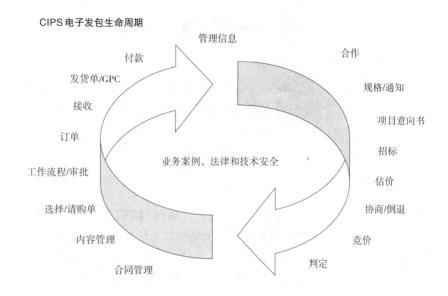

CIPS 电子发包生命周期

供应商），但是额外的功能会使其更适合企业与企业之间的发包。这些包括了控制如在特定的商品领域内限制卡的使用，个人交易价值以及每月支出的限制。由开户银行在每个月报表中提供给买方组织的发包信息取决于每个供应商自动生成的详细程度。这个可以从供应商的名字、工期以及交易价值到每一个项目的具体要求的详细细节，自由输入文本的输入账户密码以及增值税价值范围变动。

供应商参与的 P-card 项目

许多供应商早已接受消费者的信用卡和借记卡付款以及必须接受的 P-card 的附属条款。供应商在接受信贷、借记卡以及发包卡支付的成本是一笔较小交易（通常是在 1% 到 4% 间变化）以及实现卡片交易设备制作成本。成本随着更高级别的功能而增加。

P-card 的优点

- 过程节约
- 及时付款的折扣
- 保证及时付款
- 与合同更加契合

电子竞价

在一个电子反向竞价中，潜在的供应商会在线竞争并提供产品／服务在竞价中的"实时"价格。价格在开始时处于同一水平，然后在电子竞价的整个过程中随着供应商为得到合同而不断地改变提供的价格而逐渐降低。电子竞价可以基于单独的价格或者也可以通过其他的标准衡量如质量、交付或者服务水平。

电子竞价的优点

政府的电子竞价活动显示平均节约之前合同金额的 13.4%。进一步的优点包括改善投标过程的准备和规划，供应商提交修改后的合同竞标的机会（而不是正式的投标过程），这增加了买方和供应商的市场知识。供应商特别受益于竞争对手定价意识的增强。

实现电子竞价

电子竞价没有取代投标：他们是投标的一部分并且为一个完整的投标过程提供符合成本效益的快速且透明的结论。电子竞价可能基于获得最低价格，或者是最经济有利的价格（价格，付款条件，供应表）。只有那些成功通过初审（如，他们已经满足所有投标标准比如质量、流程、资金稳定以及环境政策）的供应商应该被邀请参加。一个组织的发包的复杂性将会影响电子竞价的策略。所有需求的基本因素，不论复杂还是简单，是：

- **起始价格：** 什么是起始价格标准？举个例，由承包商在投标初期阶段提供的指示性价格。
- **投标的减少量：** 什么是供应商减少他们出价低于当前最低的最低水平？对于一个 100000 英镑的合同来说减少 2000 ~ 5000 英镑都是十分合理的。
- **持续时间：** 什么是事件的持续时间？
- **延期：** 什么样的延期会被批准？举个例子，如果任何投标在电子竞价的最后五分钟内收到，则其他竞标者可能能够延长五分钟。
- **权重：** 更复杂的电子竞价在遵守价格标准以及其他标准的前提下将会允许供应商修改他们的报价。

更多的信息可以在 SIMAP 和英国商务部中找到。还必须从各项服务提供者中获得相关建议。

供应商和电子竞价

供应商通常在电子竞价中参与合作。买方应该同供应商保持很好的交流，开放和提供所有相关的操作和技术上的信息（这是一个法定的要求）。买方也应该把供应商的情况提交给电子竞价并且如果有必要确保供应商对程序和技术都熟悉，需要在电子竞价前对于事件进行测试。

每一个供应商可能采取一种不同的参与策略：一些在初期用低价投标，其他的会隐瞒自己的策略。供应商可能希望知道他们的报价所处的位置以及其他人的报价，而不是其他竞标者的姓名。

电子竞价在建筑行业的使用

英国公共部门实施电子竞价，其作为一种有价值的工具适用于改善发包的流程。现在有更多地在公共和私营部门的经验表明已经发现电子竞价可以改善专业素质，加速这一进程，在许多情况下减少商品和服务的发包价格。在英国公共部门内，电子竞价按照最佳实践标准来实施，由专业行为准则支持。电子竞价组成全面质量招标过程的一个阶段。电子竞价其本身可能是复杂的选项，其考虑到整个过程中除了价格的所有因素。这种方法确保了合同在物有所值的基础上继续执行并且不但是价格符合政府的政策。

建筑行业一直在进步，同其他行业一样采用了电子商务这样的方式。然而，在行业的一些部分有强烈反对电子的拍卖（电子竞价）。英国商务部已经接收来自行业协会和其他机构的意见。部分行业已经看到电子竞价使得用最低价格发包，这已经威胁到的已经很低的利润。业内人士也认为电子竞价是对实现卓越建设计划的挑战，比如一个综合的供应链中实现基于最优的全生命周期价值的工程发包方法。

附录 24 合同管理框架实务指导

英国商务部和国家审计局在总结各类工程项目经验教训的基础上，联合颁布了一份合同管理实务指导（主要与建设前准备和建设阶段有关）。这项文件的主要内容大致总结如下（详见英国商务部网站）。

组织/资源	计划/管理	■ 从发包计划到合同管理的有计划的、系统的过渡 ■ 明确的合同管理所有权 ■ 基于全寿命周期绩效的清晰明确的合同管理计划
	人员	■ 合同经理尽可能持续参与发包计划 ■ 确保适当的知识和技能的可用性 ■ 所有参与合同管理的人的期望和要求 ■ 鼓励知识和最佳实践的分享
	管理	■ 确保合同文件易于理解、安全、及时更新 ■ 保证有丰富的资源可用于信息和合同文件的管理 ■ 确保关键合同元素的触发机制（如通知期） ■ 定期的和不定期、不定形式的合同管理信息的报告
交付	关系	■ 所有相关人员的角色职责都要清晰明确 ■ 相关各方了解自己的角色以及共同的期望和责任 ■ 有激励可以鼓励和培养积极的人际关系
	持续性和沟通	■ 适当的从发包阶段的交接过程 ■ 建立定期的和不定期、不定形式的沟通路线 ■ 利益相关者紧密了解最新进展（时事或类似内容），以便调整和管理期望 ■ 保证事先制定好合适的沟通计划，包括解决问题和关系管理的措施
	绩效管理	■ 结构化的能够相互理解的交付进度 ■ 适当的绩效管理框架 ■ 适当的服务水平协议 ■ 绩效报告，包括自我评估以及独立检查 ■ 清晰的流程来加快解决操作性的问题 ■ 向供应商提供定期和常规的绩效反馈 ■ 建立各方的联系点 ■ 正式查找和处理变更
	支付和激励	■ 支付机制要用合同署明，确保清晰明了能被各方理解 ■ 建立高效的付款流程，有适当的检查和平衡 ■ 成本控制在预算范围内并适当分配 ■ 激励计划和预计产出密切相关 ■ 当使用开放手册或类似的机制时，流程管理专业公正
	风险	■ 合同包括供应商风险管理有明确的职责和流程 ■ 识别谁是最佳人选进行相应的管理风险，并据此分配 ■ 升级和报告路线，包括应急计划 ■ 风险登记要持续勤勉地执行

续表

开发	变更管理	■ 定期审查，以便识别行为改变的需求 ■ 变更管理过程要明确和结构化——区分微小和重大变化 ■ 相关各方理解变更管理过程 ■ 建立适当的争端解决流程
	供应链开发	■ 在合适的地方改进供应链性能 ■ 共享风险降低措施 ■ 发起共享管理活动可能获得性能改进
策略	供应链关系	■ 一个结构化的供应商关系管理计划有明确的期望和预期的结果 ■ 重点放在捕捉必要或适当的创新点 ■ 知识共享并被吸收 ■ 利益相关者的联系和交流要有计划并进行管理
	市场管理	■ 有流程来审查评估选择公司内部或外包服务 ■ 对于市场包括供应商的理解 ■ 潜在供应商的能力和能力的分析和理解 ■ 存在持续监控可用机会的过程 ■ 为新的发包过程的策略发展提供反馈

附录 25 沟通计划

大多数项目，尤其是那些有着复杂的性质和多重利益相关者的项目，其沟通策略都将把业主、设计方、交付团队以及内外部利益相关者通盘考虑。这在建设前阶段就被讨论达成共识，以确保各方都对沟通的流程、性质和频率满意。特别要注意识别各方的沟通重点，这将反过来带动信息的传播。

一个典型项目的通信轮廓可能包含各种各样的组织，下图给出了一个示例。

关联图

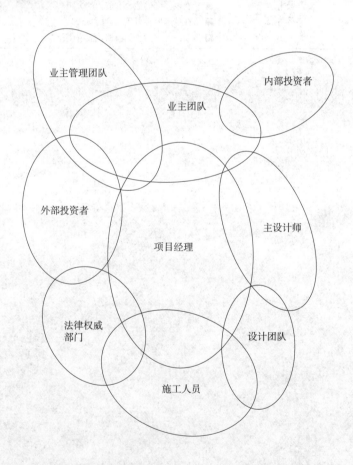

通信计划的发展应该专注于促进关键利益相关者了解项目的进程，通过使项目的发展随时可见来促进"买进"。有很多方法可以对内部和外部利益相关者的看法进行控制。一些可以使用的关键工具如下：

■ 沟通会议：大范围的利益相关者参加

■ 关系研讨会：内部和外部利益相关者参加

■ 简讯：强调项目的进展和即将到来的行动

除了这些，尤其是在建设阶段，可以使用网络摄像头等设施，如果合适，还可以通过互联网向选择性的听众或向公众提供实时或延时的进展情况。

周密的施工进度计划等措施也鼓励通过各种活动和技术来加强在更广泛的利益相关者层面的项目沟通。

附录 26 最佳实践项目管理 [①]

关注长期成本	■ 评估是否基于终身价值的花费？是否考虑了资金,维修和服务成本？ ■ 评估过程是否平衡了成本、质量和进度？ ■ 是否有足够的监察和制衡,以确保评估过程的公平？
参与、理解和利用供应链	■ 供应商是否了解项目交付方法,他们认为是可行的吗？ ■ 供应商对他们的建议假设已经检查和理解吗？ ■ 是否评估了供应方面的风险？ ■ 有流程以保证各方都清楚地了解他们的角色和职责吗？ ■ 是否都了解想要的结果,关键条款和最后期限？
采用一个集成的方法	■ 是否测试了市场对于项目需求的响应能力？ ■ 所使用的发包路线是否鼓励项目团队的集成？ ■ 供应商是否在初期介入帮助确定和验证项目的结果和输出？是否有对于价值管理的激励吗？ ■ 是否建立风险共担登记？
建立项目和战略重点之间的清晰联系	■ 这个项目如何与业务和 / 或组织交付和经营活动相比较和对齐？ ■ 是否吸取了以前项目的经验教训？ ■ 是否有一个明确的项目计划,其中包含基于现实的时间尺度的完整时期或项目交付,显示关键依赖关系和处理延误的办法？ ■ 是否分析了任何时间、范围或质量的变化产生的影响？在发生问题或冲突时,项目团队是否意识到至少有一方必须付出代价？
为保证项目生命周期的每个阶段成功而确定并同意的措施	■ 是否识别每个阶段的关键成功因素并达成共识？ ■ 是否有一个流程来衡量成功因素？ ■ 成功因素是否征得利益相关者和各阶段供应商的同意？ ■ 项目团队是否清晰地认识到项目之间的相互依赖关系、利益和评判成功的标准？
建立所有权、支持和领导	■ 是否首先检查了所有提议的承诺和目标对于交付的影响？ ■ 做决策时是否及时、果断并能坚持,以促成成功交付？ ■ 是否将所有的关键行为和风险都分配给最合适的各方？ ■ 交付团队是否能保持一致？
利益相关者管理	■ 对于所有利益相关者的目标的适当调整,是否有明确的管理和沟通安排？ ■ 利益相关者是否在各阶段被确认合适？ ■ 是否确认了利益相关者的情况（例如:为什么,是什么,谁,在哪里,何时以及如何）？ ■ 是否对于利益相关者的要求达成了理解和共识？ ■ 业务案例是否考虑了所有利益相关者包括用户的意见？是否对于利益相关者的管理过程有一个清晰的理解（例如:确保入股,克服障碍和对变更的抵制,把风险分配给最有能力控制的一方）？ ■ 是否有足够的资金支撑目前的组织文化？ ■ 确保有明确责任的同时,是否建立了解决冲突的优先级的预案？
确保现实目标与关键决策点相统一	■ 是否留有足够的时间考虑法定审批和导入？ ■ 是否缩短了交货时间,以避免在开发过程中的变更？ ■ 是否嵌入了足够的检查点,以确保在环境发生变化时可以改变项目的范围 / 工期 / 成本 / 规格？ ■ 如果项目交付延迟或未能交付,是否有一个业务连续性计划？

---

① 根据英国商务部最佳实践合同管理框架指南。

附录 27　符合现场垃圾管理计划规定 2008

简介

现场垃圾管理计划规定（来自《社区和环境保护法》2005 版）于 2008 年 4 月在英国颁布实施，它要求在所有项目建设和拆迁开始前实施建筑垃圾管理计划（SWMP），该计划的预计项目成本会超过 300000 英镑。

据估计，英国建筑业每年使用 4 亿吨的资源，其中有 1 亿吨被当作垃圾丢掉。这相当于每个生活在英国的人产生了约 1.65 吨垃圾。现场垃圾对环境和工业经济是有害的。建筑业研究与信息协会的研究估计，大约 13% 的被运送到建筑现场的材料最终没有被使用过。随着垃圾填埋成本的上升，更有效地管理现场垃圾的动机不仅是出于道德目的，实质上是出于商业价值的考虑。

什么是现场垃圾管理计划？

现场垃圾管理计划提供了一个管理建设项目的整个生命周期中产生的垃圾的框架。通过使用设计基础上的信息，现场垃圾管理计划将在建设准备阶段确定施工现场预计将会产生的垃圾量。借助现场垃圾管理计划，更加便于识别最优决策和最经济的管理现场垃圾的方式。引入现场垃圾管理计划背后的基本原理是确保从设计和规范阶段就考虑垃圾产生的元素，通过选择施工工艺和建筑材料，有效地减少垃圾的产生。

现场垃圾管理计划如何管理垃圾？

通过现场垃圾管理计划实现的管理过程依赖于 PDCA（计划 - 实施 - 检查 - 行动）循环——在建设准备阶段，它将阐述现场可能会产生的现场垃圾的种类，并评估各类垃圾的数量，然后确定将要采取的垃圾管理措施。显然，这将包括场内场外的材料的重复使用、循环、回收，如果这些方式都不可行，就运送到填埋场地。它同时还会将危险的（例如石棉）和不危险的现场垃圾区分开。这个计划将促使总承包商在施工阶段付诸行动，承包商将负责实施计划，以及记录实际的垃圾产生和处理数据，并与估计的数字做比较，以此检查计划的有效性。在施工阶段结束后，项目各方，包括业主、设计师和总承包商都将复核现场垃圾管理计划，确定未来项目可以从中吸取的经验教训。

一个基本的现场垃圾管理计划将至少包含以下信息：

- 文档的所有权。
- 关于谁来运送现场垃圾的信息。
- 将被运走的现场垃圾的种类。
- 建筑垃圾将被运送去的场地的详细信息。
- 后期审核申明，以确认对现场垃圾管理计划进行了监控并且定期更新。

一个成功的现场垃圾管理计划需要完备的计划、准备和实施。项目规模越大，现场垃圾管理计划就越复杂，花费的时间越多。

谁对现场垃圾管理计划负责?

业主负责提出现场垃圾管理计划，这必须在施工开始之前做好准备。建设工作的定义与包含在清洁发展机制规则中的定义是一样的。

设计师也有责任为现场垃圾管理计划提供足够的信息，并确保在设计开发期间给予适当的关注，以减少垃圾的产生。

一旦现场工作开始，总承包商就负责管理现场垃圾管理计划，确保它准确地反映了项目的进展。如果项目在没有现场垃圾管理计划的情况下开工，业主和主要的承包商都将接受惩罚，罚款高达50000英镑。

现场垃圾管理计划有哪些好处?

- 商业利益：通过鼓励浪费最小化，回收和重复利用。
- 透明度：通过使用详细记录流程的开放手册。
- 环境效益：通过减少和回收废物。
- 营销工具：周密计划和实施的现场垃圾管理计划总是会增加企业成就记录以供未来参考。
- 以后可以吸取的经验教训：回顾一个完成项目的现场垃圾管理计划将为未来项目的垃圾管理计划提供良好的参考材料。

现场垃圾管理计划实例

现场垃圾管理计划 / 清单	
项目名称	
项目地址	

续表

总包商	
项目经理	
垃圾现场管理负责人	
填表人（如果不同）	

工程阶段		问题？	是／否	备注（如果"是"，你采取／建议采取什么措施？如果"否"，为什么？）
政策	1	你的组织是否采用了垃圾管理计划？		
	2	业主是否签署了现场垃圾管理计划？		
	3	有相关分包商生产重要的废物流被确认吗？		
	4	经鉴定的分包商是否签署了现场垃圾管理计划？		
发包设计	5	是否对物料进行了评估，以减少过剩订货和现场浪费？		
	6	多余的供货返回给供应商回收或再利用了吗？		
	7	未利用的材料被用到后面的工程上了吗？		
计划	8	总包商是否明白他们对于垃圾管理计划和遵守环境立法的责任？		
	9	工程项目是否考虑了可能的垃圾增加（增加多少，什么时候增加，什么种类）？		
	10	现场是否指定了垃圾管理的区域，包括垃圾分类？		
	11	是否设立了垃圾回收的目标？		
	12	是否制订了处理预期／非预期的危险废物的措施？		
	13	是否考虑了液体垃圾的解决方案？		
	14	是否考虑了场外物料再利用和回收利用的可能性？		
	15	是否考虑过哪里最适合处理来自项目的剩余垃圾？		
	16	是否有机会减少处理可能有商业价值的废料的成本？		
现场操作	17	现场垃圾管理和遵守环境立法的责任是否被分配给独立个人？		
	18	是否为所有现场垃圾管理人员准备工具箱会议？		
	19	被选中的垃圾材料是否在现场被分类？		
	20	容器／翻斗车是否有清晰的标记？		
	21	注意程序的义务是否被完成（例如转移记录，注册运输公司的检查授权，注册豁免场地以及许可的垃圾管理设施）？		
	22	场内垃圾管理是否被监管？		

续表

竣工后	23	最终的回收材料使用、减少垃圾、隔离、回收和处置报告，产生成本和节约已经确认？			
	24	在以后的项目实施过程中是否考虑了关键的垃圾管理问题？			

备注 / 说明

签署日期：

修正号：

现场垃圾管理计划数据单

项目名称		总承包商		工期	
项目地址		项目经理		提交日期	
垃圾现场管理负责人					
填表人（如果不同）					
增加的垃圾种类（如果需要则增加行）					

材料（垃圾清单）	总量（吨）					垃圾承包商信息				
	重复利用	循环利用（预计）	送到垃圾填埋场 – 豁免区域	垃圾堆处理	垃圾总量（kg）	承包商（垃圾运送者和/或接收者）	垃圾运送资质认证登记号	有效期限	垃圾管理许可证号	有效期限
迟缓的										

项目名称		总承包商		工期	
项目地址		项目经理		提交日期	
积极的					
危险的					
总计（吨）					
废物循环利用 / 重复利用比例：					

附录 28 其他发包选择

私人融资计划 / 公私合作项目

和更加常见的传统开发模式比起来，私人融资计划 / 公私合作项目在管理和交付上有着根本性的差异。最关键的差异在于它们是建立在完全不同的结构和合同基础上的。这涉及额外的参与方、显著不同的风险模型和更复杂的风险管理的责任。重要的是要理解这些风险，它们更广泛、更繁重，持续时间更长。

首先，给出一个 PFI/ PPP 在英国的发展简史，便于了解这些变化的基础。

简史

在 20 世纪 90 年代初，英国政府制定政策鼓励特定的设计-建造-融资-运营（DBFO）项目，以改变英国老化的道路基础设施；这些是"完全"私人基金资助项目的先行者。当然，初期也有一些建造-持有-运营（BOO）项目和建造-持有-运营-移交（BOOT）项目，但是 DBFO 项目更为常见。这些计划使得许多私有企业进行道路基础设施项目的建设和运营，更为重要的是，私人资本用剩余借款解决了政府的资产负债。私人贷款通常 100% 由政府支持，并保证在 20 ~ 25 年（最初）的特许期内通过用于交通的"影子通行费"偿还。实际上，是政府以分期付款方式在购买升级的资产。

此类项目往往是数百万英镑的开发项目，例如主要的新高速公路和战略性的桥梁连通工程，如第二赛汶隧道和达特 M25 公路收费桥。

在 20 世纪 90 年代中期，约翰·梅杰政府推出了 PFI。PFI 与上述合同格式相似，但被用来涵盖其他重要的国家资助的基础设施的更新和升级。两种主要的合同形式，他们将不同级别的风险转移给私营部门，即：

■ "可用性"，如学校、监狱、医院。

■ "全风险"，例如水利工程，轻轨和私人道路。

随后的"可用性"模式与 DBFO 格式非常类似，因为"使用可用性"在特许期的支付，更符合"影子通行费"。在延续使用"全风险"的地方，漫长的特许期允许私营企业产生的收入直接来源于提供的服务，并用于为股票和贷款提供资金支持。这些"全风险"的项目不由政府支持。

PFI/PPP 公司的结构

为了允许投资 PFI / PPP 项目，批准高效的风险转移保护私人投资者，就需要创建一种新型的合法公司。特殊服务公司（SPC）或特殊服务工具（SPV）就成了主要的承包公司。这些 SPC / SPV 不仅要负责具体项目的建设，还要在移交政府之前运营设施长达 30 年。一个典型的 SPC / SPV 的结构如下所示：

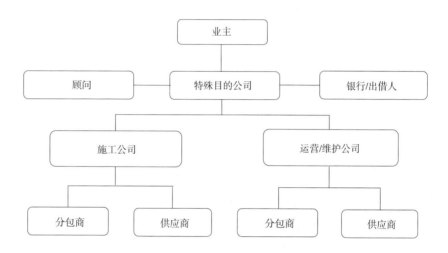

在这种结构下，需要有正式的合同以确保各方理解他们的法律责任，为履行具体需求和性能标准提供解释。总的来说，这些 SPC / SPV 公司和其他参与建设、运营和维护的公司一样，在不同的法律实体之间需要有正式的保持距离型独立合同。

PFI/PPP 项目的项目管理

从上面的图表可以明显看出，准确的界定项目经理应该对项目的哪些部分负责至关重要。即：

- ■　SPC / SPV 公司的项目经理 / 主任。
- ■　施工单位或联合体公司的项目经理。
- ■　长期运营维护公司或合资企业的项目经理。

这相当重要，因为项目经理的角色、职责和职权水平变动较大。另一个关键问题是，项目经理需要充分理解某些风险应该保留和控制在内部组织的哪个部分，并确保将适当的风险转移到合同约定的管理方，下图说明了这一点：

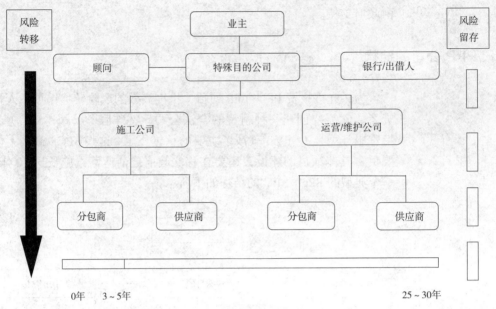

风险责任期限

风险转移

　　PFI 模式开始的时候，全面风险并没有被完全识别和理解。因此，在某些情况下，适当的风险没有很好地从一方转移到另一方，因而风险并不总是适当地分配到正确的各方。风险转移已经发展多年，现在是一个成熟的市场。表现最好的 PFI / PPP 项目一般都能正确识别风险，然后分配给最能理解他们的一方，并适当地管理它们。

附录 29　建筑信息模型（BIM）

概述

建筑信息模型（BIM）是通过计算机软件编制建筑信息数据并进行管理的过程，这种应用具有三维动态演示功能和潜在实时性功能。通过 BIM 可以获取相关建筑的几何尺寸、空间关系、地理信息和建筑构件的数量和属性等信息，这些信息对项目从开始到交付使用的全生命周期都有很有帮助。

BIM 是一个改变传统工程建设中设计开发阶段定义、鼓励信息共享的过程。通过模拟所建设施的实际部件以及相关属性来建立 BIM 模型。这是一次从计算机矢量化辅助制图（如 CAD）到综合表示建筑信息的模型的实质性转变。尽管 BIM 最初在美国开发的，但其逐渐受到英国和欧洲其他国家的欢迎。

施工文件，包括图纸、发包细节（尤其是出于估算目的）、环境要求、提交流程和其他规范要求，都需要实现建设各方之间一定程度上的可交互操作性（例如建筑师、工程师、造价人员、承包商、设施管理人员以及最终用户）。可以预见的是，项目建设者可以建立 BIM 模型，弥补项目知识信息缺失问题，让项目的设计团队、施工团队和设备所有者或经营者都可以添加在建设过程中所拥有的信息，并在 BIM 模型上提取所需要的所有信息。例如，一个业主想在自己的大楼上找到水管漏水的相关证据，并不需要检查整个大楼，只需要检查 BIM 模型，便会发现大楼中有一个水阀安装到了疑似错误的位置。他还可以在模型中查到阀门管径、制造商、零件号等之前添加的其他相关信息。

支持 BIM 的人表示 BIM 可以提供许多好处，包括更好的可视化效果、更方便的信息检索所提高的生产力、促进施工文件间的交互、导入和链接重要信息（例如特殊材料的供应商、估价和投标所需的细节及数量、提高的交付速度以及整体降低的成本）。类似 BIM 的技术还包括虚拟建筑环境（VBE）、虚拟建筑、建筑智能化、综合实践和虚拟设计和施工（VDC）。

BIM 的确是非常实用，而且比起 CAD 来提供了许多可以直观感受到的好处，然而，BIM 分享智能模型信息的功能或许是最为关键的优势。

BIM 在提高工程项目管理中的应用

应用于施工生产系统的精益建设思想，让管理者意识到专业固定岗位的优势，以及在建设过程中通过对工作组和材料的精益控制来减少库存和窝工，并且提高所有相关的过程的透明度。拿到建设现场的三维可视化模型，包含了建设状态和在建工程坐标等信息，这是非常重要的，至少对整个工程有非常多的好处。这些三维可视化的模型可以使人们在网站上管理日常的工作流程，让他们不用直接到现场操作，就可以进行更高级别的管理，从而实现工程的高质量底消耗。然而，施工现场实现工作流程的可视化是非常困难的。尤其是室内装修工程包含了建筑的大部分价值，但是在生产流程方面，它也适用于结构性的工作：工作团队之间进度的缓冲的积累无法被肉眼看到。因此，在建设过程中，形成一个连贯的项目流程的视频需要集成项目的流动状态和解释从各种来源收集监测数据。无论是设计成果还是施工过程的计算机辅助可视化模型，都可以实现项目状态的及时呈现。然而，更重要的是，计算机辅助可视化模型可以提供一个独特的服务来支持决策，实现稳定的流动和信息流动信号。BIM 就是一种设计、模拟、细化和管理工程项目的方法，项目团队可以通过相应的软件来建立一个可处理的参数化模型来进行编辑和使用，然后工程项目就可以通过基于 BIM 的工具来进行管理，直接向所有的建设项目的个人发送施工进度信息，尤其是对那些现场工作的工作人员，这样现场的工作人员就能够具体的了解到建设过程并且进行控制。这种软件应用程序利用 BIM 信息来提供材料、人员，设备和信息在施工现场的流动。

附录 30 商业方案的开发

商业方案是通过演示投融资的基本原理来获得管理层承诺和投融资许可的过程。商业方案提供了一套项目拟建状态的规划和管理框架，并且为项目的持续进行提供了一套核查的标准。

商业方案发展过程的模板如下：

1. 项目建议书的定义
2. 项目建议书的目的
3. 合作伙伴之间的战略协同
   3.1 商业需求
   3.2 组织概述
   3.3 对关键的组织目标的贡献
   3.4 利益相关者
   3.5 现有的安排
   3.6 范围（最小的、合适的和可选的）
   3.7 约束条件
   3.8 依赖性
   3.9 战略利益
   3.10 战略风险
   3.11 关键成功因素
4. 方案评价
   4.1 方案时间的长短
   4.2 创新和合作的机会
   4.3 交付对象—由谁交付项目？
   4.4 环境、社会和经济条件
   4.5 方案履行
   4.6 细致的方案鉴定标准：经济合理性，可持续性
   4.7 风险量化和敏感性分析
   4.8 效益评估
   4.9 首选方案
5. 商业方面
   5.1 产出型规范
   5.2 发包方案
   5.3 风险的分配和转移
   5.4 合同的长度
   5.5 履行时间表

6. 支付能力

    6.1   预算问题

    6.2   收入和支出

    6.3   现金流预测

7. 可行性

    7.1   相似项目的可行性

    7.2   项目各方

    7.3   交付策略

    7.4   风险管理策略

    7.5   利润实现计划

    7.6   应急方案

商业计划的有效性应当通过以下几点关键标准来评判:

- 项目的需求是否已明确表示?
- 项目的意义是否已明确证明?
- 项目的目的与意义是否与整体战略一致?
- 是否明确定义项目成功的结果?
- 优选方案是否明确?
- 为何属于优选方案?
- 发包方案是否明确?
- 发包方案为何优选?
- 适当的资金保证方式是否明确?
- 利润的实现方式是否明确?
- 项目所面临的风险是否表述明确?
- 风险的解决方案是否表述明确?

(资料来源:信息摘自英国商务部出版物)

附录 31 可持续性的关键因素

表格 A：可持续性因素的设计及其目的（资料来源：CIBSE 英国皇家注册设备工程师协会可持续发展概论 [M]. 英国皇家注册设备工程师协会，2007）。

可持续性因素	设计范例及建设目标
能源和二氧化碳	通过采用节能设计、低碳技术或零碳技术来减少二氧化碳的预计排放量
水	通过采用集水节水装置、电器和配件来减少水的预计使用量
垃圾	减少建筑垃圾的填埋，并且分类处理以回收利用
交通	建筑投入使用后，增加可持续的交通模式
气候变化适应性	提高建筑在预测的未来可变气候状况和极端气候状况下的承受能力
洪水风险	减轻洪水风险（同时要设计抗洪等级）
材料和设备	根据当地的环境状况选择合适的材料和设备，减少全生命周期的环境影响
污染	减少不可避免的建筑相关污染物的排放，并降低意外污染的风险
生态环境、生物多样性	通过采取保持现状、开拓新的生态保护区、引入新物种等措施，保护生态环境和生物多样性
健康和幸福	提供一个更安全、方便、健康、舒适的环境
社会问题	通过在建设运营中设计并采用良好的措施，来减少开发生命周期中的犯罪现象和邻里不良影响

表格 B：不同项目阶段中可持续发展的关键措施（资料来源：CIBSE 英国皇家注册设备工程师协会可持续发展概论 [M]. 英国皇家注册设备工程师协会，2007）。

关键阶段	关键措施
概念前准备阶段	■ 确保所有的启动项目都是可持续的，并且确保任命的工程队伍能够对启动项目做出回应 ■ 找出项目中与可持续发展相关的风险（例如洪水风险评估，项目对生态环境的破坏，交通影响等等） ■ 确定可持续发展目标造成的潜在影响（例如零碳发展的目标可能会影响整个工程队伍） ■ 包含早期建设预计消耗的能源和水的范围和费用（早期能源评估 / 碳评估显得至关重要） ■ 确定是否需要环境影响评估
战略大纲阶段	■ 通过分析启动项目的可持续性，尽早提出项目存在问题来为编制战略大纲提供参考 ■ 找出大纲中所有与可持续目的相违背的要求（例如夏季室内低温设计） ■ 考虑专家顾问对能源的要求（例如可能成为地源热泵的地质条件）
项目大纲阶段	■ 确定影响可持续性的要素，尤其是与可持续性的关联程度最大的要素——碳和水的用量 ■ 确定是否需要的评估方法（例如英国建筑研究院环境评估方法 BREEAM, 英国国家医疗服务体系环境评价工具 NEAT），并且确保该评估方式对所有相关的可持续性目标都有用

续表

关键阶段	关键措施
策划阶段	■ 确定已将设计的责任分配成可量化的可持续性目标，尤其与碳和水相关 ■ 对可持续发展的目标进行初步的现场分析，包括基础设施状况地面条件等 ■ 提供经验法则并在关键问题上对工程队伍进行设计指导（例如，满足预测负载的风力涡轮机的数量，或大概一个能量中心的空间） ■ 编制一份能源和碳排放的策划（参考英国皇家注册设备工程师协会指南 L：可持续性中提出的原则） ■ 编制一份水用量管理的策划（参考英国皇家注册设备工程师协会指南 L：可持续性中提出的原则） ■ 编制一份适应气候变化影响的策划（参考英国皇家注册设备工程师协会指南 L：可持续性中提出的原则） ■ 建议工程队伍建立现场洪水风险机制，并且向地方当局咨询是否需要进行洪水风险评估 ■ 将防洪原则加入建筑服务设计部分，并且通过与设计队伍一同工作来提高洪水风险和防洪意识 ■ 建议工程队伍可以将可持续排水系统与雨水回收系统进行合并 ■ 工程队伍应当与交通规划人员保持联络，以确定当地政府所规定的运输工作范围 ■ 建议合格的生态学专家参与并承担工程场地的生态评价 ■ 告知工程队伍将植被的遮阳效用融入建筑设计和景观设计中（如绿色屋顶、绿色墙壁） ■ 合并在可及性审计中识别的入口和杂物措施 ■ 建议为项目的运营准备一份废弃物管理策划 ■ 考虑废弃物中的潜在价值 ■ 采取必要的垃圾处理措施，例如压缩填埋，预留填埋空间等 ■ 建议工程队伍考虑建筑材料和设备的生命周期，并且结合建筑通风、保温等因素选取合适的施工方法。 ■ 让工程队伍了解建筑拆除的设计原理，并且考虑到拆除后产生的建筑构件的回收和利用 ■ 建议与当地社区进行积极的联络和交流 ■ 通过咨询当地建筑相关部门来保证建筑安全，这是很有必要的（设计保证安全） ■ 确定规划战略并且建立提交所需的信息。尤其是确定能源战略报告和可持续性说明是否能满足申请的需要 ■ 进行环境影响评估（如果需要的话），尤其是与空气质量、噪音、气候问题相关的
设计阶段	■ 选择能耗较低的，提供更有效和零排放的技术 ■ 采用可行的技术达到碳排放标准 ■ 选择对水需求量较小的，有效利用水资源并能利用雨水或者对水循环利用 ■ 采用可行的技术达到水用量标准 ■ 建议业主保管好并正确使用如 R134a 和 R407c.5.5 的含氟气体制冷剂 ■ 确保提案提供有助于健康和幸福的舒适的内部条件作为相关指导 ■ 确保留有一定的工作空间对废物和材料的再利用进行有效管理，并且该空间能正常管理和运作 ■ 基于供应商的公告单和对于整个环境的影响选择并挑选材料 ■ 避免使用诸如含有导致全球变暖的气体的绝缘材料等对环境有害的材料 ■ 避免选择或建造可能产生超过现有等级噪音的厂房 ■ 考虑可供选择的其他建设基础结构和提供服务的机构，如能源服务公司和多种功能的公司 ■ 在设计前期综合考虑到所有科技和技术，并在网上参考工程师学会的可持续工程工具和详细措施
施工阶段	■ 建议在选择承包商时，考虑有环境认证的承包商 ■ 所有相关的招标方案都应针对可持续发展的要求进行审查 ■ 建议在选择分包商和供应商时，考虑有环境认证的分包商、供应商 ■ 建议定期审查项目的可持续发展绩效，尤其是针对可持续性的目标和指标 ■ 确保获得复合工程水准、直达工地的持续性工程服务，并受理所有需求 ■ 对建筑工地施工情况进行观察并对给环境造成重大影响的实践给予评论指导

关键阶段	关键措施
试运行阶段	■ 确保建筑系统调试／重新校验结果符合可持续发展的目标，确保承包商能够得知任何建筑问题和建筑性能
交付阶段	■ 提供一份建设项目日志和用户指南，确保能够明确解释设计目标和假设，从而能与实际运行能耗进行比较
运营阶段	■ 确保系统按照设计需求来运营，设计需求可能涉及周期性的重新校验和使用后评价 ■ 建筑物的所有者或占有者制定招标、评估设施的运营和维护合同时，推荐采用可持续的解决方案 ■ 确保改造或改装项目时遵循相关的可持续发展原则（载于本文件） ■ 采取能源、水源管理措施，包括调查并确定是否有深度节能的潜力 ■ 建议考虑材料或系统的潜在可重复利用性，来进行项目系统重组 ■ 正如本文件所确定的，确保在项目审查和状况调查的过程中找出与可持续发展原则相违背的地方 ■ 参考英国皇家注册设备工程师协会网上可持续工程工具来确定提升绩效的详细措施
拆除阶段	■ 在拆除开始之前，应该进行一系列的审查，以确定拆除后的建筑材料是否具有潜在的收益

附录 32　环境可持续性评价方法

建筑研究所环境评估法：

　　　　建筑研究所环境评估法（BREEAM2008）是应用最广泛的建筑（除了家庭和住宅）环境评估方法。它设置最佳实践的标准是可持续设计和性能等级：通过、好、很好、优秀和出色。环境影响的评估在以下阶段执行：

- 设计阶段：取得临时 BREEAM 证书。
- 施工准备阶段取得最终 BREEAM 证书，并且要对照以下十项进行评价：
  - 管理
  - 健康和幸福
  - 能源
  - 运输
  - 水
  - 材料
  - 垃圾
  - 土地利用和生态
  - 污染
  - 创新

　　下表总结了在英国建筑研究院环境评估方法 BREEAM 各个项目中的主要问题

类别	问题
管理	调试 施工现场的影响 安全
健康和舒适	日光 人的热舒适 声学 室内空气和水的质量 照明
能源	二氧化碳的排放 低碳或零碳技术 能源分项计量 节能建筑系统

续表

类别	问题
运输	公共交通网络连接 行人和骑自行车的人 设施的可获得性 旅行计划和信息
水	水的消耗量 泄漏检测 水的重用和回收
材料	体现材料生命周期的影响 材料重复利用 可靠的发包 稳健性
垃圾	建筑垃圾 再生骨料 回收设施
土地利用和生态	选址 生态功能保护 缓解/增强生态价值
污染	制冷剂的使用和泄漏 洪水风险 一氧化二氮排放 河道污染 外部光线和噪声污染
创新	可仿效的性能水平 使用 BREEAM 认可的专业人员 新技术和建设过程

家用住宅

可持续住宅标准

对于家用住宅有两种评估方法：

- 《可持续住宅标准》,2007 年 4 月（英国的新住房），由社区部门和地方政府共同颁发。
- 生态住宅建设研究，2006 版（英格兰的二手房和苏格兰、威尔士和北爱尔兰所有房屋）。这种评估方法形成了上面的标准的基础。

《可持续住宅标准》从以下九项指标来衡量可持续性：

- 能源和二氧化碳排放
- 水
- 材料

- 地表水径流
- 垃圾
- 污染
- 健康和幸福度
- 管理
- 生态

下表总结了标准中所涉及的各项的主要问题：

类别	问题
能源和二氧化碳排放	住宅排放率（M） 建筑结构 内部照明 干燥的空间 白色家电能耗 外部照明 低碳或零碳技术 循环存储 家庭办公室
水	内部用水（M） 外部用水
材料	材料的环境影响 可靠的材料来源—建筑元素 可靠的材料来源—装修元素
地表水径流	从开发开始的地表水径流管理（M） 洪水风险
垃圾	存储的不可回收的垃圾和可回收的生活垃圾（M） 建筑废物管理（M） 堆肥
污染	导致全球变暖的绝缘材料 一氧化二氮排放
健康和幸福度	采光 隔声 私人空间 一生的房屋（M）
管理	家庭使用指南 合理的建造方案 施工现场的影响 安全
生态	场地的生态价值 生态建设 生态功能保护 场地生态价值的变化 建筑足迹
（M）表示强制性的元素	

标准使用一个六星的评级系统，一个星是入门级的水平，仅高于建筑法规；六星则是可持续发展的证据。达到每个类别的规定性能标准就给予相应的等级，权重系统的分解参见下面的数据。

《可持续建筑标准》的评级系统

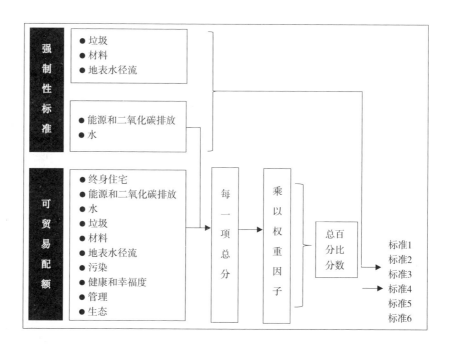

计算总得分

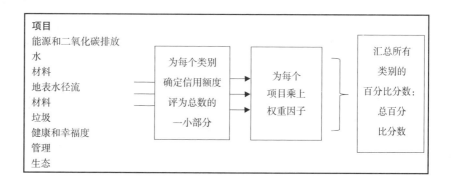

和英国建筑研究院环境评估方法 BREEAM 一样，这个评估在设计阶段和施工准备阶段施行。

生态住宅

生态住宅从八项相似的设计项目上来衡量可持续性：

■ 能源

- 运输
- 污染
- 材料
- 水
- 土地利用和生态
- 健康和幸福度
- 管理

同样采用类似的信用评级系统，将项目分为通过、好、很好、优秀。下表概述了在每个生态住宅类别主要的问题。

类别	问题
能源	住宅排放率 建筑结构 干燥空间 标明的生态物品 内部照明 外部照明
运输	公共运输 循环存储器 当地的设施 家庭办公
污染	导致全球变暖的绝缘材料 一氧化二氮排放 减少和地表径流 可再生能源和低排放能源 洪水风险
材料	材料对环境的影响 可靠的材料来源：基本构建元素 可靠的材料来源：完成元素 回收设施
水	内部饮用水使用情况 外部饮用水使用情况
土地利用和生态	场地的生态价值 生态建设 生态功能保护 场地生态价值的变化 建筑足迹
健康和幸福度	采光 隔声 私人空间
管理	家庭使用指南 合理的建造方案 施工现场的影响

第二部分 项目手册

概述

编制项目手册的目的是为了指导项目团队履行其在项目设计、施工和竣工等阶段的职责，从而能够在所约定的合同预算和进度范围内达到功能要求。在实际工作中，项目手册应当简明扼要，并且与项目合同文件和有关协议条款保持一致。重点是要指明政策、策略和项目不同参与方之间的沟通渠道和主要的沟通界面（协调关系）。项目手册应根据每一个项目的具体要求而制定，认识这一点是很重要的。这里给出的完整范本可能对某些项目而言过于庞大，但也不可忽视其中的内容。

项目手册由项目经理在与项目团队成员进行磋商后编制，应尽可能在项目建设前期完成，说明项目业主和项目团队成员需采用的总体程序。它为项目团队提供了一套具有指导性的基本规则。这与项目实施计划不同，项目执行计划主要是供业主和该项目的投资方使用，为其提供关于项目各个阶段和实施过程中如何控制资金以及如何达到项目目标的一个轮廓图。

项目手册不是一个静态的文件，随着后面各项工作的开展，需要根据项目进展不断进行变更和修正。因此，手册应采用活页格式以便项目经理对其进行更新，项目经理是唯一有权对项目手册进行修改的人员。项目手册应提供给"项目合作方"中所列的项目团队的每一个正式成员。

手册的目标

手册的目标是要根据其已有的、现行的或准备采用的文件资料，形成一份权威性文件，从而明确各项职责，协调各项工作与程序。根据项目的性质与规模，包含的主要要素和活动在后面部分列出。

项目各参与方

这一部分将包括以下内容：

- 一份所有项目参与方的名单，包括业主雇佣的人员，以及他们的具体联系方式（地址、电话、传真、电子邮件）。
- 承担项目管理的项目经理的姓名，以及他的任务、职责和权力的详细规定（见第一部分附录1）。
- 其他团队成员或股东的详细情况，包括他们的任务、责任和联系方式。
- 组织结构图可以用来表明职能联系、合同关系和沟通方式，以及在项目各阶段的更改。

第三方

这一部分将给出项目参与方之外的所有相关第三方的名称和详细联系方式，包括政府机关、公共设施部门、医院、医生、警察局、消防队、贸易协会、毗邻的土地所有者、相邻的承租人和其他可能相关的个人和组织。

项目团队的角色和职责

项目手册提供的信息最起码要求能够使项目中各方明确相互之间的角色与职责。将要承担的工作是依据标准协议 / 合同文本，并加以修订和补充而确定的。其目的是要确保各方的职责没有遗漏和交叉。

项目现场

提供与现场相关的细节，包括拆迁安排、场地清理、现有设施的转移、临时围墙和周边环境保护（例如，噪声污染）等内容。

总体管理（包含沟通和资料管理）

项目经理将负责以下工作：
- 保证项目所需各种资源供应充足（人员、设备、工具、办公场地和生活设施）。
- 办公运行系统和程序，以便相关成员都熟悉它们并有效地贯彻实施。
- 为项目团队成员工作和有关会议 / 讨论提供合适的场所和设施。

列出项目经理文件管理、存储、使用等方面所要进行的工作。

这些工作包括：

- 信函、合同文件、报告、图表、规范、程序，涉及财务和所有其他专业领域（例如：设施管理、技术、健康和安全、环境）。
- 对文件的不断更新。
- 对文件的登记和变动的控制。
- 保证办公室的安全：（1）文件的保管（原件和复印件）；（2）入口的安全、防火和报警系统。
- 项目完工／暂停时档案／文件的保存：（1）档案保管——根据法律和合同约定的时间；（2）对失效文件的注销和记录。

所有的来往信函都应该注明项目名称并包括下述内容：

- 在信函前面简要说明所涉及的主要事项。
- 收件人的详细情况。
- 抄送方。

每一个文件应针对一个独立的事项，或仅仅是一系列直接相关或密切联系的事项。文件将根据内容的主题及保密要求，按照预定的名单确定分发。项目参与方之间所有的联系文件，包括指令，都应该以书面形式发出，收件人应当以同样的方式予以确认。

合同管理

合同条件

确保项目各参与方理解所有合同条款及相关的含义是必要的。项目各参与方的角色、作用和责任，包括有关进度要求及业主 - 项目经理的管理和批准程序，必须予以确定。

合同管理及程序

合同管理的内容包括确定总承包商／分包商的合同形式，直接订立的合同所涉及的工作，总承包商／分包商合同选择和批准的程序，设计团队成员和专业顾问进行监督和履行合同义务（如检查和认证）的工作清单，对交货期较长的设备发包的安排，合同文件的准备等。

招标文件

这部分文件应包括：投标分析和报告，投标者名单和面试程序，投标文件准备和审查制度，有关授标和签署协议的安排。

变更的评估和管理

（参见第一部分附录 13 变更管理清单和附录 16 争端解决程序）

工期的延长

- 项目经理有责任确保能够及早发现问题,以便采取可能行动 / 措施避免延期和额外费用的发生。
- 应该准备一份进度计划,注明延长的工作内容,相关的合同条款和预计对项目可能造成的工期和成本影响。
- 建立影响的各相关参与方利益等问题的解决和处理方法。
- 需要建立有效的延期批准程序。如果需要的话,还可以使用争议解决程序。

损失和费用

- 在特定项目中,有关这方面的可适用程序应包含在标准形式中的条款或内部合同中。

保证,保险和担保

相关的条款取决于项目的性质。但通常则是按专业团体所制定的标准合同 / 协议范本中的条款规定,或根据建筑业中的惯例执行。可用于建设工程项目保险的几个比较典型的例子有:

- 承包商一切险(简称 CAR 保险),通常涵盖了施工过程以及施工材料的损失或破坏,包括现场临时设施在内的承包商设备与设施;承包商及其雇员的个人财产(如工具或设备)。承包商一切险通常是由承包商提出,但是以承包商和业主联合名义进行投保。对于分包商是否参与承包商一切险并没有特别要求。
- 公共责任保险——这种保险是对承包商由于其行为活动造成任何人的死亡、身体伤害或财产损失或破坏等所应支付的损失或赔偿费用等进行投保。
- 雇主责任保险——每一个承包商要么在整个公司范围内投保员工保险,要么在总部和各个项目分别投保员工保险。
- 专业赔偿保险(简称 PI)——这种保险所包含的是由"细致职责"引起的责任险。尤其是专业顾问(包括项目经理)都希望这一保险能够覆盖他们的设计或类似责任,以及在履行监督职责时疏忽所带来的责任。在设计 - 建造合同中,承包商要专门进行专业赔偿保险投保,因为设计保险并未包含在普通的承包商一切险中。

设计协调

业主和项目经理将共同对项目大纲进行评价,以确保所有相关问题都给予了考虑。这些问题包括：

- 健康和安全责任
- 环保要求
- 承载力因素
- 空间和特定的居住要求 ⎫
- 完工标准与进度 ⎭ 最终用户的要求
- 场地调查的资料与数据
- 必要的测量和报告
- 规划许可和政府的有关审批
- 内部和外部的限制条件

项目经理需要取得业主对向设计团队和其他专业顾问发布项目大纲和其他相关的信息的授权。属于项目经理的其他义务还包括：

- 确定项目团队各成员的职责和任务。
- 负责图纸和技术规范：
  - 确定图纸的格式（例如CAD的兼容性问题）、规格和分发，以及对其内容和进度的要求
  - 招标图纸和技术规范问题
  - 向承包商和分包商解释设计的意图
  - 确定有关要求，包括：（1）施工图；（2）测试数据；（3）样本和模型
- 通过以下工作监督项目方案的形成：
  - 审查方案设计以及为项目大纲所编写的说明
  - 准备资金预算并且使其满足总体预算的要求
  - 评价计划的内容
  - 与项目总体计划保持一致
  - 确定总体方案，并向业主进行阐述，以寻求业主批准其实施
- 通过以下工作监督在招标准备阶段的设计工作：
  - 与有关专业顾问一道，了解业主的要求、大纲文件以及它们各部分的含义
  - 确认项目团队的投入，并明确需要业主澄清的问题
  - 与业主一道审查设计中出现的矛盾、遗漏以及错误，确定相应的解决办法并同团队成员确认
- 批准总体设计进度，实施相应的控制。
- 确定有关需预定、交货期较长的项目，准备有关招标文件、取得业主的批准、安排订购及确认。
- 在项目各个不同阶段，监督图纸和技术规范的编制，并发放给相关各方。

■ 在设计过程中，安排适当时间向业主汇报情况，确保招标设计的最终批准。

变更管理

■ 审核设计团队和其他专业顾问任何必要的设计计划变更和承包商或分包商要求提出的信息需求计划，并重新分发修正后的计划和信息需求计划。
■ 准备详细的专业的设计和含有工程量清单的分包工程内容。
■ 制定有关图纸、规范、计划（包含建立一个有效的注册、登记、修正系统）等方面安全、有序存储的条款。

项目经理要确保业主全面地意识到，在设计阶段中要及时获取补充要求和最新的信息数据，以避免额外费用。满足业主大纲和要求的设计和规范是由工料测量师来评估其成本的，并确认其在预算范围内。

处理变更需要采取一系列的措施，项目经理应对以下工作负责：
■ 通过变更指令系统管理所有的变更要求（见表 4.4 和附录 13）。
■ 保留所有相关的文件。
■ 制定已经批准和尚未决定的变更清单，每月发布一次。
■ 确保不存在未经决定就实施变更的行为。
■ 考虑在适用的合同 / 协议内，对有关计划和图纸进行修改和变更。
■ 逐条审查业主提出的任何变更，考虑其对进度产生的影响。

与变更相关由专业顾问实施的工作包括：
■ 确保对变更予以必要的审查和成本测算，并报告项目经理予以确认。
■ 向承包商提供设计步骤以及准备变更指令。
■ 负责成本增减批准程序，例如：估价成本、有关争议解决的费用、谈判的费用、对进度的影响等。

现场指令

现场指令必须以书面形式发放并由收件人以同样的方式予以确认。
涉及变更的现场指令一般可以分为以下几类：
■ 一般性指令。
■ 特殊指令（例如为了安全、健康和环境保护等方面需要立即采取的措施）。

- 有关工期延长的要求或预测。
- 有关额外费用的支付或预算。

一旦现场指令依据合同条款发布并获得批准，它们就具备了约束力。

费用控制和报告

工料测量师在设计团队、其他专业顾问和承包商协助下，依靠他们提供的资料，对成本控制和报告全面负责。

施工准备阶段应进行的工作包括以下内容：

- 制定用于对比的初步预算。
- 获得项目经理对控制预算的批准。
- 准备项目预算的基本内容，指明对拨款的影响。
- 划分工作包和每个工作包的预算。
- 确定变更指令的成本。

其他与成本控制相关的工作如下：

- 所有与设计相关的成本评估，包括不同设计方案的成本比较。
- 价值分析工作，包括使用阶段的成本。
- 有关不同施工方案的做法和相应成本，对不同施工方案进行比较。
- 在分包商投标评审中，比较预算和投标价格。
- 投标超出预算之外时，需要项目经理在以下事项上采取措施：
  - 变更技术规范要求以减少成本
  - 接受投标数字，调整不可预见费，而另外一种选择就是业主接受增加的费用并寻求从其他方面进行节约
  - 在可供选择的承包商中重新进行招标
- 月度成本报告的编制，包括：
  - 上次成本报告以来的变更情况以及引起成本增/减的原因
  - 当前项目开支的总成本
  - 项目现金流量:（1）开支预测；（2）目前的现金流量及项目监控系统表明的潜在的超支及任何可能的延误问题

报告应当经过项目经理批准并提交给项目经理，他将：

- 对已经明确的问题提出建议并采取措施。
- 根据预先确定的名单，安排文件资料的分发。

进度计划和进展情况报告

计划是项目管理中的一个关键因素，对项目的成功有很大的影

响。项目手册应当确定计划的组成和计划编制团队的职责以及所采用的计划技术（例如横道图、网络图）。然后，按照附录3的程序确定计划和进度安排。

- 准备项目总体计划，该计划应包括设计团队、承包商和业主之间如何协调，然后取得业主对计划的批准。
- 制定项目总体施工计划，明确项目可能的持续时间，为制定发包计划奠定基础。
- 制定项目总体发包计划，包括最近的发包日期（原材料、设备、承包商等）和设计完成日期。
- 根据项目的限制条件，对总体施工计划进行必要的修改。
- 制定设计总体计划，包括由于受外部限制时而需要进行的必要的修改。
- 项目总体计划的准备和制订。
- 为施工准备工作制订短期计划，该计划每月审查一次。
- 与项目设计团队成员一道，制订详细的设计计划：
  ○ 设计进度计划
  ○ 图纸控制程序和计划
  ○ 业主决策程序和计划
  ○ 业主顾问及项目经理的审批计划
- 审查项目总体发包计划并制定详细发包计划。
- 准备各个工作包的计划。
- 制定项目的工程量清单发包计划，包括为施工招标文件编写和控制提出的要求。
- 将总体施工计划扩充为详细的施工计划。
- 准备下列工作的计划：
  ○ 准备工作
  ○ 安装工作（作为项目的一部分）
  ○ 竣工和移交
  ○ 交付使用和迁移（作为项目的一部分）

进度监控和报告程序将以月为基础，并与专业顾问和承包商磋商。报告应提交给项目经理并由他报告业主。

会议

为了在项目经理、项目团队和其他相关的参与方，例如负责与行业内其他方面联系、紧急情况的处理等的单位以及与业主之间的有效联系，建立会议制度是必要的。会议的频率和举行地点由项目经理决定，会议过于频繁会造成时间浪费，而会议过少则会造成沟通不畅。附录 B 给出了详细的会议组织及其目标。

会议的程序包括：

- 事先发布会议议程，说明参加会议的有关要求。
- 拟定备忘录和会议纪要传阅名单（包括传阅的时间限制）；附录 14 包含了相关范例。
- 对会议上形成的有关决定进行书面确认（包括确认的时间要求）。
- 应将会议中要使用的报告 / 材料清单事先送给会议主持者。

承包商的选择和任命

项目经理，作为业主的代表，有责任在专业顾问的协助下，负责以下承包商的选择和任命工作：

- 承包商，如总承包商，管理承包商，设计 + 施工承包商等。
- 分包商，如：专业承包商，劳务承包商，供货商。

在不同阶段与这项活动相关的工作内容概括如下：

- 选择和委任与拟招标项目性质和范围相适应的招标小组成员，并指定一名总的协调员。
- 制订每个阶段的选择和任命工作程序。

招标准备阶段

招标准备阶段包括以下工作：

- 审查某一投标人所需满足的基本要求和经验。
- 根据已知的和潜在的投标者，确定投标者的初步名单（长名单）
- 根据项目经理可能得到的数据资料对潜在投标人进行审核，特别是他们的财务状况和过去与现在的工作质量情况；可能的情况下，采用电话方式获得有关的补充资料。
- 邀请潜在的投标者完成 / 提交问卷调查表，以此为基础确定短名单。
- 安排投标前的面试，包括准备下述与标前会见有关的一些重要的项目文件，明确基本的专业要求及预计的参加者等。
  - 合同要求的承包范围和工程概况
  - 初步设计图纸和规范
  - 项目总体程序和总体施工计划
  - 报价单
  - 安全、健康和环境保护要求
  - 劳工关系要求
  - 总体质量管理方案

■ 确定邀请投标候选人。

招标阶段

招标阶段包括下列工作:

■ 被邀请的投标者愿意签署提交真实投标书的保证文件,当出现投标者撤出投标的情况时,启用后备名单中的投标者并按照预定的顺序进行选择。

■ 招标文件分发,双方考虑是否需要安排标前会议或这样做是否有益。

■ 对标前会议做出安排,发布会议议程。

在接收所有投标文件的基础上,进行以下工作:

■ 评估收到的投标文件。

■ 安排招商前的面谈及面谈的首要问题。

■ 做出最后评价和报告。

■ 对投标人初步排序,并予以确认。

安全、健康和环境保护

项目手册应当注意英国建筑健康／安全法规(清洁发展机制条例)中有关业主和其他参与方特定的和法定的义务要求,包括确保具备相应控制程序来防止遗漏。根据英国建筑健康／安全法规和其他适用的法律,明确项目的健康和安全计划的制订是总承包商的责任,其他承包商都应遵守执行。总承包商应该在他们提交的投标文件中,提供安全政策和措施方面的文件,作为投标文件的一部分,它应说明为满足英国建筑健康／安全法规的要求将采取的有关措施。

其他由总承包商履行的职责包括:

■ 在合同条款内,制定并执行有关避免造成现场或周围的人员伤亡或财产设备和材料损失的规则、规章和措施。

■ 安排急救设施,警示信号和可能的疏散途径,发布有关布告、通知及指示。

■ 制定以下工作的程序:
  ○ 定期检查和定点查看
  ○ 就出现任何与计划不一致的情况和将采取的纠正或预防性措施向项目经理报告(包括向任何相关的专业顾问报告)
  ○ 紧急情况下暂停施工甚至关闭现场的程序

质量保证（QA）大纲

这一项仅当合同中明确要求采取质量保证体系时才存在。业主应了解质量保证体系的运作、使用，明确其局限性及投保质量缺陷险的必要性，这是非常关键的。为确保与设计和规范的一致性，保证材料的质量和工程建设的标准，需要建立相应的质量控制程序和控制措施。项目专业顾问将与项目经理一道对质量控制的细节进行审查。承包商的质量计划应明确如何对质量过程进行管理，包括对分包商的质量控制计划。

需要建立相关文件，确定质量保证体系的管理和控制程序在现场运作时的责任制度。

如没有明确要求建立质量保证体系，项目手册中也应当包括有关质量管理的程序（见第4章质量管理内容）

争议

在发生争议时，项目各参与方处理争议的程序都应该根据合同中适用的条款进行。

签署

文件的签署程序应该予以明确。在整个项目过程中，需要签署的情况可能随项目进展而日益增多，可以与项目进度计划中的关键时间节点相联系。具体内容应该包括签署人及文件的分发名单。

报告

下面的内容可以作为需要准备的报告的范本。

项目经理的进展报告

应该每月提供该报告，并包括以下具体内容：
- 项目状况
  - 当前的资金预算
  - 进度表
  - 本月批准的变更
  - 其他相关事项
- 执行情况

- 设计进展情况
- 成本计划状况和财务报告概要
- 计划和进度
  ○ 设计
  ○ 施工
- 变更指令
- 业主决策和信息需求
- 法律和财产方面的问题
- 设施管理
- 安装和移交 / 交付使用计划
- 风险和不确定性
- 调整后的预期最终完成时间
- 报告分发名单

专业顾问的报告

应每月就专业顾问的责任履行情况进行报告，包括：

- 设计进展情况
- 招标文件的准备情况
- 当月产生的资料
- 变更指令 / 设计进度
- 信息需求情况
- 承包商 / 分包商图纸及提交材料的情况
- 质量控制
- 报告分发名单

财务控制报告（工料测量师）

应每月提供包括以下内容的报告：

- 资金支付与资金预算的协调
- 更新调整后的成本计划和预期成本预测
- 批准的变更指令——影响
- 尚未决定的变更指令——相应可能的影响
- 不可预见费用
- 现金流量
- 增值税
- 报告分发名单

日志 / 周志

日志 / 周志由项目团队高级成员分别准备并以活页的形式单独

成文，以方便快速查找和执行。为了便于项目经理阅读，日志／周志通常包括以下内容：

- 进行的特别重要的会议和参加人员概况
- 重要的电话交谈／信息交流情况
- 收发的文件
- 出现的问题、建议或特殊情况以及它们的解决办法
- 计划执行情况（例如工作合同的进展或延迟）
- 关键事件和工作报告
- 给予的或要求的重要指令
- 需要做出的决定或应当采取的行动
- 各项工作开始的大致时间
- 文件分发名单

施工阶段

项目手册应包括以下活动和工作的程序：

- 向承包商发布图纸、规范和相关的证书。
- 对专业顾问的指令、清单、进度计划和付款审查。
- 开工之前的一些工作，如：
  - 记录现场的现存条件，包括临近的财产
  - 确保有关合同已经签署，应用条件已经满足
  - 确认所有的现场和临近财产的保险已经生效
  - 确保现场条件已经达到要求的标准，包括安全、健康和环境保护方面的要求
- 施工过程控制，包括：
  - 根据总体计划和批准的变更对承包商的初步计划进行审查
  - 确保主承包商对分包商计划的检查
  - 检查和监督承包商的计划和实际的资源能满足项目总计划的需要
  - 根据有关承包合同条款对分包进行审批
  - 需要时，向业主报告和调整项目总体计划
  - 研究现存的或潜在的一些问题的初期征兆（重大问题的解决要征得业主的同意）
- 变更的控制（见第一部分附录 13）。
- 准备工作的控制和变更指令的发布（见图 4.4 和第一部分的附录 13）。
- 代表业主处理以下事项：

- ○ 来自专业顾问和承包商的中间支付申请
- ○ 来自专业顾问的最终财务报告
- ○ 来自承包商的已经获得相关认可的工作的最终财务报告
- ○ 其他支付
- ■ 建立和保持与有关政府部门的联系，组织项目最终验收。
- ■ 设计团队和其他相关的专业顾问根据合同条款／条件监督和检查施工，并参与：
  - ○ 项目总体计划的监督和调整
  - ○ 变更和索赔的控制
  - ○ 现存和潜在问题的识别和解决
  - ○ 分包的批准
  - ○ 变更指令的准备

运行和维护（O&M）

应当制定项目安装计划，以避免造成对建筑物或其服务体系的缺陷责任不清。项目手册中需要的安装计划可以参考第五章到第七章中的相关内容制订，计划应对所有不同的承包商或工作之间的衔接管理做出适当的安排。以下工作计划尤其重要：

- ■ 由一个承包商向下一个承包商移交的资料、记录、图表和操作维护手册。
- ■ 确认所有相关的移交文件和证书已经完成。

工程调试／试运行

工程调试／试运行是施工阶段的内容之一。试运行是主承包商的责任，由设备安装分包商具体履行。该工作分两个阶段进行：施工前和施工阶段／施工后阶段。

施工前的工作

- ■ 在项目策划阶段，使业主认识到工程调试／试运行是工程建设过程中独立的一个阶段。
- ■ 由专业顾问确定出需要试运行的所有设备，并明确划分试运行中设计者、业主、设备制造商和承包商各自的责任。
- ■ 根据法律规定和要求的保险批准手续编制计划，获得相应的批准。
- ■ 协调专业顾问和业主在试运行工作中的相互关系并确保其与合同一致。

■ 安排对试运行进行控制，确定责任人，明确业主在试运行过程中的作用。

■ 确保工程调试 / 试运行的合同文件准备完毕。

施工及施工后阶段

■ 确保试运行相关的内容综合反映在施工计划中。

■ 监督和报告项目进展情况，并为试运行安排有关准备工作。

■ 确保有关记录、测试结果、证书、检查清单、软件和图纸已经准备好并妥善地进行了保管。

■ 就设备维护人员的培训，合同后的运行及专业维修合同等事项做出安排或提出建议。

工程调试 / 试运行过程中的检查表和文件实例见附录 C 和 D。

竣工和移交

紧密结合的竣工和移交过程是项目经理和项目各成员需要非常熟悉的工作。这个阶段与业主的联系最为广泛和紧密。竣工和移交应特别加以注意控制，因为它们将决定业主如何看待整个项目的成败。

竣工

项目手册可能包括两类相关的程序和计划。

■ 局部交付使用和分阶段（部分性）竣工（如果需要）的计划安排，包括：

○ 通道检查、缺陷修补、后续工程的进行和所有设施运行、设备安装、现场材料对使用的妨碍或限制等方面的工作安排。

○ 阶段移交交付使用的证书；保险的责任。

■ 实际竣工控制的程序和有关工作的计划，包括：

○ 用户 / 承租人对整体保险的责任。

○ 在限定的时间内，完成建筑和安装图纸要求的工作，机械、电气和其他相关的安装资料以及运行手册和试运转报告。

○ 除用于修补缺陷的部分外，设备和材料的保管。

○ 零星工程、缺陷修补、设备测试、用户对工作的确认和其他等方面的工作。

第一部分附录 18 给出了竣工阶段程序和计划安排的清单示例。

移交

需要明确下列工作程序：

■ 保证只在法定的检查和批准已经令人满意地完成，已经做出对未完成工作和缺陷在缺陷责任期满之前如何解决安排的情况下才进行移交。

■ 与项目团队一起准备和批准倒计时程序（移交检查和证书颁发清单的例子见附录 E）。

■ 确定所有证书的颁发和检查的责任。

■ 根据程序监督和控制移交的倒计时过程。

■ 如果业主要求在移交之前使用建筑物，对先期移交做出安排。

■ 处理未能有效完成未完工作和修补缺陷的承包商，包括根据合同进行反索赔的可能性，批准和确定反索赔的程序。

■ 监督和控制那些尚未移交的工作。

■ 监督和控制完工后尚未完成的属于主合同一部分的工作和缺陷修补。

■ 管理缺陷责任期的工作，以及缺陷责任期满后的工作计划。

■ 对最终财务做出安排，签发最终证书，编写竣工报告 / 项目评估报告。

业主试运行和交付使用

业主试运行

在项目手册中业主试运行需包括下述内容：

■ 与业主的联系，试运行团队的选定，在可行性研究和项目策划阶段建立有关试运行的目标（工期、成本、质量）和责任。

■ 全面试运行的准备。

■ 在施工阶段安排试运行团队和业主人员熟悉工程的有关情况，参观工程调试 / 试运行。

■ 确保与施工过程及专业顾问的协调和联系。

■ 准备新的操作手册，通过与业主 / 用户的设施管理团队联系，安排人员培训和职员的招聘及其他后备人员（例如，交付使用的初期阶段为业主提供技术支持的工程技术人员）。

■ 决定试运行检查和调试记录的格式。

■ 租赁设备以满足短期需要。

■ 确定质量标准。

■ 监督和控制试运行过程，并向业主提供报告。

■ 合同执行后，评价建筑物 6、9、12 个月的运行情况，包括：改良、缺陷、修正等方面相关的反馈情况。

附录 F 提供了业主试运行的详细清单。

交付使用

　　　　交付使用可以作为整个项目的一部分，也可能作为独立的一个内容存在，如何处理需要在策划阶段由业主或用户做出决策。

　　　　在下面给出交付使用作为一个独立阶段处理时的有关问题，图7.1～图7.4图示说明了这个过程，附录F是交付使用计划履行的一个示例。

实施的组织结构

　　　　为了获得必要的指导和咨询，需要指定负责实施的人员和小组，例如：

- 项目主管人员（业主／用户／承租人）
- 协调员（项目经理）
- 指导小组
  - ——主席、协调员、职能代表
  - ——与下列一些方面有关的人员：
  - ○ 施工计划
  - ○ 工程技术
  - ○ 空间规划
  - ○ 设施迁移
  - ○ 用户代表
  - ○ 成本和预算方案
- 高级代表会议
  - ——主席（指导小组的高级代表）、协调员和雇员高级代表
  - ——与下列方面咨询有关的人员：
  - ○ 空间规划
  - ○ 通信协调
  - ○ 建设程序
  - ○ 技术
- 地方代表小组
  - ——由经理或小组主管负责
  - ——注意与地方或部门加强磋商以确保正常联系

工作范围和目标（定期进行审查）

- 迁移管理机构的确立（项目主管负责）
- 新岗位人员安排的批准（指导小组负责）
- 迁移组织方式的决策（指导小组负责）

     ○　整体实施
     ○　逐步实施
     ○　逐个实施
- 对时间限制进行审查（指导小组）
     ○　施工
     ○　商务
     ○　假期
- 风险及其范围的界定，例如：
     ○　施工延期和迁移的弹性范围
     ○　组织的变更
     ○　通道问题
     ○　信息技术的要求
     ○　家具交付和翻新
     ○　更新的要求

方法

- 列出专门为搬迁而进行的有关工作，例如：
     ○　额外的工作
     ○　迁移期间的通信
     ○　迁移过程中必要的服务和支持
     ○　集团通信问题
     ○　搬迁过程的管理
     ○　家具发包
     ○　各部门在搬迁中的责任
     ○　迁移过程的财务控制
     ○　入住计划
- 各项专门活动任务清单的准备，人员责任的确认，项目会议的日程安排。
- 总体计划及相应的详细计划的形成。

组织和控制

- 组建指导小组和搬迁小组，以监督搬迁过程。
- 制订搬迁倒计时计划（搬迁小组）。
- 明确所需的外部资源（搬迁小组），例如：
     ○　需要的特殊的管理技能
     ○　需要的一次性的支持

　　　　○　搬迁期间职能履行的问题
■　向业主报告所需的外部支持和相应的成本（指导小组）。
■　监督工作的准备和实际预算的经常性评价（指导小组），例如，评价可能涉及的问题包括：
　　　　○　双重交付使用（资产）问题
　　　　○　特殊设施
　　　　○　额外的工作和技术要求
　　　　○　计划和协调进展情况
　　　　○　通货膨胀影响
　　　　○　外部资源
　　　　○　不可返还的增值税
　　　　○　不可预见费

第二部分 附录

附录 A 会议及会议目的范本

指导组

- 讨论项目大纲、概念设计、资金概算和计划。
- 批准对项目大纲的调整。
- 审核项目的策略和完成项目的总体计划。
- 审批对专业顾问和承包商的任命。

项目组

- 讨论资金计划并汇报项目的实际开支情况。
- 审查投标者名单、所收到的投标书，决定中标单位。
- 汇报设计和施工进度。
- 就成本和设计方面的各种变更，包括由业主提出的变更，进行审查并提出建议。审批项目计划方面的变更。

设计组

- 审查、汇报和贯彻与设计、成本有关的事宜。
- 确定 / 审查业主的决策。
- 向项目组就（1）分包商 / 专业分包商的任命；（2）设计和成本的变化，准备资料 / 汇报 / 提出建议。
- 审查、协调和处理分包商所提供的设计资料。
- 全面协调设计以及与设计有关的信息。

财务组

- 审查和监督财务、合同与发包工作，并向相关部门汇报。
- 向业主呈交成本计划以供审批。
- 准备和审查常规成本报表和现金流量图，并预测计划外开支。
- 审查与税收有关的事项。
- 监督标书与合同的准备与发放。
- 审查业主变更或设计变更引起的成本变化。

项目组（工程进度会议）

- 在项目不同阶段促进各方之间的信息交流。
- 监督和汇报项目的进度和各种变更。
- 审查工程的实际进度与计划进度之间的差异，并发现问题。
- 审查工程发包情况。
- 审查承包商需要的信息与现有信息情况。

项目组（现场会议）

总包商应呈报包含如下内容的月报表：
- 质量控制
- 进度
- 福利（健康、安全、食堂、与行业的关系等）
- 分包商
- 设计和发包
- 需要的信息
- 工地保安
- 图纸登记

由以下各参与方提交的报告（包括上次会议提到的相关事宜）
- 建筑师
- 安装专业人员
- 设施管理人员
- 信息技术人员
- 工料测量师

公用设施

- 电话
- 天然气
- 自来水
- 电
- 污水

审批

- 规划
- 建筑条例
- 当地政府机构
- 公共卫生部门

■　其他

信息

■　由设计团队发布的信息（建筑师发出的指令）
■　设计团队所要求的信息
■　承包商所要求的信息

附录 B 选择和任命承包商

B1 招标预审程序表

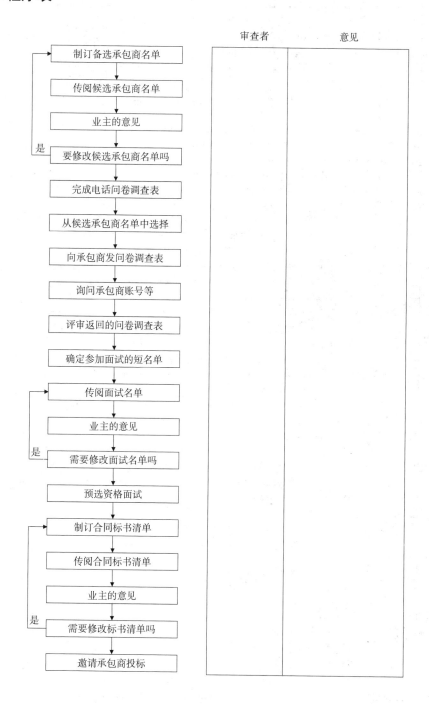

审查者	意见

制订备选承包商名单

传阅候选承包商名单

业主的意见

要修改候选承包商名单吗

完成电话问卷调查表

从候选承包商名单中选择

向承包商发问卷调查表

询问承包商账号等

评审返回的问卷调查表

确定参加面试的短名单

传阅面试名单

业主的意见

需要修改面试名单吗

预选资格面试

制订合同标书清单

传阅合同标书清单

业主的意见

需要修改标书清单吗

邀请承包商投标

附录 B 选择和任命承包商

B2 初步问卷调查表

项目监理公司		Q1 表
编号		
合同名称		
项目序号	问题	回答
1.0	贵公司的年产值？	
2.0	贵公司当前承担的合同总金额？	
3.0	贵公司到目前为止最大的合同是什么项目？	
4.0	贵公司愿意呈递标书吗？	
5.0	贵公司愿与本项目其他成员合作吗？	
6.0	贵公司能够接受合同规定的工期吗？	
7.0	若不能，那需要多久才能完成合同？	
8.0	贵公司能接受本合同预计的投标期吗？	
9.0	若不能，那需要多长期？	
10.0	所需时间： a）完成图纸所需的时间？ b）准备工作所需的时间？ c）开工通知发出以后，到现场开工所需的时间？	
11.0	用工方式：直接雇佣还是请分包商？	
12.0	拟将本合同中的哪些部分分包？	
意见： 签名和日期：_____		

附录 B 选择和任命承包商

B3 问卷调查表

1、公司名称：
2、地址：
3、电话号码： 传真号码：
4、公司业务性质：
5、贵公司是： （a）制造商 （b）设备供应商 （c）分包商 （d）总包商 （e）设计和建造商 （f）管理商
6、贵公司是： （a）独资公司 （b）合伙公司 （c）私人企业 （d）国有企业
7、公司注册号：
8、公司注册年份：
9、银行和分行：
10、增值税注册号：
11、免税证号： 过期时间：
12、过去四年公司的年产值：
13、公司明年预计的产值：
14、公司承担过的最大和最小的工程：
15、贵公司有没有经过 BS5750/ISO9000 认证：
16、请列出贵公司承接过的项目：
17、贵公司将签署设计质量保证书吗？
18、贵公司提供履约担保吗？
19、贵公司有母公司提供担保吗？
20、贵公司有节假日上班并支付加班费的计划吗？
21、上一次购买标书的时间：
22、贵公司有没有对英国建筑业培训管理委员会（CITB）做出贡献？

23、贵公司的安全政策：	
24、按英国建筑健康安全法规的规定，贵公司有资格并愿意担任总包商吗?	
25、雇主责任保险 投保人： 保险号： 过期时间： 赔偿限额：	
26、第三方保险 投保人： 保险号： 过期时间： 赔偿限额：	
27、贵公司准备把合同的哪一部分分包出去?	
28、请列举贵公司承建的与本项目规模和复杂程度类似的项目： 项目 1： 地址： 建筑师： 业主： 联系人： 总投资： 竣工时间： 项目 2： 地址： 建筑师： 业主： 联系人： 总投资： 竣工时间： 项目 3： 地址： 建筑师： 业主： 联系人： 总投资： 竣工时间：	 电话号码： 电话号码： 电话号码： 电话号码： 电话号码： 电话号码：

附录 B 选择和任命承包商

B4 资格预审日程表

项目管理公司	A1 表

编号：
合同名称：

1.0 前言
1.1 会议的目的
1.2 出席人员介绍

2.0 项目总体情况说明
2.1 项目概况介绍
2.2 项目总体计划介绍
2.3 对合同的大概说明

3.0 解释合同条件和条款
3.1 合同的大纲和范围
3.2 承包商的责任
3.3 合同条件概况及其重大修改
3.4 程序
3.5 说明
3.6 图纸
3.7 预备费
3.8 预算价格

4.0 项目组织
4.1 项目组和现场管理
4.2 放线和测量控制
4.3 材料使用和控制
4.4 工地建立
4.5 承包商监督和工地代表
4.6 劳工关系
4.7 质量管理
4.8 健康和安全计划

5.0 招投标
5.1 招投标期限
5.2 标前会议
5.3 开标日期、地点和联系人姓名

6.0 需采取的行动
6.1 工作概述及期限

附录 B 选择和任命承包商

B5 投标程序核查清单

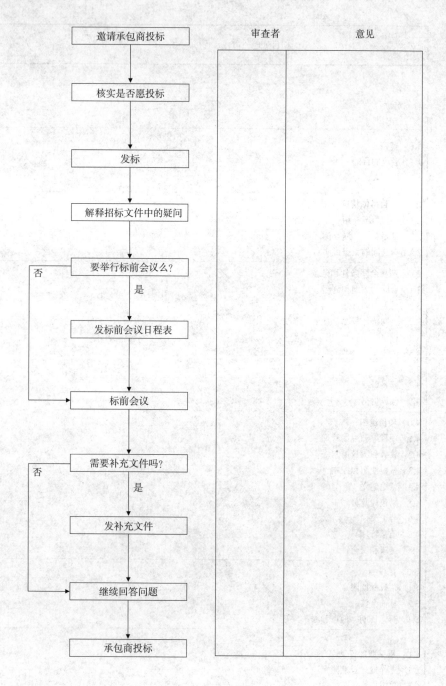

审查者	意见
邀请承包商投标	
核实是否愿投标	
发标	
解释招标文件中的疑问	
要举行标前会议么？	
发标前会议日程表	
标前会议	
需要补充文件吗？	
发补充文件	
继续回答问题	
承包商投标	

附录 B 选择和任命承包商

B6 招标文件清单

项目监理公司	C1 表

编号：

合同名称：

☐ 致投标者的邀请函

☐ 合同范围和介绍

☐ 投标者须知

☐ 投标书格式

☐ 一般要求

☐ 特殊要求

☐ 合同格式和修改

☐ 合同程序

☐ 施工方案

☐ 质量管理

☐ 健康安全计划

☐ 劳工关系

☐ 技术规范

☐ 图纸清单

☐ 报价单

☐ 摘要

☐ 不与其他承包商串通的保证

☐ 履约保函

☐ 担保

☐ 土质报告

☐ 污染情况报告

其他文件（请在下面列出）

☐

☐

☐

☐

☐

☐

☐

☐

☐

☐

☐

附录 B 选择和任命承包商

B7 标前会议日程表

项目监理公司	A2 表
编号: 合同名称:	
1.0 概述 1.1 会议的目的 1.2 出席人员介绍	
2.0 对所发的补遗的确认	
3.0 回答所提出的问题 3.1 承包商 3.2 建筑师 3.3 结构工程师 3.4 机械和电气工程师 3.5 其他专业顾问 3.6 工料测量师 3.7 项目经理	
4.0 其他有关的信息 4.1 承包商 4.2 建筑师 4.3 结构工程师 4.4 机械和电气工程师 4.5 其他专业顾问 4.6 工料测量师 4.7 项目经理	
5.0 承包商提出的问题	
6.0 确认投标安排 6.1 日期 6.2 时间 6.3 地点	
7.0 其他事项	

附录 B 选择和任命承包商

B8 评标程序

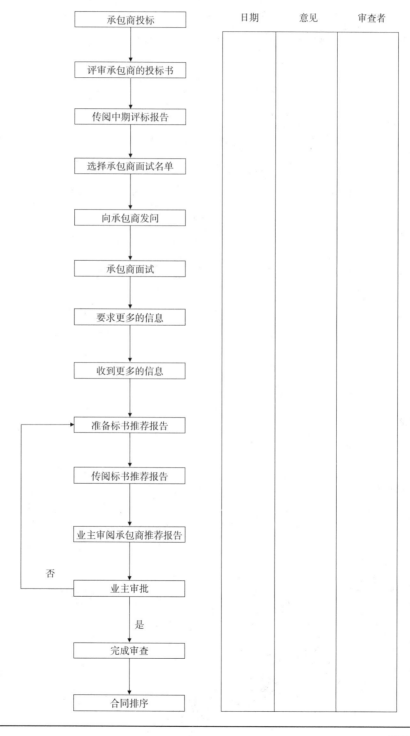

日期	意见	审查者

承包商投标

评审承包商的投标书

传阅中期评标报告

选择承包商面试名单

向承包商发问

承包商面试

要求更多的信息

收到更多的信息

准备标书推荐报告

传阅标书推荐报告

业主审阅承包商推荐报告

业主审批

否

是

完成审查

合同排序

附录 B 选择和任命承包商

B9 承包商投标报价记录单

项目监理公司				R1 表
编号:				
合同名称:				
预算: 英镑			工期:	
序号		承包商，资质等	计划	报价
1				
2				
3				
4				
5				
6				
7				
8				
以下签字用以确保本表之及时性、准确性和真实性 在 _____（年）_____（月）_____（日）收到 _____ 的投标报价。 签字: 公司: 签字: 公司: 签字: 公司:				

附录 B 选择和任命承包商

B10 评标后谈判日程

项目监理公司	A3 表
编号： 合同名称：	
1.0 概述 1.1 会议的目的 1.2 出席人员介绍	
2.0 确认合同范围及责任	
3.0 讨论投标书 3.1 合同 3.2 成本 3.3 计划 3.4 施工方案 3.5 技术问题 3.6 人员、劳工和设备 3.7 劳工关系 3.8 健康与安全 3.9 质量管理	
4.0 承包商提问	
5.0 措施 5.1 对各项措施的共识 5.2 对各项措施完成日期的一致意见	

附录 B 选择和任命承包商

B11 评标报告

项目监理公司	R2 表

编号：

合同名称：

1.0 对投标者投标的总结

2.0 成本评估

3.0 计划评估

4.0 工艺 / 方法评估

5.0 技术评估

6.0 合同方面的评估

7.0 质量管理评估

8.0 健康和安全评估

9.0 劳务评估

10.0 推荐意见

附件：

1、所荐承包商之投标书

2、招投标期内所发布的补遗及其他资料

3、标前会议纪要

4、所提出问题的清单和答复

5、评标后会议纪要

6、其他有关信函

7、合同及其他资料购买情况

附录 B 选择和任命承包商

B12 推荐表

项目监理公司	01 表

编号：

合同名称：

根据（合同格式）_____中的_____条款，根据_____（时间）递交的投标推荐报告，我们完全同意与_____就_____签订合同。

在呈递的投标推荐报告中，有关专业顾问就该承包商对招标函中的答复表示满意，并认为该承包商完全有能力承担本项目的工作。

签字：

签字：

签字：

附录 B 选择和任命承包商

B13 最终复核清单

项目监理公司	C3 表

编号:

合同名称:

复核以下内容:

☐ 投标者的长名单

☐ 电话问卷调查

☐ 合同选择问卷调查表,财务部门,参考资料,来访人员报表

☐ 短名单

☐ 资格预审会议记录

☐ 招标清单

☐ 招标文件和检查清单

☐ 中期评标面试之前的各种询问信函和文件

☐ 评标中期会议记录

☐ 评标前会议之后的各种询问信函和文件

☐ 投标书及投标书总结

☐ 招投标中期分析及推荐报告

☐ 招投标后期面试记录

☐ 招投标后期商业信函

☐ 招标分析和推荐报告

☐ 审查承包商

☐ 同意签约

附录 C　工程试运行清单

工程试运行包括如下内容:

- 常规项目
  - 给排水系统
  - 热力系统,包括供热与制冷
  - 空调系统
  - 供电系统,包括发电机、电路等
  - 机械系统,包括水泵、马达等
  - 通信系统,如电话等
- 专业项目
  - 食品、医药、石化等工厂的生产调试
  - 保安系统(如传感器、有线电视等)
  - 设备管理系统
  - 声控和振动扫描系统
  - 电梯
  - IT 系统(如 IBM、DEC、ICL)

合同规定

- 业主 / 承包商 / 制造商的责任
  - 包括试运行计划中的所有系统、所有工序
- 试运行要求
  - 与试运行、观测、检验有关的条款
  - 试运行的方法和程序,以及需达到的标准或规范,如英国皇家注册设备工程师协会 CIBSE/ 英国供暖及通风工程师协会 IHVE/ 英国建筑服务研究与信息协会 BSRIA/ 国际电气工程师学会 IEE/ 等(见附录 E)
- 业主的参与
- 业主人员的培训
- 操作手册和维修手册
- 政府部门的批准
- 图纸、软件、证书的保存
- 政府部门审批,如电梯、消防设施等
- 保险公司的认可

承包商的试运行计划

- 制造商的测试
- 试运行之前的现场检查，如设备、风机、马达等的检查
- 预试运行检查（包括所有的系统，承包商做给自己而不是做给业主看的）
- 逐个系统的试运行
- 调试检查，如平衡、调整等
- 向业主演示
- 质量测试
- 调试后的检查，包括设备投入使用后的各项指标

附录 D 工程试运行文件

CIBSE

试运行中采用的符号释义：

A 通风

B 锅炉厂房

C 自动控制

R 制冷系统

W 给排水系统

TM12 应急照明

BSRIA

TM 1/88 暖通与空调系统调试，责任划分

TN 1/90 欧洲调试程序

AG 1/91 建筑暖通系统调试

AG 2/89 建筑给排水系统调试

AG 3/89 建筑通风系统调试

AG 8/91 给排水系统调试与清洁

AH 2/92 BEMS 系统调试预备规范

AH 3/93 防水与保安系统的安装、调试和维修

HMSO

HTM 17 医院工程安装和调试及相关工作

HTM 82 医院消防系统包括失火探测器、报警器等

LPC（损失控制委员会）

LPC 自动喷淋器安装规范

英国国家标准

关于建筑业中的各种系统和设备，如电、机械、锅炉房等，都有相应的英国国家标准。

IT

电缆安装和相应的设备制造商、供应商

附录 E 移交清单

移交程序

- 建筑师颁发的证书
- 竣工证书
- 健康和安全文档
- 检查和测试
- 证书、批文和许可的复印件
- 保留金的退还
- 清理场地
- 移交零部件
- 读表和检查库存油量

计划

- 修补性工作
- 工程缺陷、缺陷责任期及返工
- 设施调整
- 业主的安装工作

业主手册

- 专业顾问的建议
- 格式

操作、维修手册，竣工图和其他资料

- 确定售后服务合同
- 移交给物业经理

处理

- 计划
- 宣传
- 战略
- 联系
- 文档
- 保险

其他工作

- 合同
- 主要设备的安装或调试
- 安装
- 购买零件

最后的检查、决算、最终证书的颁发

与租户、购买方和贷款人的沟通

承包商

- 返工
- 额外的工作

安全

- 重要文件柜
- 关键进度表

宣传

开业

业主接收

后评价报告

检查、颁发证书和政府部门审批

政府消防官员检查

- 防火门
- 消防电梯
- 排烟系统
- 泡沫接入 / 干式消防立管
- 阻火器
- 警报系统
- 警报控制室
- 电话

- **■ 防火系统**
  - ○ 喷淋器
  - ○ 消防水管
  - ○ 手动工具，如毯子等
- **■ 政府消防部门的批准**

消防证书

电气工程师协会的认可证书

水硬度的合格检查证书

保险公司的检查

- **■ 防火系统**
  - ○ 喷淋器
  - ○ 消防水管
  - ○ 手动工具
- **■ 电梯 / 扶梯**
- **■ 机械设施**
  - ○ 锅炉
  - ○ 压力容器
  - ○ 电气设备
  - ○ 安全设备

有关司法人员的检查

防疫站的检查

环保局的检查

卫生局的检查

建筑执法人员的检查

规划检查

- **■ 总体方案**
- **■ 详细方案，包括是否满足有关规划要求**
- **■ 是否涉及需保护的历史建筑**

土地所有者的检查

健康、安全检查员的检查

公安部门的检查

附录 F　业主试运行清单

概要

从项目的可行性研究和决策阶段就开始确立和理解试运行团队的地位和作用。

预算计划

- 建立在对业主目的准确理解的基础上。

试运行检查清单

- 调查和认识调试要求
- 管理控制文件

任命

- 试运行团队
- 操作人员与维修人员
- 维修工程师
- 岗位职责和进度安排需书面确定，并就此取得一致意见

业主的运行程序

- 工作标准
- 工作中的健康和安全标准

人员培训

- 服务
- 保安
- 维修
- 程序
- 设备

业主的设备（包括为试运行租赁的设备）

- 计划
- 选择
- 审批
- 发放

■ 安装

建筑设施和设备

■ 检查招标书的要求
　　○ 测试
　　○ 平衡　　　　　　　　　⎫
　　○ 粗调　　　　　　　　　⎬　仔细记录
　　○ 微调　　　　　　　　　⎭
■ 标记和记录，包括图纸
　　○ 备件移交　　　　　　　⎫
　　○ 工具移交　　　　　　　⎬　必须与维修和设备标准相兼容

维修

■ 得到项目维修工程师的认可
■ 安排
■ 计划
■ 合同

保安

■ 警报系统
■ 电话
■ 员工路线
■ 入口
■ 消防路线
■ 银行现金发放卡

通讯

■ 电话
■ 对讲机
■ 传呼机
■ 广播
■ 建筑导向牌
■ 数据网

符号和图表

■ 工业规范
■ 政府通知：健康、安全、消防等

开始运行

- 最后的清扫
- 维修程序
- 清洁和废物清理
- 根据合同类型确定保险的日期和内容
- 入口和保安（包括厂牌）
- 安全
- 读表或开始计算水、电、气、电话、油
- 设备安装
- 人员进场
- 宣传
- 管理

审查设备的运行

- 在 6、9、12 个月进行
- 改进与系统微调
- 缺陷报告，修正与程序确认
- 潜在的缺陷

反馈

- 如果有维修工程师，就通过其反馈信息

术语表

本篇中的阳性词也同样意味着阴性的词义，反之亦然。复数形式的单词也代表单数意义，例如：复数形式的分包商可以意味着只是一个分包商。

Aftercare engineer 维修工程师：维修工程师在业主 / 用户占用后的最初 6 ~ 12 个月中向其提供支持性服务，因此，很可能是试运行团队的一个成员。

Budget 预算：在特定时间内实现任务所需的量化资源，期间任务所有者必须工作。

Business case 商业案例：审批、授权、决策机构来评估项目建议书及做出合理的决定所必要的信息。

Change order 变更令：另一种叫法是变动令，它也暗指对项目纲要的变更。

Change control 变更管理：确保潜在的对项目的可交付成果或项目工作的顺序造成改变得以记录、评估、授权和管理的流程。

Client 业主：所有者和 / 或开发商，有些情况下是最终的使用者。

Client adviser 业主顾问：独立的建设专业人员，由业主雇请在项目的初期阶段参与提供建议，如 Latham 所提倡的那样。

Commissioning team 试运行团队：业主试运行：主要是由业主的人员在承包商和咨询人员的协助下组织试运行。工程设施试运行：由专业工种承包商和设备制造商在总承包商和有关咨询人员的监督下进行。

Consultants 咨询人员：业主和项目团队成员的顾问。也包括设计团队。

Contingency plan 紧急方案：应对项目风险的一系列备选方案计划。

Contractor 承包商：通常指（A）总承包商，负责整个项目的建设实施至竣工全过程；（B）两个或两个以上的承包商，在单独的合同规定下负责建设复杂项目的主要部分或是其中高端技术部分。（见分包商）

Design audit 设计审核：由独立的设计团队成员执行，确认项目设计是否以最可能的方式满足了业主纲要和业主目标。

Design freeze 设计终稿：完成设计并经业主最终确认以及相关过程，如，不再进行进一步的修改或在项目纲要批准的预算内接受该设计方案。

Design team 设计团队：对概念性设计过程与概念性设计深化成项目建设所需的图纸、规范和说明的过程以及相关过程负责的建筑师、工程师以及技术专家。

End user 终端用户：占有和经营设施的组织或个人，可能是也可能不是业主。

Facilities management 设备管理：按经济有效的方式计划、组织、管理资产以及他们相关的辅助设施，从而在财务和质量方面取得最优的回报。

Facility 设施：各种类型的建筑，如：建筑物、购物中心、机场、医院、宾馆、运动/休闲中心、工业/加工/化学工厂以及安装，以及其他基础设施项目。

Feasibility stage 可行性研究阶段：通过评估业主的目标草拟最初的项目开发计划以及为了帮助业主更准确地确定需要什么以及怎样实现，向业主提供建议和专业化知识。

Handbook 手册：见项目手册。

Life-cycle costing 生命周期成本：运用折算现金流量技术，估算某项资产整个运行期的总成本现值，以便于各备选方案的比较。这使得能够更有效地对投资方案选择进行评估以便做出决策。

Master programme 总纲计划：这是用于某些形式的合同下关于基线计划的名词，该计划预计监测进展。它和动态工作进度表概念没有联系，用于时间管理的一项模型。

Occupation 占用：有时也称为移出或移入。它是进行实物搬迁以及安置人员（雇员）进入新的工作环境的过程。

Planning 计划：决断和沟通的一系列行动，包括显示进度、地点和所需资源的具体方法。

Planning gain 规划取得：规划许可附带的情况，这里的规划许可是在损失开发利益的情况下给社区带来好处。

Planning supervisor 计划监督：由业主根据清洁发展机制规则指定的咨询人员或承包商执行计划监督的职能。

Principal contractor 总承包商：由业主根据清洁发展机制规则指定的承包商执行总承包商的职能。

Programme management 项目管理：项目工作包括许多相关的项目，因为它们有助于共同的成果。项目管理为实现项目利益提供协调治理，它关系到启动项目、管理项目之间的相互依赖关系、风险管理和解决跨项目优先权和资源冲突。

Project 项目：由一组具有开始和结束日期的协调和控制活动组成，用来实现符合包括工期限制、成本和资源的特定需求的目标的独特过程。

Project brief 项目纲要：确定业主对拟建设施的目标、预算以及功能需求。

Project execution plan 项目执行计划：开展一个项目，以满足特定的目标的计划，它由或为项目经理准备。在某些情况下这也称为项目管理计划。

Project handbook 项目手册：指导项目团队成员执行其职责、确定他们的责任，详述各种不同的活动和程序（通常称为项目圣经）。也称为项目执行计划、项目指南和项目质量计划。

Project insurance 项目保险：项目保险是一套保险的描述性名称，专门设计来满足单个项目的需要，而不是依赖于项目团队的个人保险安排。

Project manager 项目经理：拥有权力和责任管理一个项目来实现特定的目标的个人或机构。

Project schedule 项目计划：项目或过程的进度计划。注：在建设项目中，这通常被称为"项目计划 project programme"。建筑业往往使用 programmes（计划）而不是 schedules（计划）。实际上 schedules（计划）往往意味着以表格形式呈现的计划的物品，如门窗表、五金店详单等。

Project sponsor 项目发起人：项目发起人代表业主（通常是政府），作为一个联系项目经理，实现日常管理业主利益的业主组织的焦点。

Project team 项目团队：业主、项目经理、设计团队、咨询人员、承包商以及分包商。

Risk 风险：特定威胁或机会的出现频率和发生的后果的严重性的组合概率。

Risk analysis 风险分析：系统地使用可用信息来确定指定的事件可能发生的频率和其可能的后果的严重性。

Risk factor 风险因素：由于项目开发和项目计划中使用的积极方法而产生的预期风险和问题，还包括降低风险和问题的影响。

Risk management 风险管理：系统应用政策、程序、方法和任务实践来识别、分析、评估、应对和监测风险。

Risk register 风险记录：确定风险的正式记录。

Strategy stage 策划阶段：在该阶段，应建立业主进行决策的合理基础，从而项目能继续下去直至结束。本阶段为项目的有效实施提供了一个框架。

Subcontractor 分包商：承接项目中专业性工作的承包商，通常有提供专业技术服务的承包商、供应商、只进行分项工作的承包商以及只提供劳务人员的承包商。

Tenant 承租者：一般为非业主或开发者的设施使用者。

User 使用者：最终设施占用者。

专有名词解释

1. 英国建筑业协会 CIC（Construction Industry Council）

英国建筑业协会成立于 1988 年，是建设工程领域具有代表性的一个协会，其结构既涵盖团体会员单位，也包括个人会员，开始时只有 5 个会员单位，至今已成为英国最大的涉及建筑领域全方位的管理团体，目前团体会员 25000 个建筑公司，个人会员 500000 人。从事的活动范围涉及建筑领域的政治、实践、研究、教育、职业发展和环境建设。英国建筑业协会的使命是推动建筑品质的提升和可持续发展来服务社会；领导整个建筑行业，鼓励建设单位建立共同目标、团结合作、不断完善自身和发展；为成员增加价值。英国建筑业协会的首要任务是致力于实现靠个体会员难以达到的共同目标，其首要目标是获得最大利润，为全体会员服务和增进会员的共同利益。当然，行业协会也为政府服务，协助政府发挥规范市场、行业、企业的管理工作。但其宗旨主要是为行业和企业发展服务、因此，英国建筑业协会正是将这种指导思想贯穿到协会领导人员的选配、组织机构的设置、常驻工作人员的选聘中。英国建筑业委员会所从事的活动涉及建筑管理的整个领域，如政治、工程实践、行业与市场、科学研究、建筑教育、职业发展与行业环境等。其工作是支持各委员会制定的各项计划的实施，协助政府制定国家建筑领域职业标准、行业技术标准等。

2. 英国建筑业研究与信息协会 CIRIA（Construction Industry Research and Information Association）

英国建筑业研究与信息协会是一个独立的、非营利性组织，其将与他们具有相同目标与利益的组织联系起来，并促进了一系列合作活动，以帮助各行业的提升。建筑业研究与信息协会是一个为行业提供创新和改进的独立平台。其与政策小组，政府支持和监管机构，客户，顾问，承包商和供应商协同工作，并在这一过程中运用独有的视角来洞察到新的发展和机会来影响政策和产业的发展。建筑业研究与信息协会的工作是为行业指出问题，发现机会和挑战，并提供对于交付的改进。建筑业研究与信息协会与建筑行业协同工作，以确定最佳实践、开发新的方法，使得创新成为可能。

3. 英国建筑业战略论坛 SFC

英国建筑业战略论坛是英国建筑行业最高级别的联席会性质的组织，研究建筑业的战略发展问题，负责建筑业各协会和学会之间以及协会或学会与政府之间的协调和联系。

4. 英国地产联合会 BPF

英国地产联合会是一个致力于代表所有涉及房地产领域的所用者和投资者利益的会员组织。其目的是为房地产行业成长和繁荣创造条件。改善立法、财政、管理机构对本行业的影响从而增加本行业对英国带来的利益。通过帮助成员获取信息、理解政策产生流程，实际训练获得经验等，为成员创造价值。为本行业在政治领域、媒体、公众面前树立形象。目前拥有大概 380 个成员，32% 为不同规模的房地产公司；9% 为投资机构基金经理；3% 为投资银行；4% 为拥有地产的公司（如大型连锁超市）；38% 为专业公司（如代理商、策划公司）；9% 为其他公司（如建设公司、服务公司）；3% 为相关组织（主要是各地小型开发商团体）。

5. 英国皇家建筑师学会 RIBA（Royal Institute of British Architects）

英国皇家建筑师学会于 1834 年以英国建筑师学会的名称成立，1837 年取得英皇家学会资格。宗旨是开展学术讨论，提高建筑设计水平，保障建筑师的职业标准。RIBA 在英格兰及威尔士共设 12 个地区学会，并与苏格兰皇家建筑师协会（RIAS）、阿尔斯特皇家建筑师学会（RSUA）及威尔士建筑师学会（SAW）联合。地区学会下设有分会，全国共 70 个。其由协调委员会、资源规划及财务委员会、资源规划及财务委员会、纪律委员会、宣传委员会、组织委员会、海外事务委员会及 RIBA 的附属组织等组成。截至 2014 年，共有会员 40500 人。根据会章，学会的成员有正式会员（corporate member）及非正式会员（non-corporate member）两种，正式会员不分等，但必须是具有一定的教育训练并经过考试（3 个部分）的合格者。

6. 英国皇家注册设备工程师协会 CIBSE

英国皇家注册设备工程师协会成立于 1897 年，是代表建筑设备工程的国际专业化委员会。并为政府提供建设、可持续性发展的咨询服务。英国皇家注册设备工程师协会是一家专业从事建筑科学、技术和实践的工程机构，并拥有认证工程师的资格。英国皇家注册设备工程师协会是建筑设备工程领域规范导则的创立者和授权者，也是应对气候变化的先锋。其出版的导则和规范得到了国际认可，为同行的实践提供了借鉴。CIBSE 不仅是英国政府在建造、工程和可持续发展方面的顾问，也是欧盟和联合国政府在建筑各工程方面的主要顾问组织和机构之一。目前英国皇家注册设备工程师协会会员超过 19000 人，来自全球 80 多个国家和地区。会员可以获得英国皇家注册设备工程师协会的官方月刊以及定期邮件消息，以了解前言信息、广泛数据及教育服务，同时英国皇家注册设备工程师协会每年的会议及其他活动也为其会员提供了非常多的与行业专家学者交流的机会。

7. 英国项目管理协会 APM（Association for Project Management）

英国项目管理协会致力于通过其五个专业的方面开发和推广项目和计划管理。从业者可以通过会员、资格、项目、出版物、在线服务等方式从协会的所做中获益。该协会拥有超过 20000 个个人会员和 500 个团体会员庞大组成使其成为行业中在欧洲的最大的专业机构。其提高行业意识和标准的一部分战略目前正在向英国皇家宪章提出申请。

8. 英国国家医疗服务体系 NHS

英国国家医疗服务体系（简称 NHS——苏格兰叫"NHS Scotland"，威尔士叫"NHS Wales"，北爱尔兰则叫"HSC"，四个行政区独立运行，但主体框架基本保持一致。）是英国社会福利制度中最重要的部分之一。英国所有的纳税人和在英国有居住权的人都享有免费使用该体系服务的权利。NHS 的服务原则是：全民享有；免费医疗；按需服务（不是按支付能力提供服务）。所以，在英国，只要你享受免费医疗，不管是富人还是穷人，不管是工人还是农民，不管是公务员还是普通百姓，不管是有工作还是失业，所享受的都是无差别的医疗服务。英国国家医疗服务体系雇用了约 170 万名医生、护士等职员为英国国民提供高品质的免费医疗服务，是世界上最大的医疗服务体系，也是世界第五大雇主。该系统大约占到英国整个医疗市场的 90%，其他也有一些私人、高档诊所，尤其是牙科和眼科，私人的较多，私人诊所就医需要自费。

9. 英国建筑服务研究与信息协会 BSRIA（Building Services Research and Information Association）

英国建筑服务研究与信息协会是一个从事测试、指导、研究和咨询的组织，提供在建设和建筑服务领域的专家服务。是一个非营利性、成员制的团体。拥有 650 家成员公司。使命是通过改善建筑产品和服务品质来提升建筑价值。英国建筑服务研究与信息协会成立于 1955 年作为加热和通风研究会，后来成为暖通研究协会。随着行业日益按照建设服务的其他方面，以便专业协会和研究机构认为有必要联系，以扩大他们的职权范围。1975 年，通过建设服务的范围都通过英国建筑服务研究与信息协会以及由专业机构，并成为建筑服务研究与信息协会。作为该协会的活动旨在满足于一体的综合建筑行业的需求，不仅提供研究和信息更广泛的服务包，全名变得越来越少有关。 因此，当新政府的规则要求它分裂成两个公司的研究和其他活动，BSRIA 开始使用的正式名称为短名称。它现在有一个贸易公司，BSRIA 有限公司，这是一种建筑服务研究与信息协会，它是由担保有限公司的全资子公司。虽然成员的建筑服务研究与信息协会，该服务由 BSRIA 有限公司。

10. 国际电气工程师学会 IEE（The Institution of Electrical Engineers）

国际电气工程师学会是电子电气领域的国际知名专业学术团体，是电机电子和资讯科技最权威先进的资讯来源·总部在英国伦敦附近的 Stevenage。电气工程师学会 IEE 创建于 1871 年，最初名称为电报工程师协会（Society of Telegraph Engineers），1880 年改为电报工程师和电机师协会（Society of Telegraph Engineers and Electricians），1888 年改为电气工程师学会 IEE。2006 年 3 月，国际电气工程师学会 IEE 和国际企业工程师学会（IIE）合并，更名为国际工程技术学会（IET: The Institution of Engineering and Technology）。目前，IET 学会在全球 37 个国家拥有 15 万以上会员。是学会所涉及的领域范围内，欧洲规模最大、全球第二的国际专业工程学会。IET 学会现有如下几种会员类型，学生会员（Stuent Member）、普通会员（Member without post-nominals）、高级会员（Member with post-nominals）、会士（Fellow）。其中，IET/IEE 会士（Fellow），是在科学与工程技术领域内取得重要成就的杰出高级专业技术人员。国际工程技术学会 IET 有资格授予全球广泛认可的资格证书，如特许工程师 CEng，企业工程师 IEng，工程技术员 EngTech 等。英国国际工程技术学会每年都在全球各地举办大量国际会议和其他国际交流活动，出版 500 多种出版物。国际工程技术学会 IET 拥有的 Inspec 全球工程技术文献索引可供查询全球的工程技术及科研类学术论文摘要，是占世界主导地位的英文工程出版物索引，提供专业资讯索引服务，资讯涵盖全球范围内 800 万篇科技论文，专业技术杂志以及其他多种语言的出版物，内容涉及电子、电气、制造、生物、物理，电信，资讯技术等多个工程技术领域。

参考文献

以下内容不是为了提供广泛文献资料的综合指南，而是旨在通过补充标题来指引和辅助读者，这将允许在适当的背景下对工程项目管理和交织的过程进行评估和理解。

- *A Guide to Managing Health and Safety in Construction* (1995), Health and Safety Executive
- *A Guide to Project Team Partnering* (2002), Construction Industry Council
- *A Guide to Quality–based Selection of Consultants: A Key to Design Quality*, Construction Industry Council
- *Accelerating Change–Rethinking Construction* (2002), Strategic Forum for Construction
- *ACE Client Guide 2000*, Association of Consulting Engineers
- *Achieving Excellence Through Health and Safety*, Office of the Government Commerce
- *Adding Value Through the Project Management of CDM* (2000), Royal Institute of British Architects
- *APM Competence Framework* (2008), Association for Project Management, High Wycombe
- *APM Introduction to Programme Management* (2007), Association for Project Management–PMSI Group, High Wycombe
- *Appointment of Consultants and Contractors*, Office of the Government Commerce
- *Benchmarking*, Office of the Government Commerce
- Bennett, J (1985), *Construction Project Management*. Butterworth, London
- Bennett, J and Peace, S (2006), *Partnering in the Construction Industry–A Code of Practice for Strategic Collaborative Working*, CIOB/Butterworth Heinemann
- Bennis, WG and Nanus, B (1985), *Leaders: The Strategies for Taking Charge*, Harper & Row, New York
- *Best Value in Construction* (2002), Royal Institution of Chartered Surveyors
- *Briefing the Team* (1996), Construction Industry Board
- *Building a Better Quality of Life*, *A Strategy for More Sustainable Construction* (2000), Department of Environment, Transport and the Regions/Health and Safety Executive
- Burke, R (2001), *Project Management Planning and Control Techniques*, 3rd edn
- *Client Guide to the Appointment of a Quantity Surveyor* (1992), Royal Institution

of Chartered Surveyors

- *Code of Estimating Practice*, 5th edn (1983), The Chartered Institute of Building
- *Code of Practice for Selection of Main Contractors* (1997), Construction Industry Board
- *Code of Practice for Selection of Subcontractors* (1997), Construction Industry Board
- *Constructing Success: Code of Practice for Clients of the Construction Industry* (1997), Construction Industry Board
- *Constructing the Team*, Sir Michael Latham (1994), Final report of the Government/ industry review of procurement and contractual arrangements in the UK construction industry (the Latham Report), HMSO
- *Construction (Design and Management) Regulations 2007*, Health and Safety Executive
- *Construction Best Practice Programme (CBPP) Fact Sheets*
- *Construction Management Contract Agreement* (Client/Construction Manager) (2002), Royal Institute of British Architects
- *Construction Management Contract Guide* (2002), Royal Institute of British Architects
- *Construction Project Management Skills* (2002), Construction Industry Council
- *Control of Risk–A Guide to the Systemic Management of Risk from Construction (SP 125)* (1996), Construction Industry Research and Information Association
- Cox, A and Ireland, P (2003), *Managing Construction Supply Chains*, Thomas Telford, London
- Dallas, M (2006), *Value & Risk Management–A Guide to Best Practice*, CIOB/ Blackwell, Oxford
- *Earned Value Management: APM Guidelines* (2008), Association for Project Management–EVMSI Group, High Wycombe
- *Essential Requirements for Construction Procurement Guide*, Office of the Government Commerce
- *Essentials of Project Management* (2001), Royal Institute of British Architects
- Fielder, FE (1967), *A Theory of Leadership Effectiveness*, McGraw–Hill, New York
- *Financial Aspects of Projects*, Office of the Government Commerce
- Goleman, D (2000), Leadership that gets results. *Harvard Business Review*, March pril
- *Good Design is Good Investment. Advice to Client, Selection of Consulting Engineer, and Fee Competition* (1991), Association of Consulting Engineers
- Gray, C (1998), *Value for Money*, Thomas Telford
- Green, D (ed.) (2000), *Advancing Best Value in the Built Environment–A Guide to Best Practice*, Thomas Telford, London

- *Guide to Good Practice for the Management of Time in Complex Projects* (forthcoming), Chartered Institute of Building
- *Guide to Project Management BS 6079–1* (2000), British Standards Institution
- Hamilton, A (2001), *Managing Projects for Success*, Thomas Telford, London
- *Interfacing Risk and Earned Value Management* (2008), Association for Project Management–RSI Group, High Wycombe
- Kotter, J (1990), *A Force for Change: How Leadership Differs from Management*, Free Press, New York
- Langford, D, Hancock, MR, Fellows, R and Gale, AW (1995), *Human Resources Management in Construction*, Longman, Harlow
- Lock, D (2001), *Essentials of Project Management,* Gower Publishing
- *Management Development in the Construction Industry–Guidelines for the Construction Professionals*, 2nd edn (2001), Thomas Telford, London
- *Managing Health and Safety in Construction. Construction (Design and Management) Regulations 1994. Approved Code of Practice and Guidance* (2001), HSG224 HSE Books, Health and Safety Executive
- *Managing Project Change–A Best Practice Guide (C556)* (2001), Construction Industry Research and Information Association
- *Manual of the BPF System for Building Design and Construction* (1983), British Property Federation
- Mintzberg, H (1998), Covert leadership: notes on managing professional. *Harvard Business Review* Nov–Dec, pp. 140–147
- *Models to Improve the Management of Projects* (2007), Association for Project Management, High Wycombe
- *Modernising Construction: Report by the Comptroller and Auditor General* (2001), HMSO
- *Modernising Procurement: Report by the Comptroller and Auditor General* (1999), HMSO
- Morris PWG, *The Management of Projects* (1998), Thomas Telford, London
- Murdoch, I and Hughes, W (1992), *Construction Contracts: Law and Management*, E & FN Spon, London
- Murray–Webster, R. and Simon, P (2007), *Starting Out in Project Management*, 2nd edn, APM, High Wycombe
- Northhouse, P (1997), *Leadership–Theory and Practice*, Sage, California
- *Partnering in the Public Sector–A Toolkit for the Implementation of Postaward, Project Specific Partnering on Construction Projects* (1997), European Construction Institute
- *Partnering in the Team* (1997), Construction Industry Board

- *Planning: Delivering a Fundamental Change* (2000), Department of Environment, Transport and the Regions
- Potts, K (1995), *Major Construction Works: Contractual and Financial Management.* Longman, Harlow
- *Prioritising Project Risks* (2008), Association for Project Management–RSI Group High Wycombe
- *Procurement Strategies*, Office of the Government Commerce
- *Project Evaluation and Feedback*, Office of the Government Commerce
- *Project Management* (2000), Royal Institute of British Architects
- *Project Management Body of Knowledge*, 5th edn (2006), Association for Project Management
- *Project Management in Building*, 2nd edn (1988), The Chartered Institute of Building
- *Project Management Memorandum of Agreement and Conditions of Engagement*, Project Management Panel, RICS Books
- *Project Management Planning and Control Techniques* (2001), Royal Institute of British Architects
- *Project Management Skills in the Construction Industry* (1996), Construction Industry Council
- *Project Risk Analysis and Management Guide*, 2nd edn (2004) Association for Project Management–RSI Group, High Wycombe
- *Quality Assurance in the Building Process* (1989), The Chartered Institute of Building
- *Rethinking Construction–Report of the Construction Task Force to the Deputy Prime Minister on the Scope for Improving the Quality and Efficiency of UK Construction* (the Egan Report) (1998), Department of Environment, Transport and the Regions
- *Risk Analysis and Management for Projects* (1998), Institution of Civil Engineers and Institute of Actuaries
- *Safety in Excavations (Construction Information Sheet No. 8)*, Health and Safety Executive
- *Selecting Consultants for the Team* (1996), Construction Industry Board
- *Selecting Contractors by Value (SP 150)* (1998), Construction Industry Research and Information Association
- Shackleton, V (1995), Business Leadership, Routledge, London
- *Sustainability and the RICS Property Lifecycle* (2009), RICS Books
- *Teamworking, Partnering and Incentives*, Office of the Government Commerce
- *The CIC Consultants' Contract Conditions, Scope of Services and Scope of*

Services Handbook (2007), RIBA Publishing
- *The Procurement of Professional Services: Guidelines for the Application of Competitive Tendering* (1993), Thomas Telford, London
- *The Procurement of Professional Services: Guidelines for the Value Assessment of Competitive Tenders* (1994), Construction Industry Council
- *Thinking About Building? Independent Advice for Small and Occasional Clients*, Confederation of Construction Clients
- Thompson, P and Perry, JG (1992), *Engineering Construction Risks–A Guide to Project Risk Analysis and Risk Management*, Thomas Telford, London
- Tichy, N and Devanna, M (1986), *The Transformational Leader*
- Turner, JR (1999), *The Handbook of Project–based Management*, McGraw–Hill
- *Value by Competition (SP 117)* (1994), Construction Industry Research and Information Association
- *Value for Money in Construction Procurement*, Office of the Government Commerce
- *Value Management in Construction: A Client's Guide (SP 129)* (1996), Construction Industry Research and Information Association
- Walker, A (2002), *Project Management in Construction*, Blackwell, Oxford
- *Whole Life Costs*, Office of the Government Commerce

参考网址

- Chartered Institute of Building–www.ciob.org.uk
- Commission for Architecture and the Built Environment–www.cabe.org.uk
- Confederation of Construction Clients–www. clientsuccess.org.uk
- Construction Excellenee–www.constructingexcellence.org.uk
- Construction Industry Council–www.cic.org.uk
- Construction Industry Research and Information Association–www.ciria.org
- Construction Skills–www.cskills.org
- Health and Safety Executive–www.hse.gov.uk
- Housing Forum–www.thehousingforum.org.uk
- Institution of Civil Engineers–www.ice.org.uk
- Local Government Task Force–www.constructingexcellence.org.uk/ sectorforums/lgtf/default.jsp
- Movement For Innovation–www.constructingexcellence.org.uk/ resources/az/ view.jsp? print=true&id=290
- National Audit Office–www.nao.gov.uk
- Office of Government Commerce–www.ogc.gov.uk

- Office of Public Sector Information/Her Majesty's Stationery Office–www.opsi. gov.uk
- Royal Institute of British Architects–www.architecture.com
- Royal Institution of Chartered Surveyors–www.rics.org.uk

本书以往各版参加人员

第三版工作小组

F A Hammond (MSc Tech CEng MICE FCIOB MASCE FCMI) ——主席

Martyn Best (BA Dip Arch RIBA) ——英国皇家建筑师学会

Allan Howlett (CEng FIStructE MICE MIHT) ——英国结构工程师学会

Gavin Maxwell–Hart (BSc CEng FICE FIHT MCIArb) ——英国土木工程师学会

Roger Waterhouse (MSc FCIOB FRICS MSIB FAPM) ——英国皇家特许测量师学会和英国项目管理协会

Richard Biggs (MSc FCIOB MAPM MCMI) ——英国项目管理协会

John Campbell ——英国皇家建筑师学会

Mary Mitchell ——英国工程业主联合会

Jonathan David (BSc MSLL) ——英国皇家特许建造学会

服务工程师

Neil Powling [FRICS DipProjMan（RICS）] ——英国皇家特许测量师学会

Brain Teale (CEng MICBSE DMS)

David Trench (CBE FAPM FCMI)

Professor John Bennett (FRICS DSc)

Peter Taylor (FRICS)

Barry Jones (FCIOB)

Professor Graham Winch (PhD MCIOB MAPM)

Ian Guest (BEng)

Ian Caldwell (BSc Barch RIBA ARIAS MIMgt)

J C B Goring [MSc BSc（Hons）MCIOB MAPM]

Artin Hovsepian [BSc（Hons）MCIOB MASI]

Alan Beasley

David Turner

Colin Acus

Chris Williams (DipLaw DipSury FCIOB MRICS FASI)

Saleem Akram [B Eng MSc (CM) PE FIE MASCE MAPM MACost E] ——第三版秘书和技术编辑

Arnab Mukherjee [B Eng MSc (CM)] ——助理技术编辑

John Douglas ——Englemere 公司

第一版和第二版工作小组

F A Hammond (MSc Tech CEng MICE FCIOB MASCE FIMgt) ——主席

G S Ayres (FRICS FCIArb FFB) ——英国皇家特许测量师学会

R J Cecil (DipArch RIBA FRSA) ——英国皇家建筑师学会

D K Doran (BSc Eng DIC FCGI CEng FICE FIStructE) ——英国结构工程师学会

R Elliott (CEng MICE) ——英国土木工程师学会

D S Gillingham (CEng FCIBSE) ——英国特许建筑服务工程师学会

R J Biggs (MSc FCIOB MIMgt) ——第二版技术编辑

MAPM 项目管理协会

J C B Goring [BSc (Hons) MCIOB MAPM]

D P Horne (FCIOB FFB FIMgt)

P K Smith (FCIOB MAPM)

RA Waterhouse (MSc FCIOB MIMgt MSIB MAPM)

S R Witkowski [MSc (Eng)] ——第一版技术编辑

PB Cullimore (FCIOB ARICS MASI MIMgt) ——秘书

对于第二版，工作小组的变化还包括

L J D Arnold (FCIOB)

P Lord [AA Dipl (Hons) RIBA PPCSD FIMgt]（代替 R J Cecli，已故） ——英国皇家建筑师学会

N P Powling [Dip BE FRICS Dip Proj Man (RICS)] ——英国皇家特许测量师学会

P L Watkins (MCIOB MAPM) ——英国项目管理学会

译后记

本书第二版、第三版、第四版的编译工作得到了李世蓉教授的全心投入，她于 2012 年冬天开始了对更新的第四版的编译工作，即使在 2013 年患病后，她仍旧带领团队坚持把本书翻译完毕。李世蓉教授一直主张"Rethinking Construction Management（反思建设管理）"，并诠释了"建设管理"的新内涵。她认为建设管理不应只关注建设项目的管理，还应包括政府层面的建设管理、企业层面的建设管理共三个层次。这个新内涵在英国建筑领域得到了行业界的一致认同。李世蓉教授 2017 年不幸离世，但她的思想和力量将延续。

本书出版之际，仅以此书缅怀敬爱的李世蓉教授。

"铿锵雅女英伦建设永长存，鞠躬尽瘁四海桃李尽芬芳"！

毛 超 刘 琰

2017 年 10 月